Social Welfare Administration

[개정판]

사회복지행정론

김성철 모아라 박경원 박정하
송희경 이규태 임유진

양 성 원

머리말

사회복지행정은 사회환경의 변화에 따라 기관조직의 업무를 효율적이고 효과적으로 수행해야 한다. 이제 사회복지행정도 경쟁은 불가피하게 되었으며 막대한 재정과 인력이 투입되는 행정업무의 책임성이 더욱 고조되고 있다. 노인들의 수명이 급격히 늘어나는 저출산·고령화 사회도 사회복지행정의 흐름을 바꿔 놓고 있다. 이에 사회복지행정은 사회복지서비스의 질을 향상시키고, 자원의 동원능력을 고취시키며, 높은 윤리성을 확보해야 할 과제를 안고 있다고 본다.

혁신은 사전적 의미로서 사물, 생각, 진행상황, 서비스 등의 점진적인 혹은 급진적인 변화를 일컫는 말이다. 혁신적이라고 하는 것은 많은 영역에서 이전의 상태보다 확연히 다른 것이어야만 한다는 것이다. 혁신의 목표는 임의의 사람 및 사물의 긍정적인 변화가 수반되는 데 있다. 혁신이란 창의적 아이디어를 선택하고, 이를 유용한 제품, 서비스 혹은 공정으로 전화시키는 과정이다. 그리고 혁신은 새로운 아이디어를 유용한 제품, 서비스, 공정 등으로 변환하는 과정인 동시에 아이디어의 실천과 확산을 실행하는 것을 말한다.

혁신은 크게 '조직수준의 혁신'과 '개인수준의 혁신'으로 구분할 수 있다. 여기서 개인수준의 혁신은 개별구성원이 담당하고 있는 과업과 관련된 역할에 초점이 맞추어진다는 점에서 조직수준의 혁신과 구별된다. 개인수준의 혁신에 영향을 주는 것은 지식, 기술적 능력, 리더의 특성이 있다. 즉, 리더의 근속년수, 교육배경, 직무와 관련된 경험과 같은 리더의 인구통계적 변수들이 혁신에 영향을 미친다. 리더는 부하들의 혁신 아이디어의 채택과 실행여부를 결정하는 역할을 수행하므로 리더가 가지고 있는 비전

제시, 추진력, 다양한 이해관계 등을 조정하는 능력이 중요시된다고 본다.

미래예측은 불확실성 시대에 변하지 않는 것은 아무것도 없다는 것을 염두에 두고 있다. 사회복지행정의 중요성은 적은 인력과 자원을 가지고 다양한 복지욕구와 수요를 만족시킬 수 있는 기능강화의 증대에 있다. 최근 정보사회의 도래와 함께 사회구조가 급변하면서 다양하고 새로운 사회적 욕구가 분출되고 있다.

사회복지행정에서 현장 중심의 서비스는 매우 중요하다. 최근 모바일의 기능은 하루가 다르게 변화하고 있다. 특히 스마트폰 하나면 클라이언트의 각종 정보에서부터 이들이 필요한 서비스의 질과 양을 신속하게 결정짓고, 연결해 줄 수 있다.

사회복지행정의 앞으로의 과제는 미래사회를 바라보며 양적 팽창에서 질적 성장을 위한 사고의 전환이 필요다고 본다. 본 서가 이 사회의 어둡고 추운 겨울의 땅을 녹이는 봄날의 따뜻한 희망의 날갯짓이 되길 바라며, 이 책이 출간되기 위하여 애쓰시고 배려해 주신 양성원 사장님과 직원 여러분께 다시 한 번 감사를 드린다.

2023년 8월

저자 일동

차례

▌ 머리말 / 2

CHAPTER 01 사회복지행정의 개념과 특성

1절 사회복지행정의 개념 11
2절 사회복지행정과 조직의 특성 14
3절 사회복지행정의 필요성 23
4절 사회복지행정의 이념 25

CHAPTER 02 사회복지행정의 역사와 범주

1절 한국 사회복지행정의 역사 33
2절 사회복지행정의 범주 48

CHAPTER 03 휴먼서비스 사회복지조직의 특성

1절 휴먼서비스의 특성 57
2절 휴먼서비스 사회복지조직의 특성 60

CHAPTER
04 조직 유형과 이론

1절 사회복지조직의 유형 71
2절 조직 및 관리이론 80
3절 현대 조직의 이론 88

CHAPTER
05 우리나라 사회복지서비스 전달체계

1절 사회복지서비스 전달체계의 개념 99
2절 사회복지서비스 전달체계의 원칙 102
3절 공 · 사(민간)적 사회복지서비스 전달체계와 문제점 및 개선점 106

CHAPTER
06 리더십

1절 조직 관리의 리더십 115
2절 휴먼서비스 리더십 131

CHAPTER
07 사회복지 기획

1절 기획의 의의 141
2절 사회복지조직에서의 기획 143
3절 중장기 전략기획의 수립 146

CHAPTER

08 복지 프로그램 개발 및 관리

1절 사회복지 프로그램의 개념 165
2절 사회복지 프로그램의 개발 170
3절 사회복지 프로그램의 점검 179

CHAPTER

09 인적자원관리

1절 인적자원관리의 이해 191
2절 인적자원관리의 과정 194
3절 인적자원개발 204
4절 동기부여 211
5절 소진과 갈등관리 218

CHAPTER

10 사회복지재정관리

1절 재정관리의 개념 225
2절 사회복지재정 229
3절 사회복지법인 재무회계 233
4절 예산 편성절차 237
5절 예산의 집행과 결산 238
6절 회계 및 회계감사 242

CHAPTER

11 정보관리

1절 정보관리의 개념 249

2절 정보의 보호와 관리 253

3절 문서의 기록관리 257

CHAPTER

12 마케팅과 홍보

1절 사회복지조직의 마케팅 267

2절 홍보의 전략과 방법 286

CHAPTER

13 사회복지행정의 평가와 책임성

1절 사회복지행정 평가의 개념 293

2절 사회복지행정 평가의 유형 296

3절 사회복지행정 평가의 개선방안 300

4절 사회복지행정의 책임성 303

5절 사회복지행정의 변화전략 312

▌ 참고문헌 / 317

▌ 찾아보기 / 326

CHAPTER 1

사회복지행정의 개념과 특성

학습목표

1. 사회복지행정의 기본개념에 대해 이해한다.
2. 사회복지행정의 특성과 일반행정의 특정을 비교하고 이해한다.
3. 사회복지행정의 필요성을 이해한다.
4. 사회복지행정의 이념을 이해한다.

개 요

사회복지행정에 대해 일반행정과 구분되는 차이점을 이해하는 것은 사회복지조직에서 행정의 중요성을 인식하는 데 요구되는 부분이다. 행정은 관리, 경영, 운영을 포함하여 그 밖의 여러 가지 의미로 사용되고 있으며 어떤 단체나 조직에서도 필요로 하는 기능이다. 특히 사회복지조직과 같은 비영리조직은 일반행정조직과는 구별되는 특성을 지니므로 이에 대한 이해가 필요하다.

사회복지조직의 운영에 있어 행정의 중요성을 통해 조직경영에 있어서 행정의 필요성이 필수적임을 제시하였다.

사회복지행정의 이념은 사회복지행정이 추구하는 기본적인 가치나 사회복지사가 준수해야 할 행동기준, 활동규범을 의미한다. 이념, 즉 효율성, 효과성, 합법성, 민주성, 형평성, 인간존엄의 가치, 접근성의 7가지 이념을 제시하였다.

1절 사회복지행정의 개념

1. 사회복지행정의 개념정의

사회복지행정(social welfare administration)이란 용어적으로 살펴보면 사회복지(social welfare)와 행정(public administration)의 합성어이다. 먼저, 사회복지(social welfare)란 인간의 행복추구와 삶의 질 향상을 위하여 인간의 사회적 욕구(social needs)를 충족시키고, 사회문제(social problems)를 경감시키거나 해결하고자 하며, 각종 사회적 위험(social risks)을 사전에 대비하거나 대응하고자 하는 공 · 사의 총체적인 노력과 활동으로 정의할 수 있다. 포괄하는 범주를 구분한다면 협의의 사회복지는 스스로 능력이 없거나 어려운 요보호대상자나 사회적 약자를 대상으로 선별하여 사회복지정책이나 방법을 실현하는 사회복지활동을 의미한다. 반면에 광의의 사회복지는 모든 국민을 대상으로 하는 하나의 사회제도로서 사회복지가 그 기능을 수행하는 것으로 국민의 생활 안정을 기초로 교육 · 직업 · 의료 · 보건 · 주택 등의 보장을 포함하는 사회복지활동 이외의 사회정책과 사회보장 등 사회복지에 관련된 모든 활동과 노력을 포괄하는 것으로 볼 수 있다.

다음으로 행정(public administration)이란 한마디로 정의하는 어려운 일이지만 일반적으로 '법의 제한 하에 국가목적을 구체적으로 실현하기 위한 제반활동'으로 정의할 수 있다(두산백과). 또한 행정은 관리, 경영, 운영을 포함하여 그 밖의 여러 가지 의미로 사용되고 있으며 어떤 단체나 조직에서도 필요로 하는 기능이다.

이와 같이 사회복지와 행정 각각의 개념적 정의를 바탕으로 사회복지행정에 관한 국내외 학자들의 정의를 살펴보기로 하겠다.

먼저 Kindeigh(1950: 58)는 사회복지행정이 "사회복지정책을 사회복지서비스로 전환시키는 과정으로, 정책을 구체적인 사회복지서비스로 전환시키고 그 경험을 다시 정책

수행에 반영하도록 하는 양 방향의 과정 속에 있는 것"이라고 보았다. 이러한 Kindeigh의 정의는 최초로 사회복지행정의 본질을 파악하고 있다는 점에서 주목할 만하다. 단순히 사회복지행정을 기술적인 면과 프로그램의 측면을 강조하는 학자도 있으나 사회복지구조와 기능을 결정하는 것은 결국 정책이므로 정책을 서비스로 전환시키는 과정을 사회복지행정의 주요한 기능으로 보는 관점에 관해서 대부분의 학자들도 동의한다(Gates, 1980: Au, 1994). 또한 사회복지조직의 생존과 성패가 환경에 크게 의존하기 때문에 환경적 요소에서 가장 중요한 사회복지정책을 고려한 점과 사회복지조직을 개방체계로 보아 정책적 투입과 서비스를 받는 클라이언트로부터의 피드백을 무시하지 않은 측면에서 볼 때 오늘날의 사회복지행정 특성을 보여 주는 것으로 볼 수 있다.

다음으로 Stein(1970: 7)은 사회복지행정을 "사회복지조직이 조정과 협력활동의 체계를 통해서 목표를 설정하고 달성하는 과정"이라고 정의하였다. Stein의 정의는 사회복지행정조직의 내부적 특성을 강조하고 있으며, 특히 다양한 전문직을 포함하는 사회복지조직의 특성과 때로는 이들 상호 간의 갈등이 야기될 수 있는 목표설정과 목표달성을 위한 내부적 조정 및 협력 활동을 강조한 측면이 부각되는 정의이다.

Patti(1983: 24-25)는 사회복지행정을 조직목표를 달성하기 위해서 관리자가 수행하는 상호의존적인 과업, 기능, 활동 등의 체계적이고 개입적인 과정이라고 하면서 사회복지행정을 사회복지실천의 한 방법으로 개념화하였다. Patti(1983)의 정의는 조직인으로서 사회복지조직의 관리자가 수행하는 특정한 과업과 기능을 강조하면서 사회복지행정을 사회복지실천의 한 분야로 파악한 점이 사회복지실천에 있어서 사회복지행정의 성격을 분명히 해 준다는 의미에서 주목할 만하다.

원석조(2013: 19)는 사회복지행정이란 "사회복지기관의 정책을 서비스로 전환하는 과정 또는 사회복지기관의 목표를 설정하고 달성해 나가는 과정"으로 정의하고 있으며, 여기에서의 정책이나 목표는 사회복지가 궁극적으로 추구하고자 하는 목적인 사회문제의 해결 또는 사회적 욕구의 충족에 구속된다고 하였다.

최성재와 남기민(1993)은 사회복지행정의 정의를 협의와 광의의 개념으로 나누고 Patti의 개념정의를 인용하여 "협의의 사회복지행정이란 사회복지조직의 목표달성을 용이하게 하기 위해 관리자에 의해 수행되는 상호의존적 과업과 기능 및 관련 활동 등의 체계적 개입활동으로 정의하였다. 광의의 개념은 사회정책을 사회복지서비스로 전환시키는 데 필요한 사회복지조직에서의 총체적 활동을 말한다"고 하였다.

이상의 사회복지행정의 개념정의를 바탕으로 하여 주요한 핵심내용을 살펴보면 다음과 같다.

① 사회복지조직을 중심으로 정책이 서비스로 전환되는 과정이다.
행정은 본질적으로 정책을 집행하는 일과 관련된다. 따라서 사회복지행정도 복지정책을 집행하기 위해서 프로그램을 계획하여 서비스를 산출하는 과정으로 볼 수 있다. 이러한 과정에서 중심적 위치를 차지하는 것이 사회복지조직이다. 그래서 조직관리는 사회복지행정에서 매우 중요한 요소 중의 하나이다.

② 사회복지조직의 목표를 달성하기 위해서 인적, 물적 자원을 관리하는 과정이다.
조직은 어떤 유형이든지 그 존립의 근거와 설립취지가 있게 마련이고 이러한 근거는 조직의 목표로 수립된다. 그러므로 사회복지조직의 행정도 특정한 조직의 목표를 달성하기 위해서 자원과 프로그램을 관리하는 일련의 과정으로 볼 수 있다.

③ 사회복지행정은 조직의 관리자를 포함한 모든 구성원의 역동적인 협력활동이다.
사회복지조직에서 행해지는 행정은 반드시 관리자만이 수행하는 기능으로 보기는 어렵다. 사회복지조직의 프로그램과 서비스는 중간관리자와 일선 사회복지사에 의해서도 수행되고 또한 관리자의 리더십은 조직구성원을 위해서 적용될 때 효과적으로 발휘될 수 있기 때문에 사회복지행정은 모든 조직구성원의 역동적인 협력과정으로 보아야 할 것이다.

④ 조직을 변화시키고 발전시키는 사회복지실천의 한 방법이다.
사회복지행정은 전술한 바와 같이 거시적 실천의 한 방법으로 조직을 표적체계로 개입하는 실천방법의 일종으로 간주된다. 따라서 사회복지행정에서는 조직혁신과 발전을 위해서 구체적인 사회복지 실천방법과 기술이 광범위하게 적용된다.

2절 사회복지행정과 조직의 특성

1. 행정과 사회복지행정의 공통점과 차이점

일반적인 조직에서 인식하고 있는 행정의 개념과 사회복지현장에서 이루어지고 있는 사회복지행정의 개념에 대한 공통점과 차이점을 살펴보고자 한다(권육상, 2007).

1) 공통점

조직은 일정한 환경하에서 일정한 목적을 달성하기 위하여 구조화된 분업체계라고 할 수 있다. 따라서 국가조직이든, 사회 일반적인 조직이든, 사회복지조직이든 간에 소기의 목적을 달성하기 위하여 다음의 기능을 공통적으로 요구한다(권육상, 2007).

① 행정은 주로 문제의 확인, 문제의 여러 가지 측면을 연구, 해결가능한 계획의 개발, 계획의 집행과 그 결과 효과성의 평가 등을 포함하는 문제해결과정이다.
② 행정은 상호 관련되고, 상호작용하는 부분들이 모여서 이루어지는 체계이다.
③ 행정은 문제를 해결하기 위한 대안의 선택에서 가치판단적인 요소가 작용한다.
④ 행정은 개인 및 집단이 보다 더 효과적으로 기능하도록 도와주는 과정이다.
⑤ 행정은 미래의 바람직한 상태를 구현하기 위한 것과 관련되어 있다.
⑥ 행정은 지식과 기술의 상투적인 활용이라기보다는 창의적인 활용으로 이루어지고 있다.
⑦ 행정은 최적효율과 상품 또는 서비스를 창출하기 위해 프로그램, 서비스 및 직원들을 조직화시키는 데 관심을 기울인다.
⑧ 행정은 모든 업무부문에서 공공의 의지(public will)를 실천에 옮기는 것과 관련되어 있다.

⑨ 행정은 관리운영의 객관화와 인적 자원의 활용 간에 적절한 균형을 유지한다.

⑩ 행정은 개별 직원들의 지위와 인정에 관심을 갖고 조직의 목표, 가치와 방법에 직원들이 적극적으로 일체감을 가지도록 하는 데 관심을 기울인다.

⑪ 행정의 주요한 영역으로는 의사소통, 직원 간의 상호작용 관계, 행정 업무에 대한 능동적인 참여 등이 있다.

2) 차이점

일반조직의 행정과 사회복지행정은 조직의 관리라는 측면에서 많은 공통점을 지니고 있지만 행정대상과 행정내용의 차이, 즉 사회복지라는 특수성 때문에 다음과 같은 차이점을 가지고 있다(권육상, 2007).

① 사회복지행정은 지역사회 내의 지역주민의 인지된 욕구를 지원하고자 존재하므로 지역사회와 긴밀한 관계를 유지한다. 그러므로 사회복지행정가는 사회복지운영에 있어 지역사회 인적자원을 활용하고, 지역사회와 연계된 프로그램을 구성하여야 한다.

② 사회복지행정은 개인이나 가족, 지역사회 주민의 손상된 사회적 기능을 회복시키고, 사회적 · 개인적 자원의 제공을 통하여 사회적 역기능을 예방하는 프로그램을 실시한다는 점에서 행정의 관리라는 측면과 상당한 차이를 보이고 있다.

③ 사회복지행정이 이루어지는 사회복지조직은 정부관료조직이나 기업조직과 달리 일반적으로 지역사회를 대표하는 이사회를 가지고 있으며, 공식조직 이외 비공식 조직이 활성화되어 있다. 또한 조직구조, 업무형태, 업무범위가 일반 행정조직에 비해 매우 광범위하고 다양하다.

④ 사회복지행정은 일반 행정에 비해 환경적 요인에 크게 좌우된다. 지역사회복지관의 예를 들면, 소재지와 대상 클라이언트에 따라 사회복지정책의 수립과정과 사회복지행정의 운영과정을 달리하는 것이 오히려 효과적일 수 있다.

⑤ 사회복지행정은 정당성과 자원 확보 차원에서 지역사회와 연계하여 운영하여야

하며, 조직의 영구적 존립을 위하여 적자운영을 피하고, 조직의 특성을 살릴 수 있는 전문사회사업을 실시하여야 하므로, 행정에 비해 법령을 위반하지 않는 한 보다 자유로운 활동을 펼칠 수 있어야 한다.

〈표 1-1〉 사회복지행정과 행정의 차이점

구 분	사회복지행정	행정
대상	• 지역사회 내의 인지된 욕구충족(사회문제해결)	• 전체 국민 혹은 일정한 지역주민 욕구 충족
서비스 종류	• 손상된 사회적 기능 회복 • 사회적 · 개인적 자원의 제공 • 사회적 역기능 예방	• 국가 또는 지자체 유지업무 • 공공정책 입안 및 집행 • 대민업무
구성 및 활동	• 이사회 집행	• 업무에 따라 중앙부서, 지자체해당부서 집행
조직형태	• 다양하고 광범위	• 법령에 따라 조직, 업무 결정
	• 법령에 위반하지 않는 한 원칙적으로 자유로운 활동	• 법적인 제약이 큼
행정가 책임	• 조직의 내부운영을 지역사회와 연계 책임(정당성, 자원확보차원)	• 전체 국민 혹은 지역주민에 대한 책임(선거를 통한 신임)
자원활용 선택	• 수시로 끊임없이 선택할 필요성	• 법령에 따른 업무한도 내에서 활용
재정문제	• 조직의 생존을 위해 적자운영 지양	• 법령에 따라 적자예산 가능
서비스 성격	• 전문사회사업적 성격 예) 노인복지, 청소년복지	• 전문관리적 성격 예) 주택문제, 환경문제
행정 참여도	• 조직구성원 의사결정	• 직급, 직위에 따른 참여

출처: 우종모 외(2004) 참고로 구성.

2. 사회복지행정의 특성

사회복지행정의 특성에 대하여 패티(R. J. Patti)에 따르면 사회복지는 사회복지서비스의 속성 때문에 나타나는 것이라고 하였다. 사회복지행정은 대상이 인간 그 자체이므로 인간관계기술에 대한 의존도가 높으며, 가정폭력이나 노인학대, 일시적인 위기상황 등에 대해 긴급하게 서비스를 제공할 때 사회복지사가 예측하지 못한 상황에 개입하여야 하는 경우가 많다는 점에서 일반 행정과 다른 특성을 지닌다. 사회복지행정의 특성을 구체적으로 살펴보면 다음과 같다(장동일, 2008).

① 사회복지행정은 서비스행정이기 때문에 서비스가 최종적으로 개인에게 직접 전달될 때 비로소 그 효과가 나타나는 것이다. 따라서 사회복지조직은 클라이언트와 직접적으로 대면하여 서비스를 전달할 전문적 지식과 기술을 지닌 다수의 사회복지전문가를 필요로 한다.

② 사회복지행정에 의해 전달되는 서비스는 궁극적으로는 개별화되어야 한다. 특히 개별서비스라고 불리는 영역의 주요한 기능은 직접적인 케어이기 때문이다. 서비스의 개별화는 서비스행정이 본질적으로 서비스의 전달과 전달된 서비스의 양과 질에 의해 개인의 문제가 해결되고 욕구가 충족됨을 의미한다.

③ 사회복지행정은 사회복지에 대한 국가의 책임에 따라 국민의 사회복지욕구를 충족할 목적으로 이용가능한 모든 자원을 동원하여 사회복지정책에서 설정한 목표를 달성하기 위한 수단과 방법인 것이다.

최근 세계화 경향 속에서 비즈니스 중심의 복지경영 마인드가 입지를 확대하고 있지만, 여전히 사회복지행정에서는 클라이언트 중심의 개별적인 욕구충족에 기여하는 휴먼서비스 이론과 실천은 중요하다. 복지서비스의 구체적인 제공과정에서 거의 대부분의 서비스는 집단으로, 팀으로 제공된다. 따라서 사회복지조직이 수행해야 할 기능과 임무는 어느 한 사람의 사회복지행정가에 의해서가 아니라 기관 전체 차원에서 협력적으로 집행되어야 한다. 이와 같은 관점에서 사회복지행정의 특징을 다음과 같이 요약할 수 있다(신복기 외, 2013).

① 사회복지행정은 다양한 장면에서 도덕적 딜레마와 선택에 직면하는 경우가 많다. 부모의 친권박탈, 가족과의 동거 여부, 요양시설 선택 등 의사결정 과정 속에서 지속적으로 윤리와 가치를 시험받는다.

② 사회복지행정은 프로그램 운영에 필요한 자원 확보를 위해 다양한 집단에 의존하며 기금제공자 뿐만 아니라 서비스 이용자도 확보해야 한다. 따라서 공익도 추구하면서 기부자들의 사적이익도 충족해야 하므로 이질성을 조화롭게 중재할 수 있어야 한다.

③ 사회복지행정은 차별받거나 외면당하는 집단이 관심과 지원을 받을 수 있도록 옹호한다. 사회적 약자를 대변하고 보호하지 못하면 자원과 협동은 물론 이해와 존경도 얻지 못한다.

④ 사회복지행정은 클라이언트나 이용자가 보다 많은 서비스를 받을 수 있도록 자원을 집중하고 다른 기관들과 협력을 증진시킨다. 복지서비스는 네트워크에 의해 산출되므로 통합적인 협동을 발전시키고 유지해야 한다. 최근 서비스 협력은 사례관리와 기관성공의 핵심요인으로 중요하게 다루어지고 있다.

⑤ 사회복지행정은 목표에 대한 신념을 정교하게 만든다. 사회복지사가 효과적인 역할을 수행하고 질 높은 서비스를 제공하기 위해서는 도덕적으로 가치 있는 일을 하고 있다는 신념과 의지가 중요하다.

⑥ 사회복지행정은 기관의 기준에 따라 업무수행을 측정한다. 물론 비영리조직은 업무수행 측정기준이 매우 불확실하고 복합적이지만 자금제공 기관은 성과의 확대를 원한다. 따라서 이용자 선택을 높이고 자원의 효율적 수행을 통해 성과를 높이는 서비스 기술의 발전을 요구한다.

⑦ 사회복지행정은 기관의 역량강화 과정을 발전시키고 인적자원의 신체적 · 심리적 건강을 높게 하는 환경을 유지한다. 서비스 업무는 이용자와의 상호작용이 필요하므로 관리과정이 효과적이지 않으면 감정적 문제가 발생하거나 소진이 일어난

다. 따라서 만족과 동기를 증진하고 서비스 가능성을 감소시키지 않는 환경을 만들어야 한다.

⑧ 사회복지행정은 서비스 선택과 전달에 이용자 또는 클라이언트가 능동적으로 관여하는 데 초점을 둔다. 그들은 변화와 창조의 핵심이므로 힘과 가능성을 인지하는 문화적 규범이 필요하며 서비스 과정에서 배제되는 일이 일어나서는 안된다.

3. 사회복지조직의 특성

조직은 특정 목표를 달성할 목적으로 의도적으로 만들어진 사회적 단위이므로 그 목표에 따라 사회복지조직이 성립될 수 있다. 따라서 사회복지행정도 조직을 통해서 수행되므로 비영리를 조직특성에 따라 영리조직과 다른 활동이나 관리방법이 나타난다. 이에 사회복지행정 조직은 일반 행정과 다른 고유한 특성이 있다(Hasenfeld, 1983: 1-6).

① 사회복지조직은 변화해야 할 속성을 지니고 있으며 클라이언트와 직접 접촉하며 활동하고 있다.

② 사회복지조직은 서비스를 제공받는 클라이언트의 복지를 보호하고 증진하도록 사회에서 위임받았고 그 때문에 정당화된다. 즉, 공공의 이익을 위해서 사회적 · 물질적 · 비물질적 후원을 받는다.

③ 사회복지조직은 목표가 애매하고 모호하다. 복지기관은 인간을 대상으로 하기 때문에 인간의 개별적인 목표에 대하여 구체적으로 합의를 얻기 어려운 점이 많다.

④ 사회복지조직은 투입되는 원료가 도덕적 가치를 지닌 인간이라는 점 때문에 조직 활동에 영향을 받는다. 따라서 거의 모든 활동이 도덕적으로 정당화되어야 하므로 기술과 활동 수행에 제약이 많다.

⑤ 사회복지조직은 외부의 공공 또는 민간기관과 업무관계를 맺고 재정에 있어서도 외부에 의존하고 있다. 따라서 서비스 대상자나 프로그램 방향 등 정책결정이나 기술적용에 있어 가치와 이해관계 갈등이 발생하면 많은 혼란을 겪을 수 있다.

⑥ 사회복지조직은 전반적인 사회과학적 지식의 불확실성과 원조 관계에 대한 지식의 불확실성 때문에 서비스 결과의 성공률이 뚜렷하게 높지 못하다. 즉, 소기의 성과를 얻기에는 불완전한 지식과 기술을 사용하고 있다.

⑦ 사회복지조직의 핵심활동은 종사자와 서비스 대상자인 클라이언트와의 관계로 이루어진다. 따라서 현장에서 활동하는 전문 사회복지사들의 역할수행이 중요하다.

⑧ 사회복지조직은 서비스의 효과를 확실하고 타당하게 측정할 수 있는 단일한 표준척도를 만들기 어렵다. 따라서 결과에 대한 논란이 많고 변화와 혁신에 대한 저항이 다른 조직보다 더 강할 수 있다.

4. 사회복지행정의 과정

귤릭(Luther Gulick)과 어윅(Lyndall Urwick)은 조직을 성공적으로 이끄는 요소가 객관적으로 존재한다고 생각하며 사회복지행정의 과정을 계획(planning), 조직(organizing), 인사(staffing), 지시(directing), 조정(coordinating), 보고(reporting), 재정(budgeting)이라고 보고 영어 알파벳 철자 머릿글을 따서 "POSDCoRB"라고 한다. 요즘은 POSDCoRB에 평가(evaluating)을 추가하여 POSDCoRBE라고 한다.

1) 계획(Planning)

조직이 추구하는 목표를 달성하기 위하여 과업과 수행방법을 결정하는 단계로 계획단계에서의 과업달성방법은 변화하는 목표에 따라 달라질 수 있다. 사회복지행정가는 변화하는 목표에 맞춰 과업을 계획하고 이를 수행할 방법과 기술을 결정해야 한다.

2) 조직(Organizing)

조직단계는 공통의 목적을 추구하기 위하여 조직구성원의 역할과 지위를 체계적으로 연결시키는 과정으로 이 단계에서는 구성원에게 과업을 할당하거나 조정한다.

3) 인사(Staffing)

인사는 직원의 임용 및 해고와 관련된 전 인사과정을 의미한다. 따라서 사회복지행정의 책임자는 직원의 임명뿐만 아니라 교육, 훈련, 적절한 근무여건 제시에 대해서도 책임을 진다.

4) 지시(Directing)

지시는 의사결정권자가 여러 가지 사안에 대하여 끊임없이 판단하고 결정하여 업무를 배분하는 과정으로 명령, 지시, 봉사 등으로 구체화된다. 따라서 사회복지행정의 책임자는 합리적인 결정을 통하여 직원들의 적극적 관심을 유도하며, 본인이 솔선수범을 보여야 한다. 또한 직원의 공헌을 칭찬하고 책임과 권한을 효과적으로 위임하여 개인과 집단의 창의성을 고려하는 리더가 되어야 한다.

5) 조정(Coordinating)

조정은 업무의 충돌이나 중복을 방지하고 구성원 간의 효과적인 의사소통을 위하여 사회복지행정의 책임자가 수행하는 역할을 의미한다. 조정을 위한 공식적 조직으로는 각종 회의, 위원회 등이 있으며 다양한 형태의 비공식조직을 구성할 수 있다.

6) 보고(Reporting)

사회복지행정의 책임자가 직원, 이사회, 지역사회, 행정기관, 후원자 등에게 조직에서 일어나는 상황을 알리는 과정으로 주요 활동으로는 기록, 정기적인 감사, 조사연구가 있다.

7) 재정(Budgeting)

재정과정은 행정활동이나 공공정책을 시행하기 위하여 자금을 조달하여 관리하고 활용하는 경제활동으로 대부분의 사회복지기관의 행정책임자는 한정적인 재원을 효율적으로 집행하기 위하여 재원의 관리와 통제기능을 수행하여야 한다. 이에 따라 재정계획, 자금조달, 부채조정, 예산수립, 지출통제 및 잠재적 후원자의 발굴까지 담당하여야 한다. 또한 배정된 예산을 투명하게 사용하고, 기관의 특성을 고려한 중·장기적 재정계획을 수립하고 회계규정에 따라 재정을 운영하는 등 재정 전반에 대한 책임을 갖는다.

8) 평가(Evaluating)

평가는 클라이언트에게 제공된 서비스가 욕구의 충족이나 문제의 해결에 적절했는지에 대한 서비스 효과성과 자원의 투입 대비 산출에 대한 효율성을 측정하는 행위로서 여기에서 도출된 내용은 계획의 기초자료로 사용된다.

3절 사회복지행정의 필요성

현대사회의 사회복지서비스는 대부분 복지기관이나 단체에 의해 수행되므로 복지활동 과정에서 행정이 없을 경우 발생하는 문제를 극복하지 못하면 효과적인 서비스 제공은 불가능하다. 따라서 사회복지서비스의 충실한 제공을 위해서도 사회복지행정은 필요하다 하겠다. 구체적으로 사회복지행정은 '행정없는 혼란스런 조직상태의 극복', '공식적 조직에 의한 활동', '복지활동의 미션 · 비전 · 목표 관리' 차원에서도 필요성이 인정된다. 이에 따라 만일 사회복지조직에서 행정이 없는 상태가 된다면 다음과 같이 될 것이다.

1. 행정이 없는 혼란스런 조직상태의 극복

① 사회복지사와 클라이언트는 자기 마음대로 나타나거나 더 이상 나타나지 않을 것이다.

② 조직구성원들은 불규칙적으로 해야 할 일을 결정하고 다른 전문가나 직원들의 활동과 유기적 관계가 없을 것이다.

③ 조직의 누구도 자신의 활동에 책임지려 하지 않을 것이다.

④ 그 누구도 지역사회 내의 기관의 역할에 대해 알지 못할 것이며 미래 비전에 대해서 관심을 갖지 않을 것이다.

⑤ 조직구성원들은 서로 정보를 나누려 하지 않을 것이다.

⑥ 조직구성원들에 대한 분명한 역할기대도 없고 모든 결정이 일방적으로 이루어질 것이다.

⑦ 서비스와 관련된 지식과 기술을 향상시키도록 지원하는 어떤 방법도 진행되지

않을 것이다.

⑧ 조직에서 행해지는 프로그램이나 서비스에 대해서 누구도 평가하지 않을 것이다. 사회복지행정이란 앞과 같은 상태가 발생하지 않도록 관리하는 장치이다. 기관의 이념에 따라 목표를 설정하고 그것을 효과적으로 달성하기 위해서 행정이 필요하다. 따라서 사회복지행정은 다양한 사회복지활동을 조정하면서 이용자에게 질 높은 서비스를 제공하며 기관의 지속적인 유지와 발전을 위해서 필요하다(신복기 외, 2013).

2. 공식적 조직에 의한 활동

현대 사회복지는 공식적인 기관에 의해 수행되는 활동으로 이것은 사회복지활동이 조직을 통해 지속적이고 체계적으로 이루어진다는 의미이다. 따라서 사회복지사를 비롯한 전문가 집단이 수행하는 다양한 실천 활동은 조직을 통해서 이루어지게 된다. 사회복지조직은 일반조직과 마찬가지로 공동의 활동목적과 내용 등을 가지고 전문가들이 모여 상호관계를 통해 운영되는 구성체로 사회복지사들이 전문인임과 동시에 조직인으로서의 역량을 발휘해야 함을 의미한다(송희경, 2013). 사회복지사 대부분이 사회복지기관이나 시설에서 조직인으로서 일하고 있는 현실에서 기관이 어떤 기능을 수행하는지에 대해 이해하는 것은 아주 중요하다. 기관차원에서 내리는 결정과 그 결과는 사회복지사와 클라이언트에게 많은 영향을 미치게 된다. 특히 기관의 조직구조나 재정, 인재양성과 같은 요소들은 질 높은 서비스를 제공하는 데 있어 직·간접적인 영향을 미치므로 관련된 행정의 기술과 과정을 이해하는 것은 필수적인 부분이다.

이런 관점에서 보면 사회복지 서비스는 복지기관이나 시설이 클라이언트나 이용자의 욕구에 적절히 반응할 때 좋은 서비스가 가능하다. 이때 적절히 반응한다는 의미는 복지조직이 서비스의 종류나 시기, 양 등을 결정할 때 결정적인 역할을 한다는 것이다.

그렇지만 조직은 서비스 전달의 중요 도구일 뿐만 아니라 조직구성원들의 지식과 기술을 향상하고 직무만족을 지원하는 역할도 한다. 따라서 사회복지사를 비롯한 조직구성원들은 조직의 특성과 한계를 이해하고 좋은 서비스를 제공하기 위하여 개인적 기술뿐만 아니라 행정의 지식에 정통해야 한다(신복기 외, 2013).

4절 사회복지행정의 이념

사회복지행정의 이념은 사회복지행정이 추구하는 기본적인 가치나 사회복지사가 준수해야 할 행동기준, 활동규범을 의미한다. 이념은 사회복지정책을 서비스로 전환하는 행정과정의 기준이 되며 실천의 방향성을 제시해 준다. 사회복지행정의 이념은 일반적으로 지향하는 행정이념과 함께 사회복지행정의 특성을 포함하여야 한다(홍봉수 외, 2012).

일반적으로 행정의 보편적 이념은 합법성, 효율성, 효과성, 형평성, 민주성 등을 들 수 있으며 사회복지행정은 복지철학과 윤리를 바탕으로 이러한 행정 이념을 공유하고 있다고 할 수 있으며 이외에도 기본적으로 인간가치의 존중, 접근성 등을 포함할 수 있다.

1. 합법성

합법성이란 행정작용이 법에 근거하여 이루어지는 것을 의미한다. 물론 사회복지행정은 전문화된 조직활동이므로 사회복지사의 재량권이 더 중요하지만 합법성은 사회

규범을 바탕으로 사회복지관련 법들의 의도 내지 취지를 적극적으로 실현하는 것이므로 합법성은 중요한 의미를 가진다.

행정에서의 합법성은 행정의 예측성과 안정성을 도모하는 결과를 초래하여 국민의 권리를 보장하는 데 도움이 된다. 하지만 지나친 합법성의 강조는 사회복지행정의 형식화를 초래하여 복지서비스의 사각지대를 낳을 수도 있다.

2. 효율성

효율성은 일반적으로 투입과 산출의 비율을 의미하는 것으로 효율성은 주어진 비용과 인원 범위 내에서 최소의 투입(input)으로 최대의 성과(output)를 올리려고 노력하는 행정활동을 평가하기 위해 필수적인 가치이다. 그러나 사회복지조직에서 이러한 효율성을 실제 수치로 측정하고 비교 및 평가하는 일은 쉬운 일이 아니다. 예를 들어, 복지서비스나 프로그램에 의해 나타나는 인간의 변화(태도, 인식, 행위 등) 정도를 최종적인 성과로 평가하고 측정하다는 것은 매우 어려운 일이다. 즉, 유사한 복지활동에 대한 투입과 산출의 비율을 측정하고 효율의 높낮이를 밝혀야 하는데 그것이 복지조직과 서비스의 특성상 명확하게 평가하기 어렵다는 것이다. 물론 효율성을 높이기 위해서는 가능한 한 적은 자원과 시간을 투입하여 가능한 많은 서비스효과를 산출해야 한다. 또한 업무의 표준화를 통해 활동과 서비스 과정에서의 낭비와 중복을 제거해야 하고, 전문지식과 기술을 활용하여 보다 정확하고 면밀하게 업무를 수행하여야 한다. 특히 사회복지행정에서는 비용 최소화에 초점을 둔 기계론적 효율성만 강조하기보다는 인간의 만족을 최우선으로 고려하면서 투입과 산출의 비율을 획일적이고 장기적인 것이 아니라 상대적이며 단기적인 것으로 이해할 필요가 있다(신복기 외, 2013).

3. 효과성

효과성이란 계획하거나 의도했던 목표에 대한 달성정도를 의미하는 개념으로 복지기관의 서비스나 프로그램과 같은 활동이 이용자의 수요나 욕구에 대응하여 얼마나 목표의 성취 정도를 나타내는가 하는 행정이념이다. 다시 말해 조직이 계획한 목표를 달성하는 정도를 말하는데 복지조직의 목표는 가변적이며 계층에 따라 다원적이기 때문에 효과성 평가는 대단히 어려운 작업이다. 극단적인 예로 서비스가 향상되어도 이제 그만하면 충분하다고 받아들이기 어려우며 항상 비용과 인원을 투입하여 끊임없이 더 향상되어야 한다는 결론에 이르게 된다. 따라서 효과성은 복지욕구의 충족을 위해 더욱 노력하도록 요구하는 장점이 있지만 한정된 예산과 인력 범위 내에서는 평가에 도움이 되지 않는다는 주장도 가능하다. 특히 사회복지조직의 효과성은 클라이언트에게 미치는 영향을 고려한 목표가 명확해야만 달성 여부를 파악할 수 있으므로 목표설정이 무엇보다 중요하다고 하겠다(신복기 외, 2013).

4. 민주성

사회복지행정의 민주성이란 클라이언트 입장에서 그들의 뜻에 따라 서비스를 전달함을 의미한다. 민주성의 개념은 절차적 민주성과 실질적 민주성으로 나누어 볼 수 있는데 클라이언트의 권익을 보호하기 위한 절차적 내용뿐만 아니라 참여와 정보공개, 공평하고 민주적인 처우와 같은 실질적 내용이 포함되어야 한다.

사회복지서비스에서 개인의 인권존중과 민주적 절차에 의한 서비스 전달은 클라이언트의 자립과 참여를 촉구하는 복지의 기본가치에 따라 그 어떤 분야보다도 강조되어야 한다. 특히 다양한 욕구를 가진 사람들의 삶을 보호하고 변화시키는 서비스 전달과 관리를 주된 임무로 하는 사회복지조직에서 민주성의 이념은 서비스 질과 내용, 절차에 더 큰 영향을 미치는 기본 이념이라 할 수 있다.

5. 형평성

형평성은 동일한 서비스 욕구를 가진 클라이언트는 동일한 혜택을 받아야 한다는 개념으로, 동일한 능력을 가진 클라이언트의 경우 공평하게 대우하는 것을 의미한다. 또한 동등하지 않은 사람은 동등하지 않게 대우하는 것이다. 이러한 개념은 사회적 불평등의 시정을 위해 공공서비스의 혜택과 기회가 사회적 취약집단에 더 많이 돌아가도록 해야 한다는 사회적 형평과 사회정의를 실현을 강조하는 관점의 가치규범이다. 이러한 형평성은 자원이나 지위에 있어서 공평한 배분과 관련된 개념으로 이해할 수 있으며 사회적 약자를 보호하는 것을 중요한 초점으로 삼는다.

6. 인간가치의 존중

인간가치의 존중은 사회복지행정의 가장 기본적인 가치로써 인간 개인의 고유한 가치의 존중으로 이해할 수 있다. 우리나라 「헌법」 제10조에서는 '모든 국민은 인간으로서의 존엄과 가치를 가지며 행복을 추구할 권리를 가진다'라고 규정하고 있다. 또한 제34조에서는 '모든 국민은 인간다운 생활을 할 권리를 가진다'라고 규정하고 있어 대한민국 국민이면 누구나 인간적 가치를 존중받으며 인간다운 생활을 위해 최저생활을 보장받고, 나아가 행복을 추구하는 존재임을 명문화하고 있다.

7. 접근성

접근성 또는 편의성의 개념은 클라이언트가 사회적 서비스를 쉽게 이용할 수 있는 정도를 의미한다. 사회복지욕구 중에서 비화폐적 욕구충족의 경우 시설, 권리, 인적서비스 등을 불편함 없이 이용자가 쉽게 이용할 수 있도록 배려되어야 한다. 클라이언트가 욕구충족을 위해 시설서비스를 이용하고자 하더라도 그 설비가 이용자에게 물리적으로 떨어져 있거나 또는 그 시설이 이용하기 불편하거나 지나치게 관료적이어서 심리적 거리감을 느끼는 경우에는 이용자의 접근성이나 편의성은 떨어질 수밖에 없다(홍봉수 외, 2012).

CHAPTER 2

사회복지행정의 역사와 범주

학습목표

1. 한국사회복지행정의 역사를 이해한다.
2. 사회복지행정의 범주를 이해한다.

개 요

한국의 사회복지행정의 역사를 구분하는 방식은 매우 다양한데, 크게는 발전단계별 구분방식과 연대기식 구분방식으로 나눌 수 있다. 사회복지와 사회복지행정에 대한 인식과 발전은 사회의 변화와 함께 이루어지며, 이러한 구분방법이 사회적 현상을 더 명확하게 인식할 수 있는 방법이다. 또한 사회복지정책은 정치집단의 성격과 정책방향에 직접적인 영향을 받는 것도 현실이다.

이에 발전단계별 구분방식에 따라 구분하되, 연대기적 상황을 가미하는 방식으로 한국사회복지행정의 역사를 소개하고자 한다.

1절 한국 사회복지행정의 역사

우리나라는 전통적으로 두레나 계, 품앗이, 향약 등 민간차원의 상부상조 전통이 강하였고, 고구려의 진대법, 고려의 의창, 창제, 상평창, 조선의 환곡제도, 창제도 등 어려운 사람에 대한 구휼행정이 일찍부터 실행되어 왔다.

하지만 1960년대에 이르러서야 사회복지행정을 인식하였고 1990년대 말에서야 사회복지행정체계가 확립되는 등 근대적 개념의 사회복지행정의 역사는 매우 짧다. 그럼에도 불구하고 사회적 패러다임이 성장중심에서 분배중심으로 넘어가면서 한국의 사회복지행정은 많은 발전을 거듭하고 있다.

근대 한국의 사회복지행정의 역사를 구분하는 방식은 다음과 같이 매우 다양한데, 크게는 발전단계별 구분방식과 연대기식 구분방식으로 나눌 수 있다.

〈표 2-1〉 한국 사회복지행정의 역사구분 방식

구분	학 자	사회복지행정의 역사구분 방식
발전단계별 구분방식	장인협, 이정호(1992)	1. 산업화 이전(1945~1950년대) 2. 산업화 시기(1960~1970년대) 3. 산업화 이후(1980~1990년대)
	김영종(1998) 김인혁 외(2011)	1. 사회복지행정의 형성기(1950~1970년대) 2. 사회복지행정의 성장기(1980~1990년대) 3. 사회복지행정의 패러다임 전환기(2000년대~현재)
	권육상 외(2004)	1. 사회복지행정의 미인식단계(1980년대 이전 시기) 2. 사회복지행정의 인식단계(1980~1990년대) 3. 사회복지행정의 확장기(2000년대 이후)
	황성철 외(2003) 최성재, 남기문(2006) 서보준 외(2017)	1. 미인식단계(1950년대 및 이전) 2. 명목상 인정단계(1960~1970년대) 3. 실질적 중요성 인식단계(1970~1990년대)

구분	학 자	사회복지행정의 역사구분 방식
연대기식 구분방식	신복기 외(2008) 고재욱 외(2016) 고수현 외(2016) 심상용(2017) 한신애 외(2018)	1. 일제와 미군정하의 사회복지행정 2. 제1 · 2공화국 시대의 사회복지행정 3. 제3 · 4공화국 시대의 사회복지행정 4. 제5 · 6공화국 사회복지행정 5. 문민정부의 사회복지행정 6. 2000년대 이후의 사회복지행정
	양승일 · 정혁인(2009)	1. 암흑기(제1 · 2공화국 이전) 2. 형식적 인식기(제3 · 4공화국) 3. 실질적 인식기(제5 · 6공화국) 4. 확장기(국민의 정부 · 참여정부 이후)

출처: 한신애 외(2018).

사회복지와 사회복지행정에 대한 인식과 발전은 사회의 변화와 함께 이루어지며, 이러한 구분방법이 사회적 현상을 더 명확하게 인식할 수 있는 방법이다. 또한 사회복지정책은 정치집단의 성격과 정책방향에 직접적인 영향을 받는 것도 현실이다. 이에 본 장에서는 발전단계별 구분방식에 따라 구분하되, 연대기적 상황을 가미하는 방식으로 한국사회복지행정의 역사를 소개하고자 한다.

1. 사회복지행정의 미인식기(1920~1970년대)

1) 미인식기 – 광복 이전

1910년 일제강점기가 시작되면서 종래의 시혜적인 구제사업은 거의 자취를 감추었다. 1921년 조선총독부 내무국에 사회과가 신설되어 우리나라 사회복지사업의 지도 · 통제를 전담하게 되었다가 1932년에는 학무국 사회과에서 사회복지업무를 총괄하였다. 일본에서는 1929년에 「구호법」을 제정해 현대적인 형태의 구빈행정을 실시하였으나, 조선에 대해서는 우리 민족의 순응을 이끌기 위한 정치적 목적에서 식민통치의 일부로 공적인 시혜활동만을 전개하였다.

1944년에는 「조선구호령」을 공포하여 65세 이상의 노인, 13세 이하의 아동, 임산부, 장애인 및 질병으로 노동이 어려운 자에 대한 생활부조, 의료부조, 조산부조, 생업부조의 4대 생활구호를 담은 공적 구호방안을 제시했다. 구호 방법은 거택구호를 원칙으로 필요시 수용구호도 하도록 하였다. 그러나 「조선구호령」은 일제가 조선의 저항을 무마하고 회유하기 위한 형식적이고 명목적인 법령상의 명문규정에 불과하였으며, 실제로 제대로 작용했는지에 대해서도 회의적이다. 다만, 「조선구호령」은 미군정기의 공적구호활동 및 건국 후 「생활보호법」 제정에 기초가 되어 우리나라 공공구호행정의 근거가 되었다는 데 의의가 있다.

1945년 광복으로 새로운 국가를 건설할 기회를 맞이하였으나, 미군 진주에 의해 독자적인 정부를 수립하지 못하고 3년간 미군정이 실시되었다. 미군정은 1945년 10월 보건후생국을 설립하고 1946년 「후생국보 3호」, 「후생국보 3A호」, 「후생국보 3C호」 등 일련의 구호준칙을 마련하고 일제의 「조선구호령」과 함께 시행하였다.

그러나 미군정의 구호행정은 군정의 특성상 일시적인 구호책에 불과했다. 미군정의 구호정책은 요구호자에 대한 구호의 필요성에 대응한 것이 아니라 정치적 불안에 대응하여 전개되어, 구호의 범위가 포괄적이지 않고 수준이 불충분하였다. 미군정 시기에는 구호행정이 주로 이루어졌기 때문에 전문적인 사회복지실천현장은 존재하지 않았다. 이는 긴급구호 이외에 공공과 민간의 전문적인 사회복지조직과 전문적인 사회복지행정이 존재하지 않았기 때문이다.

1947년에는 이화여자대학교에 기독교사회사업학과가 설치되어 비로소 전문 사회사업교육이 시작되었다. 이는 사회복지현장의 요구에 의한 것이라기보다는 기독교의 교육이념을 바탕으로 미국식 사회복지교육을 도입한 것으로 평가된다.

이 시기의 구호행정의 특성은 계획적이거나 장기적인 관점에서 이루어지지 못하고 주로 혼란과 과도기에 대처하기 위한 기아의 방지, 최저생계 유지, 의료보호 등의 임시구호 형태로 시행되었다는 것이다. 따라서 근대적 사회복지 개념에 입각한 사회복지행정으로 보기에는 무리가 있다.

2) 미인식기 – 정부수립 이후(1950년대)

1948년 8월 15일에 대한민국 정부가 수립되었지만, 당시의 정치적 상황은 매우 불안정하였고 1950년에는 한국전쟁이 발발하였다. 대한민국은 상당기간 동안 휴전의 특수한 상황 아래 외국과 외국의 원조기관이 실시하는 자선 및 구제의 상황에 놓여졌다. 제 1 · 2공화국의 사회복지행정을 당시 사회복지 행정직제의 개편 내용을 통해 살펴보면, 제1공화국은 미군정 당시 보건후생부(1946. 3. 2.)와 노동부를 병합하여 사회부로 개칭하고 보건, 위생, 노동, 부녀 행정을 관장하게 하였다. 그 후 1949년 3월 사회부가 관장하던 보건행정을 분리하여 보건부를 신설하였다가 1955년 2월 다시 보건부와 사회부를 보건사회부로 통합하여 사회, 복지, 보건, 부녀 행정을 총괄하는 중심 부서로 운영하였다.

「제헌헌법」 제19조에 근거하여 이러한 공적 조직을 설치하였으나 보건사회부의 사회복지 활동은 월남피난민과 전쟁고아 및 피해자의 긴급구호에 급급한 상황이었기 때문에 현대적 의미의 사회복지행정은 실시되지 못하였다. 그러나 사회부는 당시 매우 열악하였던 육아시설의 설비를 충실히 하고 그 운영의 강화 및 적정을 기하기 위하여 1950년 2월 27일 '후생시설 설치기준령'을 제정하였고(신섭중 외, 1999), 1952년 10월 4일에는 전쟁고아 수용보호시설을 비롯하여, 전란으로 혼란에 빠진 기존 각종 구호시설들의 운영과 지도 · 감독의 준칙으로 삼기 위해 '후생시설 운영요령'을 제정하였다(구자헌, 1984).

이 훈령을 통해서 사회부는 긴급구호활동 중심으로 구호행정을 펼쳐 나가고 있었지만 구호시설의 설치와 운영 및 지도 · 감독에 대한 필요성에 대해 인식하고 있었던 것으로 보인다.

한국전쟁 이후 급증한 전쟁피해자들을 위한 외국의 원조기관들이 들어오면서 민간 사회복지기관들이 설립되어 사회복지행정 실천의 장이 마련되었다. 그러나 이러한 외원기관들의 활동은 전쟁피해자인 고아, 미망인, 무의탁 노인, 빈민들에 대한 긴급구조를 위주로 하였기 때문에 전문적인 원조활동과 전문적 사회복지활동을 수행할 수 없는 상태였다(최성재, 남기민, 2000: 53).

교육현장에서는 1953년 현재 강남대학교의 전신인 중앙신학교에 사회사업학과가 설치되었고, 1958년에 이화여자대학교 기독교사회사업학과에서 사회사업학과가 분리되어 독립학과로 되었으며, 1956년 사회복지전문 인력 단기양성소인 국립 중앙사회사업종사자 훈련소가 창설되었고, 1959년에는 서울대학교에 사회사업학과가 설치되어 전문적인 사회복지교육을 실시하게 되었다. 하지만 당시 이들 대학교의 교과과정에 사회복지행정 과목의 존재여부는 확인되지 않았다. 다만 1954년에 미국 미네소타대학의 사회사업대학원장이 방한하여 사회사업 전문교육의 필요성을 역설하였고, 이를 계기로 1961년부터 서울대학교 3학년 교과목으로 사회사업행정을 가르치기 시작했다는 기록이 있다(최성재 외, 2006).

이와 같은 사실로 미루어 보면 제1 · 2공화국 시기의 사회복지행정은 초기의 두 훈령제정과 외국원조의 배분에 총력을 기울인 것 외에는 전문적이고 체계적인 활동의 흔적이 보이지 않고 있다. 또한 사회사업교육의 실시와 일부학교의 교과목상에 사회사업행정이 포함되었음에도 그 중요성이나 필요성이 언급되지 않았다는 것에서 그 당시 사회의 사회복지행정에 대한 인식부족을 확인할 수 있다.

3) 사회복지행정의 부재(1960년대)

1961년 5 · 16 쿠데타에 의해 탄생한 군정과 제3공화국 정부는 시급한 민생고의 해결을 위해 경제개발을 최우선 목표로 설정하고 절대빈곤의 탈피에 주력하였다. 군정과 제3공화국은 1962년부터 '경제개발 5개년 계획'을 실시하였는데, 주요내용은 외자도입을 통해 정부주도로 수출주도형 공업화를 달성하고자 하는 것이다. 이를 위해 정부는 국가자원을 수출부문에 집중하고 사회간접자본을 확충하고자 하였으며, 이에 따라 저임금 · 저곡가 정책을 유지하며 분배보다는 경제개발을 우선시하는 정책을 펼쳤다.

'선성장 후분배'의 기조에 따라 사회복지정책은 정책 우선순위에서 배제되었다. 하지만, 이러한 성장 우선의 정책기조에도 불구하고 체제의 정당성이나 경제활동에 기여할 수 있는 부분에서는 사회복지제도의 진전이 있었다.

이 시기에 실시된 사회복지정책은 다음과 같다.

첫째, 군정은 국가를 위해 헌신한 희생자들과 재해피해자들에 대한 지원을 위해 1961년 11월 「군사원호보상법」과 1962년 3월 「재해구호법」, 4월 「국가유공자 및 월남귀순자보호법」을 제정하였다. 이것은 군사정부의 특성을 반영하고 사회질서 유지에 일차적 목적이 있어 전문적인 사회복지행정으로 보기에는 어렵다.

둘째, 생활무능력자들에 대한 생계보호를 시행하기 위해 「조선구호령」을 모방한 「생활보호법」(1961. 12. 30. 법률 제 913호)을 제정하였다. 「생활보호법」에 따라 정부의 사회복지행정은 저소득층에 대한 공공부조를 위주로 하는 생활보호행정이 실시되었지만, 당시 정부 재정의 부족으로 인해 긴급하게 사회문제로 인한 복지욕구는 주로 민간 외원단체의 원조로 해결하였다. 주무부서인 보건사회부의 역할도 전반적으로 생활보호 위주의 정책수행이었고, 123개의 외원기관도 거의 전부 저소득층에 대한 원조를 위주로 하였다. 이러한 상황에서 공적 사회복지행정조직의 역할은 단순한 정책적 계획과 비전문적 활동 위주였으며 사회복지서비스의 효과성과 효율성을 생각할 수 있는 정도가 되지 못하였다(최성재 · 남기민, 2000).

셋째, 사회복지분야에 대한 법률들이 제정되었다. 특히 이 시기에 가장 심각한 사회문제인 전쟁고아에 대한 해결책으로 1961년 「고아입양특례법」과 「아동복리법」과 같은 법률을 제정하였다. 이것을 아동복지행정의 효시로 간주할 수도 있으나 이 법령에서도 사회사업행정이라는 용어는 사용되지 않았다. 이러한 사회적 상황 속에서 1970년에 비로소 사회복지사업에 대한 기본적인 사항을 규정한 「사회복지사업법」이 제정됨에 따라 민간 사회복지사업의 체계 확립과 국가와 지방자치단체에 의한 사회복지법인에 대한 보조와 지도 · 감독이 가능하게 되었다. 「사회복지사업법」의 제정은 한국의 민간 사회복지행정과 공공사회복지행정을 위한 토대가 마련되는 계기가 되었다.

4) 사회복지행정의 발판마련(1970년대)

1970년대 후반부터는 경제개발정책으로 국민소득과 국가의 재정 능력이 향상되어 독자적인 복지문제 해결이 가능하다는 외국의 평가로 외원단체들이 원조감소 및 중단, 외원기관의 철수가 있었으나 사회복지법인 및 시설의 설립은 저조하였다. 따라서 민간 사회복지행정의 토대는 마련되었으나 그 실천의 장과 전문성이 부족하여 사회복지행정의 발전으로 연결되지는 못하였다. 대학에서는 사회사업학과를 운영하는 대학이 1960년대 10개 대학에서 1970년대 13개로 늘어났다. 사회사업학과를 운영하는 모든 대학은 사회사업행정을 교과과정에 포함시키고 있었지만 절반 정도의 대학에서만 전공 필수과목으로 채택하였고, 나머지 대학에서는 선택과목으로 되어 있었다. 그러나 당시의 사회복지학자들은 사회사업행정을 전공분야로 하거나 행정에 관한 논문을 발표한 적이 거의 없고 행정을 전공 분야로 하는 학생들도 거의 없었다. 이 시기에도 사회복지행정은 교과목으로 명목상 인정되었지만, 실제 사회복지현장에서는 필요성과 중요성이 인식되지 못한 상태였다. 다만, 공공부조제도의 수립과 사회복지법인제도의 도입 등으로 공공 및 민간 사회복지행정의 발전 기초를 마련하였다고 평가할 수 있다.

이 시기의 사회복지 시책은 다음과 같다.

첫째, 취약계층을 보호하고 이들에 대한 서비스를 제공하기 위해 몇 가지 입법이 이루어졌다. 1976년 「입양특례법」이 제정되었고, 1977년 「특수교육진흥법」, 「의료보호법」이 제정되었다. 이 법의 제정으로 보건소와 공립병원이 생활보호대상자들에게 의료보호사업을 실시하도록 명문화하였다.

둘째, 사회보험 도입이 정책적 이슈로 제기되었다. 국민연금제도 도입을 위해 1973년 국민복지연금법의 입법이 추진되었으나 무산되었다. 이 법의 도입취지는 산업근로자의 노후생활 보장을 위한 것이었으나, 연금기금을 조성해 중화학공업화에 대한 대규모 자본을 동원하려는 의도도 있었다. 1973년 「사립교원연금법」이 제정되었고, 1976년 임의가입 형식이었던 「의료보험법」이 개정되어, 500명 이상 사업장부터 강제 적용되기 시작하였다. 이 법은 산업평화에 대한 기여와 노동자복지에 대한 기업의 부담을 완화하기 위한 취지를 갖고 있었다.

또한, 1970년에 「사회복지사업법」이 제정되어 향후 민간사회복지조직 활동의 토대를 구축했다. 그러나 1970년대까지는 실질적인 사회복지법인 및 시설의 설립은 저조하였다. 이 시기 공적 사회복지사회에서의 행정의 역할은 「생활보호법」 등 법령에 따른 시행계획 수립과 법정급여 제공 등으로 제한적이었으며, 개별화된 서비스는 이루어지지 않았다. 공공과 민간 영역 모두 전문적인 사회복지서비스가 제공되지 않았기 때문에, 사회복지행정에 대한 수요도 존재하지 않았다고 할 수 있다.

하지만, 「의료보호법」과 「생활보호법」의 제정으로 공공부조의 양대 지주를 이루어 공공부조의 기본골격이 이루어진 시기였다. 또한 이 시기는 한국사회의 경제적 성장으로 외국 원조기관들이 철수하거나 지원액을 대표 감소하였음에도 성장 위주의 경제정책을 우선하는 정부시책으로 사회복지서비스가 제대로 작동하지 않아 사회복지서비스의 공백기였지만, 결과적으로 사회복지의 요구가 증가하게 되어 훗날 사회복지의 토착화가 시작되는 계기가 되었다.

2. 사회복지행정의 확립기(1980~1990년대)

1) 사회복지행정체계 마련(1980년대)

1980년대는 급속한 산업화와 도시화의 부산물로 각종 사회문제가 속출하고 군사정부의 퇴진과 민주화의 진행으로 그동안 억눌려 왔던 사회복지욕구도 분출되었다. 제5공화국은 표면상으로나마 복지사회 구현을 사회목표로 정하였고, 유신체제의 잔재를 청산하고 사회정의와 기회균등에 입각하여 전 국민의 행복이 보장되는 복지이념을 천명하면서, 경제 일변도의 개발계획에서 벗어나 경제와 사회의 균형적인 발전을 기본목표로 삼았다.

국민의 복지수요 팽창으로 정부는 아동, 노인, 장애인 등에 대한 각종 사회복지서비스 관련법을 제정 또는 개정하여 민간사회복지기관에서 이러한 서비스를 제공하도록 하였다. 그 결과 1980년대 후반 전문적인 사회복지조직이 탄생하고 공공복지행정체계가 마련되었는데, 종합사회복지관을 비롯한 상담 및 치료전문 사회복지기관도 이 시기에 급격히 증가하기 시작하였다.

이 시기의 사회복지제도 발전의 특징을 보면, 국민연금제도, 최저임금제도, 전국민의료보험제도의 실시 등 소득 및 의료보장의 확대가 이루어지기 시작하였다. 1984년에는 여성정책심의위원회가 구성되어 특수계층에 대한 서비스를 강화하였으며, 1987년부터 사회복지전문요원을 영세민 밀집지역에 배치하기 시작하였다. 1988년 서울장애인올림픽을 계기로 장애인 종합대책을 수립하고 장애인 고용촉진 등에 관한 법률을 제정하여 장애인 복지를 향상시키기 시작하였고 1988년 국민연금법의 실시로 사회복지행정의 범위가 확대되고 내용이 보다 충실하게 되었다.

1983년도에는 사회복지사업법이 개정되어 사회복지사 자격증(1 · 2 · 3급)이 제도화되었고, 이에 따라 사회사업의 공식명칭이 사회복지사로 변경되었다. 각 대학의 사회사업학과 명칭이 사회복지학과로 개칭되었으며, 30개 대학에 사회복지학과가 설립되었다.

늘어나는 복지수요에 대처하기 위해 1987년부터 연차적으로 저소득층 밀집지역 읍 · 면 · 동 단위에 사회복지 전문요원을 배치한 것이 공공사회복지행정의 획기적 발전을 위한 전환점이 되었다. 초기에는 법적 근거 없이 배치되었으나 1991년 「사회복지사업법」 개정에서 사회복지전담공무원과 복지사무전담기구를 설치할 수 있는 법적 근거가 마련되었고, 사회복지 직렬을 5급까지 설치하면서 전문직에 의한 공공복지행정 수행의 기초를 마련하였다.

한편 1987년을 기점으로 민간 사회복지기관이 급격히 늘어나면서 '한국형' 사회복지사의 전형적인 이미지가 형성되었다. 2019년 기준 전국에 470개소의 사회복지관이 운영되고 있으며, 장애인복지관과 노인복지관까지 합하면 약 1,100개소의 복지관이 운영되고 있다. 지역사회 주민들을 대상으로 하는 이용시설인 복지관을 통해 서비스가 제공되면서 사회복지서비스는 기존의 시설보호나 현물지급 등 단순한 지원을 벗어나 '프로그램'의 형식을 띠게 된다. 게다가 사회복지 공동모금회 등 민간영역의 지원기관 및 기업사회공헌 활동이 급증하면서 프로그램 중심의 사회복지 서비스가 지속적으로 확대되고 있다(한동우, 2019).

2) 사회복지행정 영역의 체계화(1990년대)

1990년대는 사회복지분야의 체계화가 이루어지는 시기였다. 1991년 「아동복지법」과 별도로 「영유아보육법」이 제정되어 영유아보육사업의 시초가 되었고, 1993년에는 「고용보험법」 제정, 1995년 「정신보건법」, 「사회보장기본법」이 제정되어 사회복지행정의 영역은 사회보험, 공공부조, 사회복지서비스, 사회복지관련 복지제도의 네 가지 영역으로 구분하여 체계화되었으며, 적용대상의 범위도 확대되었다(박차상, 2011).

1992년 「사회복지사업법」 개정으로 복지전담행정기구 설치에 대한 근거가 마련되었고, 1995년에 이르러 「사회보장기본법」 제정으로 사회보장 전달체계에 대한 규정이 제시되었다. 이에 따라 1995년 7월부터 보건복지사무소의 시범사업을 실시하였다. 이는 기존 보건소 조직에 복지사업 부서를 신설하고, 읍 · 면 · 동에 흩어져서 근무하던 사회복지전문요원을 이곳에 집중 배치하여 공공부조업무를 수행하고, 지역주민에 대한 복지서비스를 가급적 보건서비스와 연계하여 제공할 수 있도록 한 것이다. 시범 보건복지사무소는 보건 · 복지수요의 증가 및 다양화와 지방자치제의 실시 등 경제 · 사회적 여건 변화에 따른 요청으로써 복지행정의 전문화 및 효율화, 보건소의 기능 개편, 보건 · 복지서비스의 통합 제공, 지역복지 기능 강화 등을 목적으로 설치 · 운영되었다(이진, 2009).

1997년에는 사회복지행정의 전문성 확보를 위해 사회복지사업법을 개정하여 사회복지시설을 3년에 1회 이상 평가하도록 하여 사회복지행정에 대한 수요가 높아졌다(김익균 외, 2011).

1998년 사회복지공동모금법에 의해 민간사회복지조직의 재정 자율성이 강화되었고,

1999년에는 국민기초생활제도의 도입으로 모든 국민의 기본 생활권을 제도적으로 보장하게 되어 공공사회복지행정의 범위도 크게 확대되었다. 특히 1999년 사회복지행정학회가 창립되어 학술지인 「사회복지행정학」이 발간되는 등 사회복지행정의 위상이 제고되었다(남일재 외, 2011).

이 시기 사회복지제도의 변화를 정리해 보면 다음과 같다.

첫째, 사회보험제도의 정비이다. 1988년 제1차 사회보장 장기발전계획을 발표하여 인구의 고령화, 가족구조의 변화, 산업화의 가속화에 따른 국민복지수요의 급증을 예상하였으며, IMF, 외환위기 이후 경제난에 의한 대량 실업자 발생으로 소득분배 악화, 가족해체 등 과거에 없던 새로운 사회복지 수요 발생 등 질적 개선을 위한 다양한 복지욕구가 표출되어 소외계층의 사회보장욕구가 심화될 것을 예측하였다. 이에 21세기 국민복지의 비전을 전 국민 사회보험 실현과 최저생활보장 및 삶의 질 재고를 위한 복지서비스 확충에 두고 이를 실천하고자 하였다. 이러한 예측과 실천계획에 따라 전 국민을 대상으로 하는 국민연금제도 실시, 의료보험 통합으로 국민건강보험제도 출발, 전 사업장에 대한 고용보험제도를 적용하여 기존의 산재보험을 포함한 오늘날의 4대 보험이 제도적으로 정착되게 되었다.

둘째, 공공부조제도로써 국민기초생활보장제도의 도입이다. 기초생활보장제도는 생활이 어려운 사람에게 필요한 급여를 실시해 이들의 최저생활을 보장하고 자활을 돕고자 실시되는 제도로(「국민기초생활 보장법」 제1조), 개별가구의 소득이 국가가 정한 일정 기준선에 미달하는 빈곤층을 대상으로 생계, 의료, 주거, 교육 등 기초적인 생활을 영위할 수 있도록 현금 또는 현물을 지원하는 복지제도를 지칭한다. 국민기초생활보장제도는 1997년 말 외환위기로 인해 실업과 빈곤문제가 심각했던 상황에서, 빈곤층의 인간다운 삶을 보장하기 위해 1999년 9월 7일 제정되었고, 2000년 10월 1일 시행되었다. 이 제도는 빈곤층에 대한 소득보장을 '사회권'의 하나로 규정하였으며, 근로능력 유무와 무관하게 모든 빈곤층에게 소득보장을 하도록 규정하였으며, 자활사업을 통해 근로연계복지(workfare)를 실시하고 있다는 점에서 한국 사회보장제도에서 매우 상징적인 의미를 갖고 있다.

셋째, 사회복지서비스의 전달체계 변화 및 자율성 강화이다. 노인복지관, 사회복지관과 같은 시설을 통한 사회복지서비스 전달체계에서 탈피하여 일반대중을 대상으로 재가복지서비스를 확대하는 등 서비스 제공방법을 변화시키고 있다. 또한 민간자본이 사회복지 시장에 참여하도록 개방화시키고 자율성을 높여 노인장기요양보험제도 등에 민간 사회복지조직의 참여가 급증하였다. 또, 1990년대에 지방자치제도의 실시도 사회복지서비스 전달체계의 개편을 가져왔는데, 중앙정부의 일원적 구조에서 지방정부를 거치는 다층적 구조로 변하게 되었다.

1980년대 이후 전개되었던 이러한 환경 변화는 사회복지조직에게 전문적인 지식과 기술의 필요성을 야기했고, 이러한 사회복지 전문인력의 현장 수요에 맞춰 대학에서 사회복지관련학과가 크게 증가되었다. 사회복지전문직 교육에서 사회복지행정이 차지하는 비중도 커졌는데, 제한된 자원에 대한 사회복지조직들 간의 경쟁이 심화되고, 전달체계가 복잡화, 다원화되었기 때문이다. 이는 사회복지전문직 교육에서 조직의 전략적 기획과 관리, 프로그램 개발과 평가, 자원개발과 전달체계, 서비스 활용 전략 등이 강조되는 것과 같은 이유이다.

3. 사회복지행정의 패러다임 전환기(2000년대 이후)

2000년을 전후로 한국의 사회복지 환경은 급격히 변화하였다. 1997년 외환위기 이후 사회구조적 취약성에 대한 인식이 높아졌고 국가적 복지체계의 기본 체질을 강화할 필요성이 제기되었다.

하지만, 1980년대 이래 서구사회에서 진행되어 왔던 신자유주의적 사조가 유입되면서 '복지국가'의 요구와 갈등이 발생하고 있다. 신자유주의는 시장경제를 강조하는 과정에서 국가의 역할 축소를 지향한다. 때문에 소비 지출로 인식되기 쉬운 국가적 사회복지 기능은 신자유주의 관점에서 축소의 대상이 되기 쉽다.

이와 같은 신자유적 국가정책의 기조는 2000년대 후반에 들어 많은 문제점을 드러냈다. 신자유주의에 의하면 기업활동에 대한 감세와 고용 유연성을 강화하면 고용과 소비력이 늘어나 경제가 활성화되고, 이것이 자연스러운 복지증진으로 귀결된다는 것인데, 이러한 신자유주의적 고용정책으로 한시적 비정규직과 같은 불안정한 노동자 계층이 양산되었고, 빈부격차와 사회적 양극화가 심화되었다. 이로 인해 국민 다수의 안정적 고용을 전제로 설계된 공적연금이나 건강보험, 고용보험과 같은 보편적 사회보험제도가 안정성을 위협받고 있다.

여기에 더해 저출산 · 고령화에 의한 인구의 급격한 감소, 고령화 사회로의 진입으로 한국사회는 지속가능성마저 위협받고 있는 실정이다. 단기적으로는 여성과 가족기능의 변화로 아동과 노인, 장애인에 대한 돌봄 기능이 시급한 제도적 대책을 필요로 하고 있다. 또 탈북자, 결혼이주민, 이주노동자의 증가로 이들에 대한 사회적 통합의 과제도 새로운 문제로 등장하고 있다.

이러한 정치적, 사회구조적인 변화에 따른 '신사회적 위협'에 대한 대응으로, 한국의 사회복지정책은 패러다임의 변화를 요구받고 이에 대한 논의가 증가해 왔다. 새로운 위협에 대처하려면 새로운 사회복지 전략이 모색되어야 한다.

2017년 새로운 정부는 신자유주의 정책기조를 버리고 보편적 사회복지정책을 추구함으로 사회복지행정에 있어서 근본적인 변화가 일어나고 있다.

2000년대 이후의 변화를 정리해 보면 다음과 같다(이준영, 2019).

1) 시장화 도입 시기(2000년대 중반~2010년)

이 시기에는 '사회서비스'라는 제도가 등장하였고, 개인들은 일방적인 서비스제공의 '대상자' 지위에서 벗어나게 되었다. 사회서비스 바우처에서 적용된 이용자 지원방식은 2007년 노인장기요양서비스 도입으로 더욱 확산되었다. 노인장기요양보험제도의 도입은 사회복지 인력의 개념과 활동영역을 확장하는 상징적인 사건이라고 할 수 있다. 전통적으로 사회복지인력은 사회복지시설 및 기관에 종사하는 사회복지사를 일컫는 개념이었으나, 노인장기요양보험제도를 필두로 하여 사회서비스의 제도화는 돌봄 종사자를 포함하는 사회서비스 사업 수행인력을 범(凡) 사회복지인력으로 지칭하는 경향이 있다. 이후 희망복지지원단 등 지역의 사회복지자원 네트워크를 기반으로 하는 사례관리 시스템 도입으로 사회복지인력의 기능과 역할 등에 관한 재정의가 이루어지고 있다(한동우, 2019). 시설설립에 대한 규제도 대폭 완화되어 영리기관이나 개인사업자도 참여하였으며, 사회적 기업과 사회적 협동조합도 새로운 사회서비스 제공자로 등장하였다. 그 결과 민간 비영리 제공자들은 그동안 종속적대행자로서 '누려 왔던' 독점적 지위를 잃게 되었다(양난주, 2010: 95).

사회서비스 시장화 정책으로 인해 영세한 개인이나 영리사업자들의 무분별한 시장 진입으로 제공자 간의 출혈경쟁에서 비용절감을 통한 수익추구가 일상화되었다. 또한 나쁜 일자리가 양산되어 사회서비스 노동자의 임금은 낮아지고 근로조건이 악화되어서 그로 인해 서비스의 질적 수준이 저하되었다(김영종, 2012; 이재훈, 2018).

한편, 우리나라의 바우처 제공방식은 진정한 의미의 자유시장기제가 아니라 국가에 의해 강력하게 통제되는 유사시장 또는 보호시장기제다. 사회서비스 제공기관을 국가가 지정하기 때문에 자유로운 시장진입이 불가능하고, 개별 바우처 사업별로 책정되는 국고보조금사업 예산에 의해 상당 부분 제한되기 때문에 경쟁은 그다지 높지 않고 이용자의 서비스 선택도 능동적으로 이루어지지 않고 있다(양난주, 2011).

이 시기에는 사회복지서비스를 제공하는 사회복지사업과, 바우처를 중심으로 한 사회서비스시장이라는 이원적 구조가 형성되었다(양난주, 2014: 110). 국가 규제를 받는 사회복지사업에서 비영리 민간 제공자들의 자율성은 제약되었고, 국가의 통제를 받는 사회서비스 바우처시장에서 개인들의 자율성이 실질적으로 개선되지 않았다.

2) 공공성 강화 시기(2010년~현재)

2000년대 중반 이후 장애인생활시설에서의 인권침해 문제가 사회적 이슈가 되었다. 이에 국가가 서비스 이용자의 권리를 보장하고 서비스 제공자들의 비용에 대한 공적인 책임을 강화해야 할 필요가 있어 2012년 「사회복지사업법」 개정이 이루어졌다(안영진, 2014).

이 시기에는 국가의 역할이 재정조달자, 규제자를 넘어서 서비스 생산자로까지 확대되는 상황이 나타나고 있다. 예를 들면, 여러 기초지자체들에서 지역복지재단을 설립하고, 민간자원을 발굴 · 동원하여 자체적으로 복지사업을 추진하고 있다. 또한 민간서비스 제공에서 문제들을 해결하기 위해 국가가 직접 서비스를 생산 · 전달하는 사회서비스공단 설립계획을 발표하였다(이재훈, 2018). 이 계획은 국회차원의 사회서비스 공공성 강화를 위한 입법활동으로도 이어졌고 지자체들은 관련 조례를 마련하여 전국 17개 시 · 도 지방자치단체별로 사회서비스원을 설립하여 운영하고 있다. 사회서비스원은 취약계층을 넘어 모든 국민이 보편적으로 사회서비스를 체감할 수 있는 혁신 모델을 만드는 것을 목표로 기존의 사회서비스 사업과 사회복지조직, 비영리단체, 사회적경제기업, 민간기업 등에서 개별적으로 해오던 활동들을 연결하고, 이를 통해 지역사회를 중심으로 통합돌봄 체계를 구축함으로써 돌봄의 사각지대를 최소화 할 수 있다. 이는 주체적 공공성을 확보하고, 품질관리 제도를 개선하는 절차적 공공성을 마련하여 서비스 이용자와 종사자의 만족도를 향상시키는 결과적 공공성을 추구할 수 있을 것이다(조상미, 2023).

이처럼 국가가 공공성 강화를 목적으로 사회서비스 생산자의 역할을 담당하려는 상황을 제4세대 사회서비스 제공체계의 시작으로 볼 수 있을 것인지는 불확실하지만, 이러한 시도는 기존에는 많지 않았던 공공성 강화 제공방식이 대폭적으로 확대된다는 점에서 이전 세대와는 다르다.

2절 사회복지행정의 범주

사회복지행정에 대한 정의는 그 사회의 환경적 여건들에 의해 영향을 받는다. 단순하게 정의하자면, 사회복지행정은 사회복지를 행정 관리한다는 것으로 사회복지라는 목적을 행정이라는 방법을 통해 실천해 나가는 과정이라는 뜻이다. '사회복지'에 대한 개념과 정의는 사회마다 다르게 나타나고(Titmuss, 1974), '행정'에 대한 정의 역시 사회에 따라 다를 수밖에 없기에 '사회복지행정'에 대한 정의는 필연적으로 그 사회의 가치, 지식 발전의 수준, 전문직의 이념 등을 반영하여 규정되는 것이다(Sarri, 1987).

사회복지행정은 이처럼 다양한 시대적 · 사회적 환경들은 반영하고 있으므로, 그 정의에 관한 일치된 합의점을 도출하기가 쉽지 않다. 그럼에도 불구하고 대부분의 사회복지행정에 관한 기존의 정의들은 사회복지조직의 행정관리에 초점을 두어 왔다. 대표적으로는 사리(Sarri, 1987)의 정의를 들 수 있는데, 그는 사회복지행정이란 하나의 조직 내에서 이루어지는 과정으로 다음과 같은 과정들의 합이라고 보았다.

① 정책의 형성과 정책을 운영 가능한 목적들로 전환하는 것
② 프로그램 디자인과 실행
③ 자금 확보 및 자원 할당
④ 조직 내부 및 조직 상호 간의 운영에 대한 관리
⑤ 인력관리 및 슈퍼비전
⑥ 조직을 대표하기 및 공보 · 섭외 활동
⑦ 지역사회교육
⑧ 조직의 생산성 향상을 위한 모니터링 · 평가 · 혁신

이처럼 사회복지행정은 외부 환경이나 정책형성에서부터 사례관리에 이르기까지 다

양한 영역들을 포함하고 있다.

현대의 대규모화된 사회의 모든 사회복지 활동들은 조직적 과정을 통해 이루어진다. 따라서 조직적 활동들에 대한 이해와 이를 실천, 관리할 수 있는 능력들이 사회복지 분야에서 활동하는 모든 사람들에게 요구된다. 사회복지행정은, 일반행정의 원리나 가치를 답습하는 단순한 행정 기술들이 아니라, 사회복지의 가치가 조직과 프로그램의 모든 과정에서 적절하게 반영될 수 있게 하기 위한 것이다. 따라서 조직과 프로그램 과정과 같은 기초적인 행정관리 분야는, 사회복지행정의 전문 분야로만 취급할 것이 아니라, 사회복지학의 제반 분야들 속에 기초 지식으로 포함되는 것이 바람직하다(김영종, 1999).

1. 일반 행정과 사회복지행정의 관점 차이

사회복지행정이 일반 행정과 어떻게 다른지에 대해서는 상당한 논란이 있지만, 그 주된 쟁점들은 비영리조직과 영리조직, 휴먼서비스와 여타 서비스들 간에 보이는 특성들의 차이가 사회복지행정 실천의 가치와 지식들에 어떻게 작용하는지와 관련되어 있다. 일부에서는 휴먼서비스 조직들의 특성이 일반 행정의 가치와 원리를 거부할 정도는 아니라는 주장들도 있어 왔으나(Stein, 1981), 현재로서는 휴먼서비스 조직들은 다른 조직들과는 구분되는 독특한 목적과 수단을 가지고 있다는 점에서 일반 행정의 원리나 가치들로부터 분리되어 다루어져야 한다는 입장이 보편적이다(최성재 · 남기민, 1993; 성규탁, 1996; 김영종, 1998; Ssrri, 1987; Hasenfeld, 1992; Austin, 1995).

이처럼 클라이언트의 인간적인 측면들이 조직에 대한 원료이자 산출물이 된다는 것은 사회복지행정의 가장 두드러진 특징으로 표현된다(Ssrri, 1987; Hasenfeld, 1992). 또한 조직의 운영과 관리에 있어서 비영리 목적들에 대한 가치나 서비스 가격 설정의 어려움, 외부 통제의 어려움, 환경에 대한 의존성, 다양한 이해집단의 개입으로 인한 목적 설정의 혼란, 인간 변화에 대한 불명확한 기술 등이 사회복지행정에 제시되는 독특한 과제이다(Gates, 1980; Hasenfeld, 1992; Austin, 1995). 사회복지행정의 이러한 특성들은 일반 행정과 관점의 차이가 있다는 것을 부인할 수 없을 것이다.

2. 사회복지행정 영역의 분화

모든 조직에서의 활동과 과업들은 다수의 개인들에 의해 분할되어 수행된다. 휴먼서비스를 제공하는 사회복지조직들도 예외는 아니다. 그럼에도 사회복지행정의 지식발전은 이러한 부분들을 적절히 다루지 못해 왔었던 것처럼 보인다(Sarri, 1987; Menefee & Thompson, 1994). 미국의 경우에도 사회복지행정에서 기관의 크기나 유형, 실천 분야의 특수성 등과 같은 관리환경의 차이에 많은 관심을 두지 않았던 것처럼 보인다(Austin, 1995).

일반적인 조직의 위계로 보면 행정의 영역은 다음과 같이 크게 세 부분으로 나눌 수 있다.

1) 경영자급 혹은 제도적 영역

사회적 위임 사항들을 행동으로 옮기는 작업영역이다. 다른 조직들과의 교환관계의 본질을 결정하는 기능을 하며, 조직의 경계 잇기, 외부 환경과의 관계, 자원 동원 등의 활동들을 포함한다.

2) 관리자급 혹은 프로그램영역

계획을 운영 가능한 실체로 변환하는 작업영역으로 소비자와 조직의 기술적 하위단위들과 중재를 주된 역할로 한다. 서비스의 조달과 할당, 구조디자인, 조직 단위들 간의 조정, 인력지휘와 개발 등을 담당한다.

3) 슈퍼바이저급 혹은 기술적 영역

일선 업무자들과의 관계가 주된 작업영역이며, 표준화, 일상화, 장기적인 사정 및 평가, 컨설팅, 사례관리, 강습, 의뢰, 모니터링 등이 주요활동들이다. 클라이언트에 대한 직접 서비스 전달도 경우에 따라서는 이 영역의 행정관리 활동으로 포함되기도 한다(Spergel, 1977; Patti, 1983).

이러한 영역 구분이 모든 사회복지조직들에 유사한 정도로 나타나는 것은 아니다. 조직의 성격과 규모 등에 따라 구분이 분명하게도 혹은 희미하게도 나타날 수 있는 것이다(Patti, 1983; Sarri, 1987). 사회복지서비스들을 직접 제공하는 사회복지조직들은 전형적으로 규모가 그리 크지 않았으며, 전문적 위주로 서비스를 제공하므로 행정역할들에 대한 분화가 그리 심하지 않았던 것으로 보인다. 그러나 1990년대 미국의 경우에서처럼 휴먼서비스 조직들의 규모가 확대되는 경향들이 나타나면서(Austin, 1995), 사회복지행정의 지식 혹은 실천영역들에 대한 분화는 더욱 필요해졌다.

3. 사회복지행정 관점의 이동

사회복지행정가들의 전형적인 역할들에서 많은 변화가 일어나고 있다. 메네피와 톰슨(Menefee & Thompson, 1994)은 미국 전역의 사회복지행정가들을 대상으로 1990년대에 실시한 조사연구에서 사회복지행정가들의 주요 역할이 단순 내부관리에서부터 전략적인 차원으로 옮겨 가고 있다고 제시하였다. 즉, 사회복지행정가들은 이전에 비해 외부 환경과 조직 내부사이의 경계를 모니터링하고 관리하는 데 더 많은 역할들을 수행하고 있으며, 그로 인해 서비스 전달의 전반적인 맥락에 보다 많은 관심을 두고 있다고 하였다. 이처럼 한 조직 영역 내에서의 역할들보다는 조직들 간의 관계를 관리하고 네트워킹 하는 등과 같은 조직의 경계 잇기(boundary spaning) 역할들이 사회복지행정 관리자들 사이에서 점차 중요하게 다루어지고 있다(Edwards & Ausin, 1991; Ausin, 1995).

실천현장에서 이러한 변화들을 적절히 뒷받침하기 위해서는 사회복지행정 학문체계의 관점이 변화되어야 한다. 특히 행정지식의 근간을 이루는 '조직에 대한 이해'에서 관점의 전환이 요구된다. 오스틴(Ausin, 1995)은 미국의 사회복지행정 교과서를 분석한 결과 대부분이 폐쇄체계적 관점에 근거하여 기술되어 있다고 지적하고 있다. 조직을 폐쇄체계적 관점으로 이해하면 합리적인 의사결정과 관리 활동들이 주된 관심의 대상이 되는 반면에 개방체계적 관점으로 이해하면 조직들 간의 상호 의존적 성격을 강조하여 조직의 외부환경이나 조직들 간의 행정관리 방법들을 적용할 때 보다 많은 한계를 가지게 될 것이므로 조직 상호 간의 과정과 본질을 이해하고 실천하기 위한 개방체계 관점으로 새로운 행정지식과 기법을 개발할 필요가 있다.

이와 같이 실천현장의 변화를 이끌어 갈 수 있는 사회복지행정의 과학적이고 개방적인 지식과 기법의 개발은 복지국가 실현을 앞당길 수 있는 기반이 될 수 있을 것이다. 아울러 복지기관 운영의 투명성은 사회복지기관 및 행정가에 대한 국민의 태도에 영향을 미쳐 사회복지행정의 발달을 가져올 수 있을 것으로 본다(김영종, 1999).

4. 사회복지행정 실천 환경의 변화

사회복지 정책 환경의 변화 및 행정의 기반 확대와 더불어, 사회복지행정의 실천 환경도 변화하고 있다. 사회복지조직들의 자원동원 양식의 변화, 전달체계의 변화, 전문직의 행정관리 역할 증대, 다전문직의 조직 환경 등이 대표적인 실천 환경의 변화들로 나타난다.

① 민간 사회복지조직들의 자원 환경이 변화하고 있다. 정부는 1998년에 제정된 「공

동모금법」이나 개정된 「사회복지사업법」 등을 통해, 사회복지서비스 부문에 민간의 참여와 역할을 확대하려는 취지를 시도해 보고 있다(김영종, 1998). 이에 따라, 사회복지서비스 조직들은 서비스 전달에 필요한 자원들을 확보하기 위해, 이전의 정부라는 단일 창구에 의한 자금 확보에서부터, 다양한 자원 출처들과의 관계를 갖는 것이 필요하게 된다(성규탁, 1993).

② 사회복지 서비스 전달체계에서의 변화가 나타나고 있다. 90년대 지방자치의 실시로 인한 중앙정부와 지방정부의 역할 분담, 공공과 민간의 역할 구분, 서비스전달체계의 통합 등이 현재에도 활발히 논의되고 있는 이슈들로 남아 있다(한국사회복지협의회, 1991; 김만두, 1994; 성규탁, 1999). 하지만 보건 및 의료, 대인적사회서비스, 공적부조 등과 같은 휴먼서비스 영역들에서, 개별조직이나 전문직들이 독립적으로 서비스들을 생산, 공급하게 되면, 수요자들의 통합적인 서비스 욕구를 해결하지 못하고 오히려 파편화된 욕구들을 확대 재생산해 낼 가능성도 있다(김영종, 1998). 이러한 문제들에 대한 우려로 인해, 사회복지조직들의 개방을 통한 서비스 연계 내지는 통합이 중요한 과제로 대두된다.

③ 사회복지전문직의 행정관리자로서의 역할들이 증대되고 있다. 민간 서비스조직들의 경우에는, 80년대 후반 이후 급격히 증가된 사회복지서비스 조직들의 수요에 따라 전문직들의 수가 늘어났고, 그들이 조직에서의 자연스런 승급에 따라 관리자로서의 역할들을 맡아 나가는 현상이 확대되고 있다. 또한 기존의 사회복지기관 관리자들이 사회복지 전문교육을 받은 경우들까지 합친다면, 사회복지기관들에서는 경영자급에서, 중간관리자, 하위관리자들에 이르기까지 사회복지전문직이 차지하는 비율은 현저히 높아지고 있다.

④ 다전문직의 조직 환경이 형성되고 있다. 사회복지서비스 조직들의 규모가 점차 증대함에 따라, 이전에 사회복지전문직이 주로 차지하던 종사자 현황이 다전문직이 참여하는 환경들로 변화하고 있다. 사회복지시설별로 근무비율이 다르겠지만, 조직의 규모가 클수록 전체 근무인원의 20~30% 미만이 사회복지사들로 구성된 사회복지시설이 늘어나고 있다.

하나의 조직내에서도 그렇지만, 조직들 간의 관계에서도 다전문직의 상황은 더욱 확대될 것이다. 지역사회 서비스전달체계의 연계와 네트워크에 대한 강조도 결국에는 다양한 휴먼서비스 전문직들 간의 교류를 활성화하는 것이다. 한편, 사회복지관이나 수용시설들과 같은 전형적인 사회복지서비스 기관들이 아닌 다른 사회 기관 혹은 휴먼서비스 기관들에서 활동하는 사회복지사들의 수도 점차 늘어나고 있다. 이처럼 다전문직이 활발히 연계를 갖게 되는 조직적 상황에서, 이에 적합한 관점을 갖춘 사회복지행정이 필요하게 된다.

CHAPTER 3

휴먼서비스 사회복지조직의 특성

학습목표

1. 휴먼서비스의 특성을 이해한다.
2. 휴먼서비스 사회복지조직의 특성을 이해한다.

개 요

휴먼서비스(human services)는 사람들의 발전과 복지를 향상시키기 위해 고안된 프로그램과 활동을 말한다. 사회복지서비스를 비롯해서 의료와 교육, 보육, 케어, 정신보건, 개인 및 가족문제 상담 등의 제반 대인적 서비스들을 포괄하는 개념이다.

휴먼서비스를 생산하는 방식은 다른 유형의 서비스 생산과 비교해서 현격하게 차이 나는 독특함이 있다(Hasenfeld, 1983). 그 이유는 휴먼서비스의 본질적 성격 자체가 독특함을 갖고 있기 때문이다. 휴먼서비스는 서비스 제공자와 수요자 간의 긴밀한 대인적 상호작용을 통해 생산된다는 특성이 있으므로, 향후 휴먼서비스가 더 많은 영향력을 갖게 될 것으로 기대된다.

1절 휴먼서비스의 특성

휴먼서비스란 사회복지서비스를 비롯해서 의료와 교육, 보육, 케어, 정신보건, 개인 및 가족문제 상담 등의 제반 대인적 서비스들을 포괄하는 개념이다(Cimmino, 2004). 휴먼서비스라는 용법은 인간적 상호작용을 본질적 속성으로 하는 조직이나 서비스를 통칭하는 데 쓰이기도 하고(Hasenfeld, 1983), 보건, 복지, 교육, 고용 등과 같이 현실적으로 기축된 분야들에서의 프로그램이나 서비스들을 묶어 내기 위한 방편으로 동원되기도 한다(Austin, 1988). 미국에서는 사회복지관련 서비스들을 확대하거나 혹은 이미 구축된 다른 분야(교육, 보건 등) 서비스들과의 연계를 꾀하는 과정에서, '복지(welfare)'에 사회적 낙인(social stigma)을 회피하기 위해 휴먼서비스라는 용어로 대체되었다고도 본다(김영종, 2009).

우리나라에서는 휴먼서비스와 유사한 맥락에서 사용되는 용어들로 대인적 사회서비스(personal social service), 사회사업서비스(social work service), 혹은 사회서비스(social service) 등이 있다. 전형적으로 휴먼서비스의 개념은 사회복지서비스와 밀접히 연관되어 있지만, 사회복지서비스가 '복지'에 내재된 빈곤문제와의 결부이미지에서 자유롭지 못한 반면, 휴먼서비스는 그에서 자유로울 수 있다는 차이가 있다. 이로 인해 휴먼서비스 개념은 보편적 서비스 욕구를 포괄적으로 담기에 유리할 수 있다. 사회복지서비스를 교육이나 의료서비스 등과 같이 특정한 대상이나 분야에 대한 전문영역의 서비스로 간주하는 측면도 있으므로, '사회복지서비스'라는 용어는 보편적서비스들을 포괄적으로 지칭하는 용법으로 쓰기에 더욱 힘들다.

대부분의 선진 국가들에서 사회복지서비스가 포함된 개념의 휴먼서비스는 확대되고 있으며(안상훈, 2006), 그러한 추세가 1980년대 이후로는 보다 다양한 맥락에서 진행되고 있다. 서구사회에서는 소득재분배와 현금이전 전략에 기초한 복지 국가적 공급방식의 한계에 대한 인정에서부터 비롯되어, 일을 통한 빈곤탈출을 의도하는 생산적 복지

(workfare)의 맥락에서 강조되기도 한다. 이런 경우에는 고용서비스와 교육, 재교육, 취업교육, 훈련을 강조하고, 장애인과 노인에 대해서도 현금이전보다는 가능한 취업알선 등으로 접근하려는 경향을 늘려간다. 휴먼서비스가 여성의 사회적 노동을 뒷받침하기 위한 가족케어기능의 사회적 이전이라는 맥락에서 강조되기도 한다. 아동보육서비스, 탁아서비스, 청소년 방과후서비스, 다양한 형태의 양로서비스 등이 모두 이런 경우다. 휴먼서비스는 또한 1960년대 미국의 경우처럼 정신건강문제에 대처하기 위한 노력에서 확장되는 경우도 있다. 이때는 신체적 원인에 의한 정신병리뿐만 아니라, 가정폭력, 성폭력, 청소년비행 등에 대한 사회적 병리론 문제들에 대한 예방과 치료서비스들도 포함한다(김영종, 2009).

한국 사회에서도 2000년대를 전후한 시기에 국가적 복지 공급의 확대를 의도하면서 이와 같은 휴먼서비스 접근에 대한 필요성이 강조되어 왔다. 기초생활보장제도의 제정 시 자활서비스를 포함시키고, 노인장기요양이나 장애인요양보장, 기타 아동청소년 등에 대한 사회서비스를 확대하는 것과 같은 휴먼서비스 접근이 활발하게 나타났다. 최근에는 노동이민자나 결혼이주여성, 탈북자 등에 대한 사회적 배제의 예방이나 치유 노력들을 위한 접근에서도 다양하게 활용되고 있다. 비록 휴먼서비스의 확대 정책이 복지 공급의 확대 목적보다는, 휴먼서비스 생산의 노동집약적 특성에 따른 막대한 일자리 창출 효과를 우선시한다는 부정적 시각도 있다. 그럼에도 적어도 우리나라에서는 이러한 두 가지 목적이 결합되어 있으므로, 현재와 향후에 사회복지 공급에서 휴먼서비스적 접근이 확대될 것이라는 점만은 부인하기 어렵다.

휴먼서비스를 생산하는 방식은 다른 유형의 서비스 생산과 비교해서 현격하게 차이나는 독특함이 있다(Hasenfeld, 1983). 그 이유는 휴먼서비스의 본질적 성격 자체가 독특함을 갖고 있기 때문이다. 휴먼서비스는 서비스 제공자와 수요자 간의 긴밀한 대인적 상호작용을 통해 생산된다는 특성이 있으므로, 그러한 성격의 서비스 생산을 위해 동원되는 조직 방식은 다른 생산물의 조직 방식과 다를 수밖에 없다고 본다. 이와 같은 휴먼서비스에 대한 논의들의 공통점은 다음과 같이 정리된다(Hasenfeld, 1983, 1992; Austin, 1988; 김영종, 2000; 이봉주 외, 2008).

① 휴먼서비스는 노동집약적이고, 공동생산의 특성을 띤다. 휴먼서비스의 생산 과정은 사람들 간의 관계로 구성되고, 제공자와 수요자 간의 긴밀한 대면적 상호작용으로 이루어진다. 서비스의 효과성은 대개 수요자의 변화(상태 혹은 조건)로 측정되는데, 서비스의 효과성은 수요자의 서비스 과정에의 적극적 참여를 통해 담보된다. 이를 휴먼서비스의 '공동생산(co-production)' 특성이라 하는데, 휴먼서비스 생산 방식의 본원적 독특성을 초래한다.

② 휴먼서비스 생산은 가치-지향적이다. 휴먼서비스 생산을 위해 필요한 충분한 기술적 지식이 부족하다는 한계와 함께 인간 존재의 이해에 가치성과 윤리성 개입이 불가피하다는 이유 등으로 인해, 휴먼서비스 생산 과정은 가치와 윤리적 판단들이 개입될 수밖에 없는 독특성을 띤다.

③ 휴먼서비스의 노동은 전문직에 의한 조직 과정으로 수행된다. 휴먼서비스 업무자들은 인간에 대한 불확실한 지식체계에도 불구하고 대상자에게 치명적인 결과를 초래할 수 있는 판단을 내리도록 요구받는다. 교육현장, 수술실, 정신상담, 아동학대 케이스 등의 사례에서와 같이 무수히 많은 휴먼서비스 현장의 결정들은 사전에 확정된 지식 체계에 의지하기 어렵다. 이런 경우에 현장 조직은 대개 '전문직' 개념의 업무자들을 선호하는데, 이들은 서비스 조직의 일원으로서 뿐만 아니라 소속 전문직의 일원으로서의 이중적 책임성을 동시에 갖는다. 그러므로 이들을 주요 인력으로 하는 전문적 조직은 일반 관료제 조직 체계와는 다른 조직적 특성(예, 가두관료제)을 띠기 쉽다.

④ 휴먼서비스 생산에는 전문성과 통합성의 갈등이 내재한다. 인간을 대상으로 하는 휴먼서비스의 결정적인 특성은 인간 문제의 개별성(individuality)과 전일성(holism)이다. 이러한 휴먼서비스의 특성들이 종종 서비스 조직화의 과정에서는 표준화와 세분화를 앞세운 조직성 논리와 충돌된다. 세분화된 서비스는 비록 세분화된 목표들에서는 효과성과 효율성을 더 높일 수 있지만, 개별화되고 전일적 관점에서의 통합적인 인간 문제의 해결은 오히려 더 요원해질 수 있다. 그런 점에서, 휴먼서비스의 조직 과정에서는 끊임없이 전문성을 앞세운 specialist의 관점과 통

합성을 내세운 generalist의 관점이 충돌되어 이슈화된다.

⑤ 휴먼서비스 생산의 성과는 무형이고, 장기적으로 드러나는 경향이 많다. 휴먼서비스는 상품 생산과는 달리 서비스 대상자의 내면적 변화를 수반하는 무형적인 것이어서 객관적인 식별과 측정이 쉽지 않다. 또한 서비스로 인한 궁극적인 성과는 장기적으로 드러나는 것이 대부분이어서, 서비스 제공과 성과(outcome) 발생의 시차 간격이 길다. 이로 인해 외부 평가자나 재정-공급자로부터 요구되는 성과 책임성의 제시 압박에 대해 취약함을 드러내기 쉽다.

⑥ 서비스 생산을 둘러싼 조직적 환경의 복잡함과 책임성 제시의 어려움이 있다. 휴먼서비스의 수요자는 수급자와 수혜자의 개념으로 분리되어 존재할 수 있다. 특정한 수요자에게 서비스가 제공되었다 해도, 그로 인한 효용은 수급 당사자로서의 수요자에게만 나타나는 것이 아니라, 부정적 외형(negative externality)의 감소 등을 통해 불특정 다수의 수요자들에도 발생할 수 있기 때문이다. 다원화된 수요자 개념은 하나의 서비스에도 다수의 이해당사자('stakeholder' constituencies)가 성립됨을 의미하는데, 각각의 이해 집단들은 각기 독특한 관심, 목표, 책임성에 대한 기준들을 제시할 수 있다(Austin, 1988). 그로 인해 휴먼서비스 생산에 따른 책임성 제시의 요구는 한층 더 복잡하게 되는 경향이 있다(김영종, 2009).

2절 휴먼서비스 사회복지조직의 특성

이제까지 사회복지서비스 체계에 대한 기존의 논의들은 공급자 측면을 주로 다루어 왔다.

세계적인 복지혼합의 경향으로 인해 최근에는 특히 공급자의 역할 분화에 대한 논의들이 활발하게 나타났다(Savas, 1987; Austin, 1988; Gidron et., 1992; Glennerster, 2003; Burchardt, 2005; Kendall et., 2006). 이들은 복지 공급자를 정부, 비영리, 영리 등과 같은 조직 부문별로 나누는 전형적인 방식은 복지혼합 시대의 역할 분화 현상을 제대로 설명하기 어렵다고 본다. 개별 조직 부문 내에서도 각기 다른 역할자 유형이 존재할 수 있기 때문이다. 이들 연구에서 제시되는 휴먼서비스 체계 내에서 역할자 유형의 분화는 대개 재정공급자와 서비스생산자의 분리다.

재정공급자와 서비스생산자는 전통적으로 정부와 비영리단체 간의 관계로 설명할 수 있었다. 하지만 복지혼합이 본격화되면서 전통적인 모형만으로는 설명할 수 없는 부분들이 많아졌다. 여러 학자들이 복지혼합 시대의 사회복지서비스 체계를 설명하기 위해, 조정자, 규제자 등을 모형에 포함시키기도 하였다.

이런 사실들을 고려해 본다면, 우리나라 휴먼서비스 산업체계 분석에서는 공급자를 재정공급자와 서비스생산자 역할로 나누는 것과 함께 규제자 역할도 추가로 분리하는 것이 필요하다. 그래서 휴먼서비스 산업체계를 구성하는 요소 부분은 크게 규제자, 재정공급자, 서비스생산자, 수요자라는 4가지 역할자로 유형화한다. 또한 뒤에 논의될 혼합재와 공공생산이라는 휴먼서비스 산업생산의 특성을 고려해서, 수요자 부분은 수급자와 수혜자 구조로 분화시켜 볼 필요도 있다(김영종, 2009).

1. 규제자(regulator)

휴먼서비스 산업 체계의 운영과 관련된 제반 규범(법이나 규정, 협약, 혹은 문화 요소 등까지를 포함)들을 생산하는 역할자 부문이다. 여기에는 법을 제정하는 입법부나 이를 해석하고 집행하는 행정부와 같은 정부조직 단위들이 포함된다. 이들이 주요 휴먼서비스 관련 규제를 만들고 집행한다. 예를 들어, 「노인장기요양보험법」이 하나의 거대한 규제이고, 그 안에서도 시행령이나 시행규칙 등에서 규제 생산이 가능하다. 이러한 규제에는 사법부의 사법적 판단들도 포함된다. 미국 등에서는 오랜 규제 생산 관행이기도 하지만, 우리나라에서도 최근 이러한 규제 공급에 대한 가능성이 활발하게 검토되고 있다. 예를 들어, 사회복지기관의 노무관리와 관련된 쟁점이 노동위원회나 사법부의 판단 절차를 거치게 되고, 그 판단의 결과가 휴먼서비스 산업체계에 새로운 유형의 규제로 공급되는 것 등이다. 복지혼합 경제에서는 규제자가 반드시 공공 부문에만 한정될 필요가 없다. 서비스 생산조직들 간 네트워크 혹은 협회 등의 차원에서 마련하는 자율적 규칙이라든지, 휴먼서비스 전문직들의 자기 윤리 규정, 민간 재단이 자기 목적 사업을 위해 만든 기준 등도 이를 따르는 조직들이 생겨나면 자연스레 산업계의 규제로써 작동한다.

2. 재정공급자(financier)

휴먼서비스가 수요, 공급되는데 필요한 재정 원천을 제공하는 조직이나 부문을 말한다. 복지국가에서는 대개 강력한 중앙정부가 조세 수입을 원천으로 주된 재정공급자로서 작동했으며, 이 경우에 정부조직은 재정공급자이면서 동시에 서비스의 생산도 겸하는 것이 보통이었다. 20세기 후반에 들어 신자유주의와 후기산업사회 논리의 결합은 복지혼합을 만들어 냈으며, 그 결과 복지 공급 조직의 역할 분리 현상이 나타난다. 특히 재정공급자로서의 정부가 생산자 조직 부문을 떼어 내는 경향이 두드러지게 나타났다. 1980년대 이후 서구 국가들에서 진행되었던 이러한 현상을 민영화라 한다(Winston et al., 2002; 최재성, 2005; 강혜규, 2007; 김영종, 김신열, 2007).

대부분의 사회에서 휴먼서비스를 위한 재원공급은 소득세 등의 강력한 세원을 기반으로 하는 정부조직이 주로 담당한다. 미국에서는 1980년대 이래 신보수주의의 영향 아래 감세를 통한 정부의 재정공급자 역할 축소와, 민간의 기부와 후원을 통한 재정공급자 역할을 확대하려는 정책 기조가 견지되어 왔다(Gilbert and Terrell, 2005). 현재 우리나라에서도 이와 유사한 경로를 추구하려는 경향이 나타나는데, 정부(보건복지부)에서 민간 복지를 강조하는 맥락도 대개 지역의 민간 자원 증대 혹은 확보를 주요 성과목표로 요구하는 것과 일치한다. 그럼에도 여전히 모든 나라에서 휴먼서비스 재정공급의 근간은 정부 부문이 수행할 수밖에 없으며, 다만 민간 부문의 몫을 어느 정도로 설정할 것인지 등에서는 나라마다 차이가 있다.

재정공급자에서의 다변화는 최근에 등장하고 있는 휴먼서비스의 시장화 혹은 상업화에서도 여실히 드러난다. 휴먼서비스 수급관계가 생산자와 수요자 간의 서비스 구매 방식으로 바뀌는 것은, 수요자가 서비스 생산자들에 대한 재정공급자로서의 실질적 역할 비중이 커진다는 것을 의미한다. 서비스 구매가 현금으로 지불되는 경우에 그 소비자는 해당 서비스부분에 대해서만큼은 완전한 재정공급자가 된다. 비록 제3자 지급 방식이기는 하지만, 사회서비스 바우처 등을 통해 생산자에 대한 선택권을 행사하는 소비자는 그 권한을 자유롭게 행사할 수 있는 만큼의 재정공급자가 된다. 이처럼 이용자에 의해 서비스가 구매되는 시스템이 도입됨으로 인해 초래되는 재정공급자의 성격 변화는 향후 휴먼서비스 산업체계 분석에서 매우 중요하게 다루어야 할 부분이다.

3. 생산자(suppliers)

수요자와의 대인적 관계 맥락에서 서비스를 만들어 내는 역할자 부문을 말한다. 일반적으로 공급자 부문이 통합적으로 이해될 때는, 생산자가 곧 공급자였다. 그러나 공급자 부문에서 규제자와 재정공급자 부문을 분리시켜 보면, 생산자는 더욱 선명하게 그 특성이 조명될 수 있다. 일반 상품 생산에서는 생산자와 전달자 개념은 쉽게 분리될 수 있는 것이다. 그러나 휴먼서비스 생산에서는 대인적 관계 자체가 곧 서비스의 생산이자 전달 결과로 나타나므로, 서비스의 생산자와 전달자는 분리되기 어렵다. 그러므로 휴먼서비스에서는 이 부문을 보통 서비스 제공자(provider) 혹은 서비스 전달자(deliverer), 혹은 일반적으로 생산자나 제작자(producer)의 의미로 혼용해서 쓰기도 한다. 휴먼서비스의 공식적인 생산자 조직 부문으로는, 영리 조직, 정부 조직, 자원 비영리 조직들이 포함된다(Gilbert, 1983). 이들 세 부문의 조직들은 현재 다양한 규제자와 재정공급자 환경하에서 역할 섞임 현상이 활발하게 일어나고 있다고 보고된다(Austin, 1988; Spicker, 2008; 강혜규, 2007). 예를 들어, 유사한 노인돌봄 서비스를 생산하는 영리기관, 비영리기관, 지자체 정부 산하 서비스 기관들이 모두 건강보험의 제3자 지불방식의 이용료상환(reimbursement)을 청구할 수 있는 대상 주체로 간주된다. 적어도 서비스 생산 측면에서는 더 이상의 공공이나 민간 등과 같은 전형적인 부문별 구분 현상이 사라지고 있으며, 이는 후기산업사회의 '혼합 경제(mixed economy)'의 주된 특성으로 나타난다(Austin, 1988).

여태까지는 대부분의 휴먼서비스 산업에서 실질적인 서비스 생산자들은 정부 혹은 자원 비영리 부문이 차지하고 있었다. 영리조직 부문의 참여는 미미했었다. 그 이유는 영리조직의 특성상 장기적인 관점에서 휴먼서비스를 떠받칠 투자 유인이 없었던 탓도 있지만, 영리조직의 특성상 산업체계에 들어오고 나가는 것이 자유롭기 때문에, 어떤 사회에서든 영리조직을 산업체계의 장기적 기간 구조로 삼기는 어렵다고 본다(Austin, 1988). 현재 영리조직을 휴먼서비스 산업체계에 서비스생산자로 포함시키려는 노력이 증가하고 있지만(서비스생산 역량을 급속히 늘리기 위한 방책으로), 그것이 영리조직들만으로 휴먼서비스 산업체계를 대체 구성한다는 것은 아니다. 그래서 영리조직의 휴먼서비스 산업체계 역할자 논의는 대개 '어느 정도'의 문제를 다룬다.

공식적인 조직 부문 이외에도, 휴먼서비스의 생산자 개념에는 가족이나 공동체(communal), 혹은 자조집단 등의 비공식 부문도 포함된다. 실제로 이들이 생산해 내는 휴먼서비스의 생산량은 이제까지도 공식 부문의 생산과는 비교될 수 없을 만큼 크다. 그럼에도 이 부문을 휴먼서비스의 산업체계에 포함시키기 어려운 것은 산업화의 특성 때문이다. 비공식 부문의 생산은 산업 생산 조직들의 공식 규범이나 가치, 서비스와 자원의 교환관계 등을 적용하기 어렵기 때문에, 공식적 산업체계의 속성으로 파악되기가 힘들다는 것이다. 여타 비공식 부문들과는 달리, 지역사회(community)는 근래에 휴먼서비스 생산자로서의 현실적 가능성이 활발하게 검토되어 왔다. 이는 사회복지 공급의 지방화라는 세계적 추세에 따른 것으로, 우리나라의 경우에도 예외는 아니다. 1970년대 이후 미국은 지역사회의 개발과 조직을 통해 정신보건 문제의 해결을 시도해 왔었고, 1990년대 이후 일본에서도 지역사회의 참여를 통한 복지역량 강화를 시도해 오고 있다. 지역사회 중심의 복지체계 구축에 대한 사회심리학적 근거 이론은, 버거(Berger et al., 1996) 등의 학자들에 의해 제시된 바와 같이, 중앙집중식 관료제적 조직구조를 통한 서비스 공급의 확대가 초래하는 인간 소외와 정체성 상실, 의존성 확대 등의 문제에 대처하기 위해 대면적 지역공동체의 기능이 중요하다는 것에 있다.

이외에도 다양한 근거들을 통해, 복지국가 이후의 복지혼합에서 지역사회에 대한 강조가 계속해서 나타나고 있다. 그럼에도, 앞서 가족 부문의 휴먼서비스 생산이 산업체계에 포함되기 어려웠던 이유에서와 마찬가지로, 지역사회를 다른 부문과의 공식적 교환 관계가 가능한 조직 실체로 다룰 수 있을 것인지는 여전히 불명확하다. 지역사회가 복지의 수요와 공급 체계에서 갖는 막대한 역할을 감안한다면, 산업체계적 모형에 지역사회 부문을 적절히 포함시키는 것은 중요한 과제이다.

4. 수요자(consumer, user)

휴먼서비스를 필요로 하거나 혹은 소비하는 역할자 부문을 뜻한다. 휴먼서비스의 '공동생산' 특성을 고려할 때, 산업생산의 체계에서 수요자 역할 부분은 중요한 분석의 대상이 된다. 이제까지의 사회복지서비스 전달체계 연구들은 대부분 공급자 속성만을 체계 분석의 주된 대상으로 삼아 왔다. 그러나 변화되는 휴먼서비스 환경에서는 수요자 부문의 이해가 중요하므로, 산업체계의 분석틀에 주요 작동자로서의 수요자 부문이 구체화되어 다른 부문과의 작동 관계로 나타나야만 한다.

휴먼서비스 산업에서 수요자에게 공급되는 서비스 내용은, 분해될 수도 있고 혹은 분해 불가할 수도 있지만, 사유재와 공공재 부분이 섞여 있다고 본다(Austin, 1988). 제공된 서비스를 통해 발생하는 효용이 개인적으로 나타나는 부분이 있고, 한편으로 그 개인의 소비를 통해 특정 혹은 불특정 다수의 타인들이 혜택을 얻을 수도 있다는 것이다. 전자를 사유재(private goods)라 하고, 후자를 공공재(public goods)라 한다. 휴먼서비스는 대개 이 두 가지 내용을 동시에 포함한다. 그래서 수요자가 휴먼서비스를 소비하게 될 때는 자신에게 혜택이 오는 사유재 부분과 그로 인해 일반 공공이 혜택을 입는 공공재 부분이 함께 전달된다는 것이다. 이를 혼합재(mixed goods) 생산 방식이라 한다(Austin, 1988). 사유재 생산은 보통 시장 경제 방식을 통해서 이루어지고, 공공재는 공공조직 방식을 주로 사용하는데, 혼합재의 경우에는 역시 시장경제와 공공조직 방식이 혼합되는 것이 보통이다. 이와 같은 시장과 공공 부문에 의한 혼합 공급 방식을 혼합경제(mixed economy)라 한다(Austin, 1988).

혼합재 생산에서 휴먼서비스의 수요자 혹은 소비자는 크게 두 가지 성격으로 구분될 수 있다. 먼저, 수급자(recipient)로서의 소비자 개념('소비자R')에서, 소비자는 서비스의 직접 대상자를 뜻한다. 두 번째 소비자의 개념은 수혜자(beneficiary)로서, 이 개념('소비자B')의 소비자는 반드시 서비스의 직접 대상자일 필요는 없다. 수급자가 서비스를 받으므로 인해서, 즉 소비자R에게 서비스가 이루어짐으로 인해, 그 결과로 간접적인 혜택을 받게 되는 소비자는 수혜자(소비자B)가 된다. 어떤 서비스에서 소비자가 수급자(R)이면서 곧 수혜자(B)로 일치되면, 이를 '소비자RB'라 할 수 있다.

이념형적으로는 휴먼서비스에서 이 세 가지 유형의 소비자가 모두 존재한다. 휴먼서비스 소비자의 대부분은 소비자RB 혹은 소비자B이기는 하지만, 현실에서 소비자R도 분명히 존재할 수 있다. 수요자 혹은 소비자 부문을 이처럼 구분해서 보아야 하는 이유는, 휴먼서비스 산업 작동체계에서 이들 분리된 수요자 개념들이 기대하는 서비스의 목적이나 행동 양식들이 현저하게 달리 나타날 수 있기 때문이다. 때로는 이들 소비자들은 극단적으로 대립되는 목적과 가치 양상들을 산업체계 내에 야기할 수도 있다. 수요자 중심 혹은 이용자 중심이라는 현재 복지혼합에서의 시장화 전략이 휴먼서비스 산업체계에 의미하는 바가 무엇인지를 이해하기 위해서도 소비자 개념의 구분은 반드시 필요하다(김영종, 2009).

앞서 논의된 개념들에 기초해서 휴먼서비스 산업체계의 모형이 구성될 수 있다. 체계는 공급자와 수요자의 상호 작동 기제로서 제시된다. 공급자와 수요자의 개념을 각기 분해해서 체계 요소들로 삼고, 이들 간의 구조와 과정을 묘사한다. 혼합재 생산 체계는 사유재 공급 방식과 공공재 공급 방식을 동시에 포함하는 것이다. 여기에다 규제자의 산업 지배 형태와 재정공급자 요소를 나타내서, 체계 요소들 간의 관계를 그림으로 나타내자면 〈그림 3-1〉과 같다. 〈그림 3-1〉의 산업체계 모형은, 생산자와 소비자RB의 자원과 서비스 교환만으로 이루어지는 순수 사유재 시장 교환의 방식과, 소비자B에 의한 생산자 자원제공과 생산자에 의한 소비자R에 대한 서비스 공급으로 연결되는 공공재 후원(auspice) 방식도 함께 포함하고 있다.

이 두 가지 방식이 하나의 산업체계에서 동시에 작동되는 상황이 혼합경제 생산 방식이다. 여기서 제시되는 휴먼서비스 산업체계 모형에는 이러한 혼합경제 방식을 제시하고 있으며, 생산자 조직과 소비자B 혹은 소비자RB, 그리고 이들 간의 상호작동 규칙을 관할하는 규제자와 자원공급을 매개하는 재정공급자의 위치를 표시한다.

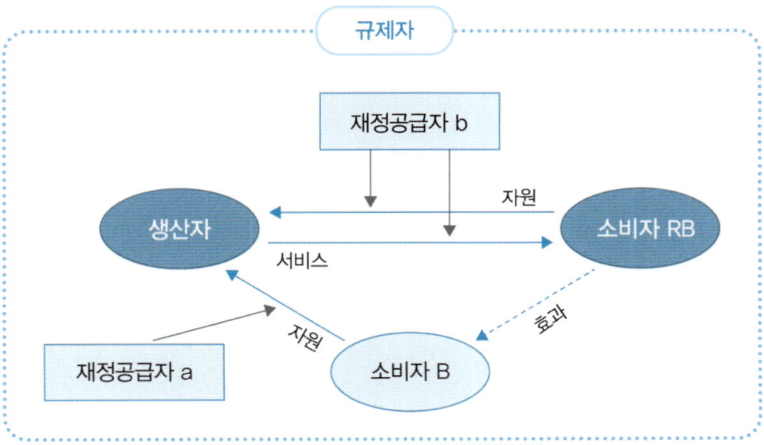

[그림 3-1] 휴먼서비스 산업체계 모형

출처: 김영종(2009).

휴먼서비스 혼합경제 산업체계에서 생산자 조직들은 산업 내에서 유지, 활동하기 위해 다양한 자원을 필요로 한다. 합법성 인정에 필요한 자원, 클라이언트 자원, 서비스 제공을 위한 전문 인력이나 자원봉사 자원, 조직의 운영을 위한 경제적 자원 등이 이에 해당한다.

체계 내 부문 요소들 간의 이러한 자원교환 활동은 체계 작동을 이해하는 열쇠가 된다. 각각의 자원 유형들은 서로 연관되어 있다는 측면이 있다. 클라이언트 자원의 확보가 곧 합법성과 경제적 자원 확보를 위한 자원이 되기도 하고, 반대로 합법성과 경제적 자원 확보를 통해 클라이언트와 자원봉사 자원이 확보될 수도 있다(김영종, 2009).

CHAPTER 4

조직 유형과 이론

학습목표

1. 공공조직의 정의 및 특성. 사회복지조직의 원리, 공공사회복지조직의 민영화, 사회복지조직의 민영화, 민간조직에 대한 비정부조직과 비영리조직, 영리조직을 이해한다.
2. 조직이론 및 관리이론을 이해한다.
3. 전통적 조직이론의 유형을 이해한다.
4. 현대 조직 유형을 이해한다.

개 요

조직 유형은 사회복지행정을 하고자 할 때에 요구되는 중요한 행정적인 부분으로 여기에 대한 이해가 요구된다. 조직이란 일정한 환경하에서 일정한 목적을 추구하기 위하여 복수의 인가들에 의하여 구성되어 일정한 분업구조 및 규범을 가진 지속적인 사회적 실체라고 정의한다. 조직의 유형은 공공사회복지조직, 공공사회복지조직의 민영화, 사회복지조직의 민영화, 민간사회복지조직, 비정부조직, 비영리조직(NPO), 비영리사회복지조직, 영리사회복지조직 등이 있으며 이러한 조직의 특성을 파악하여야 한다.

전통적 조직이론은 조직과 환경과의 관련성에 의하여 조직의 특성에 따라 조직을 분류하여 이해할 수 있으며 유형으로는 테일러가 주창한 과학적 관리론, 첸들러가 제시한 첸들러의 이론, 고전적 관료제론에서 베버(Weber)는 전통적 권한, 합리적 · 법적 권한, 카리스마적 권한으로 구분하였다. 메이요(Mayo)와 윌리엄 딕슨(William Dickson)은 인간관계적 접근법을 제시하였다.

현대 조직의 이론으로는 에드호크라시 이론, 제도화이론(개방–사회체계의 관점, 개방–합리적 조직이론, 합리–합법적 모델, 기타 상황이론–정치경제이론, 개방–사회적 조직이론, 학습조직이론, 신제도이론) 등으로 보다 다양하게 제시되고 있으며 이러한 조직이론에 대한 이해가 요구되며 앞으로 4차 산업혁명의 발전에 따라 더 많은 다양한 이론이 나타날 것을 기대한다.

1절 사회복지조직의 유형

1. 공공사회복지조직

1) 조직의 정의 및 특성

조직이 무엇인가에 관여하여 많은 학자들에 의하여 다양한 견해가 있다. 여기서는 이러한 견해들을 종합하여, 조직이란 일정한 환경하에서 일정한 목적을 추구하기 위하여 복수의 인가들에 의하여 구성되어 일정한 분업구조 및 규범을 가진 지속적인 사회적 실체라고 정의한다(최창호, 2002: 394-395). 이러한 정의에 기초하여 그 특징을 살펴보면 다음과 같다.

① 조직의 원료(raw material)가 도덕적 가치를 부여받은 인간이라는 사실이 조직활동의 대부분에 영향을 미침

② 사회복지조직의 목표는 모호하고 애매하며 문제점을 가짐(상이한 가치관과 규범 등)

③ 사회복지조직을 둘러싸고 있는 도덕적 모호성으로 환경과의 관계에 많은 어려움 야기

④ 사회복지조직은 바람직한 산출물을 얻기 위한 지식과 기술이 불완전함

- 인간의 속성은 개인에 따라 다르기 때문에 조직의 '원료'로서의 인간은 변동적이고 불안정
- 사람들이 기능을 하는 방법과 이들을 변화시키는 방법에 대한 지식이 단편적이고 불완전
- 사회복지기관이 변화시키고자 하는 많은 속성들은 관찰 또는 측정할 수가 없음

⑤ 사회복지조직의 핵심적인 활동은 요원과 클라이언트의 관계로 구성되어 있으며

관계의 질(質)이 조직의 성패를 좌우하는 중요한 결정요인이 됨

⑥ 사회복지조직의 효과성을 확실하고 타당하게 측정할 표준척도가 없음

2) 사회복지조직의 원리

〈표 4-1〉 사회복지조직의 원리

원리	내용
계층제의 원리	권한과 책임의 정도에 따라 조직 구성원 간에 권한과 책임을 배분하고 수직적인 지휘·복종체계 확립
명령통일의 원리	한 사람의 직속상관으로부터 명령을 받고 보고
통솔범위의 원리	한 사람의 상관이 부하를 관리하는 데는 지휘의 한계가 있기 때문에 적정 수의 부하나 하부조직을 가져야 함
분업(전문화)의 원리	업무를 종류와 성질별로 나누어 능률을 향상시키기 위해 전문분야별로 조직구성원에게 한 가지의 주된 업무를 분담
조정의 원리	조직이 공동목적을 달성하기 위하여 행동의 통일을 기하도록 집단적 노력을 질서 있게 배열
부성조직편성의 원리 (部省組織編成)	• 합리적이고 능률적인 조직의 운영을 위한 조직편성의 기준·방법에 관한 원리 • 부성조직의 편성기준: ① 목적(purpose)·기능(function), ② 과정(process), ③ 수혜자(clientele)·취급물(material), ④ 지역(territory)·장소(place)

3) 공공사회복지조직의 정의

공공사회복지조직은 중앙정부와 지방정부의 사회복지 부서와 정부 산하 공공사회복지 조직인 공공부조기관, 아동복지기관, 정신건강센터와 같은 관료조직이다. 공공사회복지 조직에도 전문사회복지사가 근무한다. 이들은 공무원 신분을 가지고 정부를 위해

일하며, 당연한 말이지만 공무원 직무규정의 규제를 받는다. 공공사회복지조직은 합리적이고 효율적인 전달체계를 중시한다.

4) 공공사회복지조직의 민영화

신자유주의자들은 복지국가로 표상되는 큰 정부의 비효율을 경제위기의 주범으로 규정했다. 신자유주의의 영향 아래 광범위한 정부자산의 매각 또는 임대와 공공서비스의 민간 이양이 이루어졌다. 사회복지 부문도 민영화를 피할 수가 없었다. 연금을 중심으로 한 사회보장시스템의 민영화, 보건의료 부문에서의 민간의 역할 증대, 공공임대주택의 매각, 사회복지 시설의 민영화 등 다양한 형태의 민영화가 이루어졌다. 사회복지 부문의 민영화도 공공부문 민영화 정책의 일환으로 추진되었다. Martin(1993)에 따르면 민영화는 단순한 소유권의 변화를 넘어 국가의 역할, 책임, 우선순위, 권한의 변화를 의미한다. Donahue(1989)도 민영화는 공공부문의 책임을 민간조직에 위임하는 것이라고 하였다.

민영화의 배경에는 공공부문의 발전 가능성에 대한 불신과 자조 · 자발주의 관념에 대한 믿음이 있다. Kent(1987)도 민영화는 정부가 독점적으로 수행하던 기능을 민간으로 이전시키는 것이라고 하였다. 실제 비용보다 낮은 가격으로 서비스를 공급한 정부와 달리 민간은 완전한 시장 가격 또는 완전한 생산비용으로 공급한다. Kolderie(1985)도 민영화는 공급(provision)의 민영화와 생산(production)의 민영화가 있다고 하였다. 공급의 민영화는 정부가 공급하던 상품과 서비스를 민간이 공급하게 하는 것이고, 생산의 민영화는 상품과 서비스를 생산하는 조직의 관리운영을 민간에 이양하는 것이다.

한편 1980년대부터 각국 정부는 공항 운영, 데이터 처리, 운송수단의 유지와 보수, 교정, 상하수도 시설, 쓰레기 수집과 처리 등 공공부문의 민영화에 적극적으로 나섰는데 이유는 공공부문의 성격에 따라 차이가 있겠지만, 비용절감, 위기 전가, 재원, 서비스의 질, 전문성, 적시성, 융통성 등 매우 현실적인 데 있었다.

① **비용절감**: 정부는 비용절감을 위해 업무를 민간에게 하청(아웃소싱)을 준다. 정부와 하청 계약을 맺은 민간공급자는 서비스를 공공부문보다 낮은 가격에 공급한다. 민간공급자는 공무원 시스템의 제약을 받지 않고, 인사와 직원복지에서 융통성을 발휘한다.

② **위기의 전가**: 정부는 위기에 봉착한 프로젝트를 민간에 넘기고 싶어 한다. 위기에 직면한 서비스 업무를 민간에 외주(contracting out)함으로써 위기를 떠넘길 수 있기 때문이다. 민간은 이를 통해 자금을 얻는다.

③ **재원**: 공공자산을 매각하거나 임대함으로써 정부는 새로운 자금을 마련한다. 정부는 도로, 교량, 융자, 건물, 복권 등을 매각하고 임대해 그 대금으로 부채를 경감하거나 새로운 프로젝트의 자금으로 사용한다.

④ **서비스의 질**: 민간은 동일한 비용으로 공공부문보다 수준 높은 서비스를 공급한다. 민간은 비용을 증가시키지 않으면서도 서비스 수준을 개선할 수 있는 능력이 있다.

⑤ **전문성**: 민간 계약자는 정부보다 더 전문성 있는 서비스를 공급한다. 건축이나 건설 부문에서 외부 전문가를 기용하여 전문성을 강화하는 것이 좋은 예이다.

⑥ **적시성**: 정부는 능력이 없어서가 아니라 자원이나 시간이 부족하여 기한 내에 프로젝트를 완수하지 못할 때가 있다. 이런 경우 민간부문의 도움을 받아 정부는 프로젝트를 기한 내에 완료할 수 있다.

⑦ **융통성**: 단체협약으로 인해 공공부문은 근로자를 고용하거나 해고할 수 없는 경우가 있다. 민간부문은 그런 제약이 없다. 민간 계약자는 프로젝트에 필요한 인력의 계절적 수용에 탄력적으로 대응할 수 있다.

5) 사회복지조직의 민영화

사회복지조직의 민영화는 정부 소유의 사회복지시설의 소유권과 운영권을 민간에게 모두 이양하는 완전 민영화 방식은 거의 없고, 정부가 사회복지시설의 소유권은 유지한 채 운영권의 전부 또는 일부를 민간에게 위임하는 방식이 대부분이다. 구체적으로 말해서 정부가 공공사회복지시설의 운영권을 민간에게 이양하고, 운영을 위임받은 민간(사회복지 법인)은 정부 대신 시민이나 요보호대상자들에게 서비스를 제공하며, 그 비용은 정부로부터 지급받는 방식의 민영화이다.

2. 민간사회복지조직

민간사회복지조직은 사회조직이나 개인이 공적인 기부금, 후원금 또는 정부 보조금을 재원으로 해서 자신의 의지와 목적 그리고 자신의 일정에 따라 사회복지사업을 전개한다. 민간사회복지조직은 자선조직협회, 인보관 등 초창기 민간사회복지활동과 가톨릭, 개신교, 유대교, 이슬람, 불교 등 종교에 기반을 둔 사회복지조직, 개인이나 집단의 인도주의 · 박애주의 · 이타주의 조직을 포함한다. 원래 민간사회복지조직은 비영리를 가장 큰 특징으로 했으나 20세기 후반 신자유주의의 영향으로 영리를 목적으로 하는 조직의 수가 꾸준히 증가하였다. 민간사회복지조직은 대부분 비정부조직(non-governmental organizations, NGOs) 또는 비영리조직(nonprofit organizations, NPOs)의 형태로 운영되고 있다.

1) 비정부조직

비정부조직(NGO)은 정부와는 무관한 민간조직이다. 민간조직이지만 영리를 추구하는 기업조직은 비정부조직에 포함되지 않는다. 워낙 다양한 조직들이 활동하고 있어 비정부조직을 정의하기는 쉽지 않다. 월드뱅크와 UN의 정의가 비교적 많이 인용되고 있다.

월드뱅크는 비정부조직을 고통의 완화, 빈민 이익의 촉진, 환경의 보호, 기본적인 사회 서비스의 제공 또는 지역사회개발을 추동하는 민간조직으로 정의하였다. UN은 비정부조직을 시민이 지역, 국가, 국제 수준에서 조직한 비영리조직이라고 정의하였다. 비정부조직은 공통의 관심을 가진 시민이 주도한다. 다양한 서비스와 인도주의 기능을 수행하고, 시민의 관심을 정부에게 전달하며, 정책을 옹호 및 모니터하고, 정치적 참여를 격려한다. 정부, 국제기구, UN에 자문하는 비정부조직의 수가 증가하고 있다. 이들은 인권, 환경, 극빈층 문제 해결, 보편적 초등교육, 성 평등, 여성 지위 개선, 영아 사망률 개선, 정신건강 수준의 개선, 환경보호, 질병(에이즈, 말라리아 등)퇴치 등에 주력하고 있다.

비정부조직을 요약하면 공공의 선을 지지하는 지역적 · 국가적 · 국제적 수준의 비영리 조직으로 시민이 자발적으로 만든 조직이다. 비정부조직은 일반적으로 다음의 특징을 갖는다.

① **비영리**: 사적인 이익을 추구하지 않는다. 수익이 생겨도 조직의 회원들에게 배분하지 않는다. 대신 조직의 활동에 사용한다.

② **사회적 가치**: 공공의 선을 추구한다. 비정부조직의 활동은 사회적 약자의 삶의 조건을 개선하는 데 초점을 둔다.

③ **자발성**: 창립회원들의 자유의지에 의해 조직된다. 비정부조직의 결성을 제한하거나 촉진하는 어떠한 법도 없다. 법적 등록으로 국가의 법규범에 따라 법적으로 등록을 해야 한다.

④ **독립성**: 비정부조직은 정부 또는 민간의 간여로부터 독립적이다. 비정부조직은 이사회의 통제를 받으며 독립적으로 사회복지를 위해 활동한다.

⑤ **합법성**: 비정부조직은 범죄 또는 반사회적 활동을 하지 않는다.

⑥ **인프라의 개발**: 비정부조직 중에는 인프라의 개발과 운용을 일차적으로 돕는 활동을 하는 조직이 있다. 예를 들면, 토지를 구매하여 학교, 병원, 공중화장실 등의 신축에 사용하는 조직이다.

⑦ **연구개발**: 현재의 쟁점에 대한 지식을 높이기 위해 조사연구를 한다. 사회문제에 관한 연구의 결과에 기초해 혁신적인 해결책을 제시한다.

⑧ **대변**: 빈민과 주변화된 공동체의 편에 서서 이들에게 유리한 정책이 개발되도록 노력한다. 필요하면 집회와 시위를 하고, 정책개발에 참여하기도 한다.

⑨ **정보의 전달**: 비정부조직이 정부정책과 프로그램에 관한 정보를 소외된 지역에 사는 주민들에게 전파한다. 정부 프로젝트에 관한 시민의 인지도를 높이는 데 기여한다.

⑩ **훈련과 능력배양**: 비정부조직이 주변화된 공동체에 힘을 불어넣어 주는 교육훈련과 능력배양 교육과정을 운영한다.

⑪ **대화의 조장**: 비정부조직은 시민과 정부 간의 고통을 원활히 한다. 이런 소통은 프로젝트와 정책을 설계하는 데 유용한 정보를 제공한다.

비정부조직은 몇 가지의 유형이 있다. 월드뱅크는 비정부조직을 실행(operational)비정부조직과 대변(advocacy)비정부조직으로 구분한다.

2) 비영리조직

비영리조직(NPO)은 영리 이외의 것을 목적으로 하는 조직으로 수입을 조직의 회원들에게 이윤 또는 배당으로 배분하지 않고 자신의 목적 또는 사명을 위해 사용한다. 이런 이유로 비영리조직은 조세감면의 대상이나 자선단체의 지위를 갖는다. 비영리조직 중에는 자선조직이나 사회봉사조직이 많다. 이들은 법인, 기업, 신탁, 협동조합, 비공식조직 등의 형태로 존재한다. 많은 사람들이 비영리조직과 자선조직을 동일시한다. 하지만 비영리조직의 범위는 넓다. 자선조직뿐만 아니라 사립학교, 사설박물관, 사설도서관, 민간병원과 같은 휴먼서비스조직(human service organizations)을 포함한다.

비영리조직은 경제적 성공보다는 회원 또는 사회에 가치 있는 일을 하는 것을 목적으로 한다. 그래서 비영리조직은 회원을 위한 조직과 지역사회를 위한 조직으로 대별된다.

회원봉사조직(member-serving organizations)은 상호부조조직, 노조, 산업부문의 협회,

스포츠클럽, 퇴직자단체 등이 있고 지역사회봉사조직(community serving organizations)은 지역사회에 봉사하는 조직으로 지역수준의 조직과 국제 수준의 조직이 있다. 휴먼서비스프로그램, 프로젝트, 원조 및 개발 프로그램, 교육, 보건의료서비스, 보건의료 조사연구 등 매우 다양한 사업을 한다.

비영리조직은 대개 회원이 있지만 없는 경우도 있다. 회원조직은 회원들의 통제를 받는 조직이다. 회원들은 이사회 멤버를 선출하고, 이를 통해 조직을 통제한다. 회원들은 회원 모임을 정기적으로 갖고 조직 규정을 개정한다. 회원이 없는 조직을 이사회조직이라고 한다. 이사회는 조직이 사업 전반을 통제하는 권한을 갖는다. 이사회조직의 신임 이사는 기존 이사들이 자체적으로 선임한다. 재단의 경우 기금 출연자와 그 가족이 이사를 역임한다.

비영리조직의 특징 중 하나가 후원자(constituencies)이다. 후원자들은 비영리조직의 목적에 공감하여 조건 없이 일정한 금전이나 자신의 재능을 기부하는 평범한 시민들인 경우가 많다. 많은 비영리조직이 이윤 창출보다 사회봉사를 중시한다. 하지만 비영리조직이 이윤 창출을 전혀 안 하는 것은 아니다.

3. 비영리사회복지조직

비영리사회복지조직은 지역사회와 자원봉사자의 참여 아래 운영되고 있으며, 기부금, 후원금, 정부보조금, 서비스 이용료 등으로 프로그램의 재원을 삼고 있다. 비영리사회복지조직은 아동보육서비스, 정신건강서비스, 장기요양서비스 등 다양한 서비스를 제공한다. 이들이 제공하는 서비스의 수급자는 일반인이면 누구나 다 겪을 수 있는 위기(human risks), 즉 실직, 질병이나 정신질환, 저임금, 열악한 주거환경 등으로 고통받는 사람들이다.

공공부문이 경제적 보장에 초점을 두는 것과 달리 단기적 위기상황에 처한 사람을 돕는 데 주력하고, 특정한 상황하에서 공공부문의 서비스를 보충하는 데 중점을 둔다. 노인요양원, 가정봉사원, 장애인재활서비스, 정신건강 서비스, 아동복지서비스 등이 그것이다. 군인과 군인가족을 위한 서비스(적십자), 가족계획서비스, 긴급구호(구세군), 지역사회복지관이 제공하는 지역사회개발, 성인교육, 사회화, 레크리에이션 프로그램도 여기에 속한다.

Dolgoff와 Feldstein(2000: 280-281)은 사회복지 분야에서 비영리조직이 존재하는 이유를 다음과 같이 말했다.

① 비영리 부문은 시장과 공공부문이 공급하지 않는 상품과 서비스를 제공하기 위해 존재한다. 이러한 상품과 서비스는 사회가 보편적으로 요구하는 것이 아니라 특수한 공동체만이 필요로 하는 것이다. 따라서 사회가 다원화되면 될수록 비영리 부문의 필요성은 커진다.

② 비영리 부문은 영리를 추구하지 않기 때문에 수익성보다는 서비스의 질을 중시한다. 그러므로 가장 취약한 계층인 노인과 장애인을 보호하는 데 강점을 발휘할 수 있다. 또한 때로는 정부에 대항하면서까지 클라이언트의 대변자나 옴부즈맨 기능을 수행한다. 좋은 사회에서는 반드시 필요한 기능이다.

③ 비영리 부문은 영리 추구로부터 자유롭기 때문에 개입대상과 개입방법을 특정화할 수 있다. 또한, 특수한 욕구를 가진 사람을 대변하고 자조집단이나 기타 소비자를 보호하기 위한 집단을 조직할 수 있다.

④ 비영리 부문은 공공 부문의 문제점인 관료화, 경직성 및 비인격성을 최소화할 수 있다.

⑤ 비영리 부문은 특정한 인종집단이나 이익집단만을 위한 특화 서비스를 제공할 수 있다. 가톨릭이 가톨릭 청소년을 대상으로 취미 · 레저 프로그램을 운영하는 것이나 흑인 비영리기관이 흑인들의 뿌리 찾기나 역량강화를 위한 프로그램을 운영하는 것이 좋은 예이다. 공공부문은 이러한 특화된 서비스를 제공하기가 곤란하다.

⑥ 비영리 부문은 최근 들어 그 중요성이 커진 알코올중독극복집단과 같은 자조집단을 운영할 수 있다. 이들 자조집단은 자원봉사자를 활용하고, 재정을 자체 충당하며, 독특한 프로그램을 운영하고 있다. 공공부문이 이런 조직을 운영할 수는 없다.

그러나 비영리 부문이라고 해서 한계가 없는 것은 아니다. 비영리기관은 특정한 문제, 집단, 개인에게만 초점을 맞춤으로써 서비스의 수준이 일관되지 못하고 자주 바뀌며, 자원이 한정되어 있다.

4. 영리사회복지조직

영리를 목적으로 사회복지사업을 하는 조직을 영리사회복지조직이라 한다. 영리사회복지 조직은 매우 미국적이다. 미국에서는 이를 휴먼서비스경영조직(human service executives)이라고 한다.

2절 조직 및 관리이론

1. 전통적 조직이론

조직을 이해하기 위해서 조직과 환경과의 관련성에 의하여 조직의 특성에 따라 조직을 분류하여 이해할 수 있다. 이에 따라, 다음과 같이 조직의 특성에 따른 구분을 살펴보고자 한다.

2. 과학적 관리론

과학적 관리론은 환경과의 교류에 있어서 폐쇄적인 특성이 있으며 이에 대하여 살펴보면 다음과 같다. 테일러(Taylor)는 그의 저서인 『과학적 관리의 원칙(The Principles of Scientific Management)』을 통하여 조직 내의 직무를 수행하기 위한 최선이 방법을 위해 시간 및 동작(time and motion studies)을 고안하고, 이를 위해서는 직무과정의 분석이 중요하다고 하였다. 그의 주장을 이해하기 위해서 테일러(Taylor)의 직업적 배경(Moorhead & Griffin, 1992)의 이해가 필요하며 과학적 관리론의 성립배경 및 기본전제 등에 대해서 알아볼 필요가 있다. 그는 생산성이 중요한 시대적 배경을 통하여 효율성과 생산성에 관심을 갖고, 1878년부터 1890년까지 필라델피아(Philadelphia)의 한 철강회사에서 일하는 동안 노동자들이 실제 능력보다 훨씬 느린 속도로 일하는 현상을 발견하게 되었다. 그러나 이를 감독하는 관리자들은 체계적으로 공장에서의 작업을 연구해 본 경험이 없고, 노동자들의 생산성을 어떠한 방식으로 측정해야 할지 몰랐다.

이에 테일러(Taylor)는 공장의 직무를 분석하여 각 직무마다 표준화된 작업방법을 개발하여, 노동자의 생산량을 기준으로 임금을 지불하는 형식의 새로운 보수체계를 도입하였다. 그는 각종 철강회사나 기계회사에 일을 효율적으로 할 수 있는 직무형식을 재설계하고, 피로에 대처하는 휴식시간제를 도입하기도 하면서 생산량을 기준으로 한 임금제를 시행할 것을 주장하였다. 테일러(Taylor)는 이와 같이 개발한 표준화된 작업방법과 생산량을 기준으로 한 임금제가 오히려 노동자들의 생산량을 상당히 증가시켜, 총체적인 생산에 효율적인 경영이 가능하게 되었다고 주장하였다. 당시 미국 산업계의 상황으로 19세기 말과 20세기 초에는 미국으로 해외이민이 급증하여 인구가 급격하게 팽창하고, 산업화가 급속하게 촉진되었던 시기로 대부분의 기업들이 주로 저임금과 미숙련 노동자 중심의 경영을 하는 상황이었다. 이러한 상황에서 테일러(Taylor)는 합리적이고 과학적인 관리를 통해 생산성을 올릴 수 있는, 일명 테일러 시스템 혹일 테일러리즘(Taylor system or taylorlsm)으로 과학적 관리론을 창시하였다.

과학적 관리론은 과학적인 분석을 통하여 전체 생산성을 향상시켰고, 이를 통하여 근로자와 경영자 모두를 이롭게 하며 인간의 경제적 동기유발을 통해 반복적인 생산과정에서 효율성을 기했다는 특징이 있다. 그는 과학적 관리가 생산 활동을 계획하고 조직화하며, 통제할 때 경험적 연구에 의하여 발견된 규칙은 매우 유용할 수 있다고 하였다.

따라서 노동자의 과업은 과학적인 분석에 의하여 설계되어야 하며, 과업수행에 있어서 최고의 방법이 제시되어야 한다는 것이다. 이에 그는 노동자의 동작연구와 시간연구를 통하여 근로자의 표준생산량(표준과업량)을 설정하고, 그에 의하여 과업을 수행하는 방법을 규정하여 과업내용의 설계 및 과업수행방법의 결정에 대한 과학화를 이루었고, 또한 주어진 과업의 달성도에 따라 임금여부를 연계하는 임금결정체계의 개발은 오늘날의 성과제도에 영향을 주게 되었다. 물론 이와 같이 과학적으로 설계된 과업의 수행을 위해서는 노동자들의 과학적인 방법에 의한 훈련이 필요하다. 또 이러한 과학적 시스템은 분업에 따른 과업이 배치에 대한 제안을 가능하게 하였다.

예를 들어, 하나의 생산품을 생산할 때 1인 생산 총시간보다는 여러 명이 분업할 때 시간이 1/8로 줄어들 수 있다. 이것은 철저한 기능식 조직으로 전환될 때 더욱 시너지 효과가 있으며, 이를 통해 관리자와 근로자가 책임을 적절하게 분담할 수 있고, 과업이 과학적 수행을 위해서는 상호 협동해야 한다는 조직적 특성을 제시한 것이다.

결국 이것은 관리자와 생산자가 상호 협력할 때 조직의 생산성이 극대화되어, 이러한 공동협력으로 산출시킨 이익을 공평하게 분배한다면 상호 이득이라는 것이다. 이러한 과학적 관리론은 미국 산업계에 영향을 미쳤으며, 직무를 전문화하고 대량생산을 가능하게 하여 미국 산업계에 지대한 영향을 주었다. 또한 과학적 관리론은 생산성 극대화의 효율적인 관리방법을 통해 체계적인 조직연구의 선구적인 역할을 하여, 폐쇄−합리적 조직이론의 기틀을 마련하는 데 결정적인 도움을 주었다.

그리고 이러한 생산성의 극대화를 위한 성과급 제도와 시간 및 동작연구를 통한 직무연구와 과학적인 선발과 훈련 등의 방식은 현대사회의 인사관리분야에 적용되어, 각종 조직경영과 운영에 기여하였다. 그러나 이러한 방식은 찰리 채플린의 모던 타임즈에서 보듯이 인간의 기계화의 문제를 야기하였다.

즉, 조직과 구성원들의 합리성만 강조하다 보니 개인은 조직목표를 달성하기 위한 하나의 도구이고, 경제적 유인에 의하여 동기가 유발되는 타산적이며 합리적 존재라는 것에 국한되었다. 조직은 하나의 기계장치와 같이 설계되었고, 조직구성원들은 본질적으로 기계의 부속품으로 간주되어 인간의 기계화와 비인간화를 초래하였다. 이것은 인간을 조직 내의 과업량만을 수행하는 기계의 부품과 같은 존재적 가치와 임금만을 위해 일을 하는 존재로 간주하여, 인간의 사회 및 심리적 측면이 무시되게 되었다. 또한 오늘날 조직에서 가장 중요한 환경을 고려하지 못하고, 각 조직이 처한 상황적 문제를 간과했다는 단점이 있다.

결론적으로 과학적 관리론의 특징은 일에 과학적 지식을 연계해 생산성을 높이는 것이 경영자와 노동자 모두에게 상호이익이 된다는 전제하에 ① 과학적 업무분석(과학적 지식이란 경험적으로 분석될 수 있는 지식, 경험적 방법을 통해 규칙을 찾아내어 수학적 공식으로까지 제정하며 일에 대한 지식이 객관화된 문서나 매뉴얼 등으로 옮겨진다.) ② 관리와 실제 작업 간의 역할분리(관리자와 작업자의 책임을 구분)를 통하여 관리자와 작업자 간의 긴밀한 협조가 필요하다. 그러나 인간을 다루는 사회복지조직에 과학적 관리론을 적용하는 것에는 많은 문제가 있다.

3. 첸들러의 이론

첸들러의 이론에 의하면 구조는 전략을 따른다. 이러한 관점에서 보면, 기업이 채택한 전략과 조직구조 사이에는 매우 밀접한 상관관계가 있음을 발견하였다. 이 이론에 의하면, 조직의 성장과 조직구조 차원에서 볼 때 기업들이 초창기에는 한정된 제품을 생산하였기 때문에 집권화된 조직구조로 출발하게 되나, 제품의 수요가 증가함에 따라 기업들은 제품계열의 확장과 함께 기능조직으로 성장하게 된다는 것이다. 또한 공급업체에 대한 의존성에서 기인하는 불확실성을 줄이기 위해서는 많은 공급처를 기업조직의 내부로 끌어들이는 수직적 통합을 이루게 된다.

따라서 구조적 조정이 없는 성장은 경제적 비능률로 이끌 뿐이며, 기업의 활동이 새로운 사업분야로 새로운 기능, 새로운 제품계열로써 확장되어 가는 데서 오는 새로운 관리상의 필요성에 부응하여 새로운 조직구조가 개발되지 않는다면, 성장과 규모의 기술과 재무 및 인사적인 경제성은 실현될 수 없다고 본다.

4. 고전적 관료제론

베버(Weber)는 권한(authority)의 형태에 따라서 조직을 크게 전통적 권한(traditional authority), 합리적 · 법적 권한(rational-legal authority), 카리스마적 권한(charismatic authority)으로 구분하였다.

첫째, 전통적 권한이란 전통적인 것을 신성한 것으로 인식하여 전통이 규정하는 범위에서 지배자는 권한을 행사하고, 피지배자는 그 권한에 복종하는 관계에 있는 권한을 뜻한다. 이러한 권한은 전통적인 가부장제에 의한 부권 및 영주의 권한 등을 예로 들 수 있다.

둘째, 합리적인 법적 권한이란 조직의 규범적인 규칙이 합리적이며 합법적으로 제정되어 이러한 근거로 제정된 규칙에 복종하는 것이 정당한 것으로 간주되는 권한을 뜻한다. 즉, 합법성에 근거한 신념에서 규칙의 제정과 실행이 모두 합리적 및 합법적으로 이루어져야 하며, 복종은 규정이나 규칙에 의해서 정당화될 수 있다. 이러한 대표적인 예로는 합리적 관료제(rational bureaucracy)가 있다.

셋째, 카리스마적 권한은 지배자에 대한 헌신과 충성을 바탕으로 개인적인 카리스마를 가진 지배자와 헌신적인 복종자 상호 간의 밀접한 관계에 의하여 존재하는 권한을 뜻한다. 이러한 권한은 고대의 신권정치나 정치가 등의 예를 들 수 있다. 베버는 관료제를 설명할 때, 이와 같은 분류를 통하여 합리적 및 법적 권한을 기초로 하여 합리적인 관료제를 조직의 구조에 적용할 경우 효율적이고 합리적인 조직의 운영이 가능하다고 하였다.

관료제의 특성은 직위에 의한 권한이라는 것과 직위의 권한과 임무는 문서화된 법규에 의하여 규정된다는 특징이 있다. 또한 관료제의 특징은 임무수행의 비인격화다. 관료들은 지배자의 개인적인 복종이 아니며 법규에 의한 직위의 담당자로서 직위의 목표와 법규에 충성해야 한다. 이때 공식적인 임무수행에는 개인적 특성이나 기호가 영향을 주지 않는 비인격성(impersonality)이 요구된다. 이것은 관료의 개인적 능력이나 특성과 무관하게 조직의 지속적인 안정을 유지하게 한다. 그리고 관료의 채용은 과거의 지연, 혈연에 의한 추천제에서 보다 임무수행에 필요한 전문적 훈련을 받은 사람들에 대한 선발기준을 가진 채용기준을 통한 인원선발이 이루어지게 된 계기가 되었다.

이러한 베버의 관료제는 업무수행에 대한 규칙과 절차를 공식화하고 업무를 분업화하여, 각 분야의 유능한 기술을 가진 전문인을 양성하여 서류에 의해 명령과 수행이 관리되고 분업화된 직무를 통해 능률을 극대화시킬 수 있는 관료제를 제시하였다. 관료제는 오늘날에도 많은 조직에 적용되고 있다. 그러나 현대사회에서 이러한 관료제는 변화하는 사회에 적응하지 못하는 다음과 같은 단점이 지적되고 있다.

먼저 목표와 수단의 전치(goal displacement) 현상이 초래된다. 관료자들은 조직의 목적과 목표 그 자체보다 목표를 달성하는 수단인 규정이나 절차 등을 오히려 중시하게 된다는 것이다. 둘째, 관료제는 규정이나 규칙에 고착되는 경우가 많게 되어, 변화하는 환경에 신속하게 적응하는 능력이 결여될 수 있다. 마지막으로는 관료제는 인간성의 상실과 무사안일주의를 초래할 수 있다. 관료제의 지나친 표준화의 추구는 조직의 구성원들을 기계의 부속품과 같이 느끼게 하고, 조직에 대한 일체감을 잃게 하면서 상사의 명령에 의해 책임을 회피하는 무사안일주의를 가져오기도 한다.

이러한 현상은 기업과 같은 사조직보다 안정된 공조직에서 많이 나타나는 특성으로 변화하는 환경에 적응하는 데에는 한계가 있다. 이것은 조직을 하나의 폐쇄체제적 관점으로 보기 때문으로, 조직의 업무가 변하지 않는다는 가정과 조직구성원들이 합리적으로 행동한다는 전제하에서만 성립될 수 있는 이론이다. 관료제이론(중앙화, 집권화)은 어느 사회나 조직에든 존재하는 합법적 권위에 기반한 지배 및 피지배의 관계로 존재한다.

현대 산업사회는 합법적 권위에 기반한다. 이에 따른 관료제 조직의 주요 특성을 정리하면 다음과 같다. 첫째, 미리 합의된 성문화된 규칙에 의해서 모든 일이 수행된다. 둘째, 전문성에 근거한 분업의 체제가 필요하다. 셋째, 권한과 책임을 집권화한 위계 구조이다. 넷째, 명백하게 선이 그어진 권력과 권한이 있다. 따라서 관료제 조직에서 조직구성원은 미리 정해진 규칙에 의하여 일하고, 이를 기준해서 행동한다.

반면 관료제의 문제점으로는 첫째, 상부구조에 권력이 집중되는 비민주성이 있을 수 있다. 둘째, 휴먼서비스와 같은 비일상적, 비규칙적 업무환경하에서는 적용되기 어렵다. 셋째, 객관적 규칙의 적용으로 인한 비인간화와 목적전치의 현상이 일어날 수 있다. 넷째, 복잡하고 경직된 규칙들로 인해 창조성이 상실될 수 있고, 이것은 각종 아이디어 혁신을 통한 구조개혁과 도전적인 과제를 가지고 있는 기관의 경우에는 적합하지 않다는 것이다.

관료제의 가장 큰 역기능(dysfunctions)으로 관료제의 특징인 규칙, 비인격성, 고정화된 명령체계, 번문욕례(red tape), 경직성 및 비융통성으로 인하여 관료제의 합리성과 능률성은 감소될 수 있다.

5. 인간관계이론

상기와 같은 관료제의 폐단에 따라 메이요(Mayo)와 윌리엄 딕슨(William Dickson)은 인간관계적 접근법을 제시하고 있다. 인간관계론자는 호손실험이라는 실험을 통하여 공장의 조명과 인간관계 등이 조직의 생산성을 높일 수 있다는 실험결과에 따라서, 조직내부의 집단이나 비공식기구에 의해서 또는 조직 외적인 요인인 개인의 태도, 가치, 신념 및 행태가 조직에 미치는 영향을 설명하고자 하였다. 그러나 인간관계론은 인간관계 접근에 대하여 규범적 조직이론의 성격을 띤다는 점에서 있어서는 합리 · 합법적 모델과 같은 맥락이다. 다만 차이로는 인간관계적인 접근에 있어서 조직을 구성하는 것이 인간이라는 사실에 주목하는 것이다.

인간관계이론은 최초로 조직의 구성원을 사회 심리적 욕구에 의하여 자발적으로 움직이는 인간적 존재로 간주하고 있다. 호손효과라는 인간관계적 접근은 공식적 조직을 설명하는데, 비공식집단의 존재와 영향력을 강조한다. 즉, 생산성 향상이라는 규범적 목적을 달성하기 위해서 인간관계 접근은 조직구성원들의 사회 심리적인 욕구 충족에 주목하고 있다. 따라서 인간관계론은 조직 내의 인간들이 다양한 사회 심리적인 측면을 통해서 상호작용하고 있으며, 이것이 일과 동료들에 대한 태도에 영향을 미치고, 궁극적으로 업무수행의 결과에 영향을 준다는 것을 이론의 요지로 하고 있다.

이러한 인간관계론의 특징은 근무환경과 인간관계라는 비공식적인 조직구조에 보다 주목하여, 과학적 관리론의 개념을 기초로 하여 물리적 작업조건으로 작업장의 밝기, 온도, 휴식시간과 임금 인센티브 등이 생산성과 관련이 있는지를 연구하며, 오히려 과학적 관리론의 명백한 한계를 발견하면서 조직 내에서 작업자들은 고립된 개념으로서의 '개인'이 아니며 다른 개인들과 사회적인 관계 맺기를 하는 집단 속의 개인임을 발견하게 되었다. 이들은 사회적인 욕구로 집단의 지지, 교우관계, 집단승인, 인정, 지위, 자아실현의 욕구 등이 생산성에 중대한 영향을 미친다는 사실을 발견하게 되었다.

이와 같이, 조직이론의 초점이 비공식조직으로 옮겨감에 따라 공식적 조직 또한 목적 달성을 위해서는 조직구성원을 이해하고 활용할 방법이 필요하게 되었음을 알게 되었다. 이는 오늘날 인간관계에서 비공식적인 관계의 중요성을 설명하는 이론의 기초가 되었다.

그러나 이와 같은 이론도 변화하는 환경을 반영하는 개방적 이론은 아니며, 내부적 환경을 고려하는 폐쇄적 이론에 속한다. 즉, 뉴튼(Newton)의 기계론적 패러다임(Newtonian mechanical paradigm)에 기초하고 있는 고전적 조직이론과 신고전 조직이론(인간관계론)의 공통된 특성은 모든 조직체가 동일하다는 가정에 입각한다는 것이다. 신고전적 조직이론에 공헌을 한 버나드(Barnard, 1938)와 의사결정학파에 기여한 사이몬(Simon,

1976)은 모두 기여와 유인 및 만족균형체제(contribution-inducement-satisfaction equilibrium system) 간의 유지를 강조하여, 환경보다는 조직의 내적 역동성을 중시했기 때문에 균형모형적 폐쇄체제이론가로 불리고 있다.

3절 현대 조직의 이론

1. 에드호크라시 이론

에드호크라시 이론은 관료제와는 대조를 이루고 있는 개념으로, 다양한 전문기술을 가진 비교적 이질적인 전문가들이 진행하는 프로젝트를 중심으로 집단을 구성하여 문제를 해결하는, 변화가 빠르며 적응적인 프로젝트를 중심으로 집단을 구성해 나가는 적응적인 임시조직을 뜻한다.

에드호크라시 구조는 거의 모든 면에서 기계적 관료제 구조와 반대의 속성을 갖는 조직구조라고 할 수 있다. 애드호크라시의 구조는 동태적이고 복잡한 환경에 처한 조직에 적절한 조직의 구조이다. 이러한 환경은 정교한 혁신을 요구하며, 동시에 이런 혁신을 위해서는 분권화된 유기체적 구조가 필요하다. 애드호크라시는 일반적으로 오래되지 않은 조직에서 발견되는데, 그 이유는 관료조직의 경우 시간이 지날수록 관료화되기 때문이다. 애드호크라시 구조를 갖고 있는 조직의 특징으로는 정교한 과업의 분화가 이루어지고 있으나 공식화의 정도는 높지 않다. 이때 조직구성원들의 전문성은 높고, 구성원 간의 상호조정은 개인적인 의사전달과 수평적인 통합방식을 통해서 이루어진다. 따라서 이러한 구조에서는 선택적인 분권화가 이루어지며, 누구라도 의사결정에 참여할 수 있게 된다.

2. 제도화이론

1) 개방-사회체계의 관점

제도화이론의 조직관은 다음과 같다. 조직은 목표를 달성하는 도구일지라도 외부환경으로부터의 영향과 구성원들의 이질적인 고유특성으로 조직에 대한 그들의 서로 다른 반응으로 형성된 하나의 적응적인 유기체이다. 따라서 유기체로서의 조직이 생존하기 위해서는 제도화의 과정이 필요하다. 즉, 이것을 조직과 환경과의 관계에 있어서 제도화의 개념에서 본다면, 조직이 살아남기 위해서는 조직의 안정 또는 생존을 위협하는 대상이나 요인을 조직정책의 결정구조 속에 흡수시키고 관행화하여 공식적 및 비공식적으로 제도화시킴으로써 조직의 안정과 생존을 확보한다는 관점이다. 그 예로는 대기업이 정부 고위관료를 은퇴 후에 기업의 고문으로 영입하는 것에서 찾을 수 있을 것이다.

2) 제도이론의 정의

제도이론의 의미는 거시적인 제도환경 요인에 초점을 맞추었다는 차원에서 서비스의 직접적인 환경 요소들에 초점을 맞추고 있는 개연성이론과 구분할 수 있다.

조직은 생존을 위하여 제도적인 규칙을 받아들이며, 이러한 규칙은 합법성의 원천이자 자원획득을 위한 통로이다. 따라서 제도이론적 차원에서 볼 때 국가, 전문직, 혹은 여론 등은 강요적(coercive), 모방적(imitative), 규범적(normative) 과정을 통하여 제도적 규칙을 받아들이게 된다.

3) 조직 내부의 개인과 조직 간의 상호관계에 있어서의 제도화

제도화의 관점에서 본다면, 조직구성원의 이질적이고 비합리적인 일탈행동을 현실적으로 인정하고 수용하는 것은 중요하다. 따라서 제도화의 관점에서 볼 때, 조직의 목표와 개인의 목표의 차이에서 오는 갈등의 문제에 대해 현실적인 관리의 문제로 반영시키고자 한다.

제도주의 이론은 현대사회에서 신제도주의로 발전하게 되는데, 이는 뒷부분에서 제시하고자 한다. 제도주의적인 시각은 규칙, 규범, 불문율과 같은 제도를 통하여 사회적 문제의 해결 및 설명이 가능하다고 보고, 제도적 관점에서 조직 전체의 안정, 권한 및 의사소통채널, 조직 내 비공식적 관계 등을 설명하고자 한다. 또한 공식적 및 비공식적으로 지속되고 전수되는 조직의 관행이나 조직절차는 무의식적으로 조직 속에서 정형화되어 전수되고 공유된다고 주장하고 있다. 이를 통하여 제도화의 의미를 정의하면 다음과 같다.

제도화란 목표달성을 위하여 당면한 과제를 넘어서 조직의 수명을 연장하는 영속성을 조직에 부여하고자 하고 있다.

조직이 제도화를 추구하는 것은 환경이나 자원에 대한 경쟁 속에서 조직이 내부과정이 환경의 변화에 적합하게 되어 가는 과정이다. 따라서 조직은 조직의 실제목표와 기능에서 이탈하여 조직의 생존과 성장을 위해서 새로운 형태의 조직관행과 규칙을 채택하게 된다.

그러나 외부지향적인 행동을 주장하면서도 조직 내부의 문제에 초점을 두고 있기 때문에 전통적인 모형에 해당하며 개방-사회체계의 전조라고 할 수 있다.

3. 개방-합리적 조직이론

개방-합리적 조직이론의 가정은 인간은 합리적인 존재라는 것을 강조하며, 경쟁이 심한 외부환경을 강조하고 있다.

이러한 관점에서 보면, 조직이란 유기체와 같이 환경에 대하여 개방적인 존재이기 때문에 생존을 위해서는 항상 환경과 적절한 관계를 유지해야만 한다는 원칙을 가지고 있다. 시스템적인 접근의 차원에서 본다면, 이에 대한 세 가지 핵심주제는 환경을 강조하고 상호연결된 하위체계와 체계 간의 조화를 중요시한다.

4. 합리-합법적 모델

합리-합법적 조직차원에서 보면, 특정한 목적을 추구하기 위해 정형화된 구조를 갖는 사회집단을 합리-합법적 모델이라 할 수 있으며, 오늘날 많은 조직이 기본적으로 이에 해당한다. 이는 결국 조직을 합리성이랑 합법성에 기준하여 설명하고자 하는 것으로, 여기에서 합리적이란 목적 성취에 최적의 수단과 그에 따른 선택을 말하고, 그에 따라 합법적이란 조직의 구성과 운영이 보편적이면서 객관적인 규정에 근거하고 있음을 의미한다.

5. 기타 상황이론-정치경제이론

정치경제이론은 조직과 환경 간의 상호작용을 통하여 조직의 내부 역학관계에 미치는 영향에 보다 초점을 맞추고 있다. 이러한 관점에서 보면, 조직이 생존과 서비스 생산이라는 목적달성을 위해 반드시 확보하여야 할 자원으로, 정치적 자원으로는 합법성과 세력이 있고 이에 경제적 지원으로 생산에 필요한 비용, 클라이언트, 인력 등을 고려하게 된다.

이에 따라 조직은 외부환경을 관리하기 위해 다양한 전략을 사용하게 되는데 그것은 경쟁, 협력, 갈등, 계약 등이 될 수 있으며, 정치경제 이론의 관점에서 보면 조직의 내부 및 외부의 정치경제적 역학관계들은 조직이 서비스 전달체계에 어떻게 영향을 미치는지를 파악하는 데 중요한 기여를 하게 된다. 즉, 외부환경에 적응하는 과정에서 사회복지조직들이 채택하는 전략들이 사회복지조직의 구조와 과정에서 어떻게 영향을 미치는지를 설득력 있게 나타내 주고 있다. 그러나 정치경제이론의 한계로 설명에 동원되는 변수들이 지나치게 복잡하여 경험적으로 검증하기가 어렵다는 특징이 있다.

이것은 마치 체계이론에서 분명 다양한 체계가 각종 역동성에 영향을 미치는 것은 사실이나, 그것을 정확하게 설명하기 어려운 것과 같다. 즉, 이 이론은 조직형태에 대한 기술적인 묘사에는 적합하나 예측에 필요한 양적 모델에 적용하는 것에는 어려운 점이 많다. 조직의 형태를 설명하는 데 있어서 재원이나 파워 등의 정치 및 경제적 자원들에만 한정한다면, 무형의 다양한 가치와 이념을 중시하는 사회복지조직을 설명하는 것은 어렵게 된다.

6. 개방－사회적 조직이론

개방－사회적 조직이론에 대한 이론의 가정은 다음과 같다.

목표달성보다는 조직 속에 흐르고 있는 비공식적 성격과 비합리성에 초점을 맞추어 생존을 중시하며, 규칙만으로는 설명하기 어려운 조직의 비합리적인 동기적 측면을 다루고 있다.

개방－사회적 조직이론은 개방체계로 환경의 중요성을 강조하고 있으며, 이를 통하여 개인과 집단, 집단과 집단 간의 관계를 환경자원의 확보를 위한 경쟁적인 관계로 설정하고 있다. 또한 조직의 근거를 조직이 합리적인 목적달성과 수행보다 조직의 존속이라는 관점에서 이해하며 조직이 목적과 수단을 구분하지 못하는 비합리성을 반영(사회체계)하고 있다. 이 이론은 조직에 대한 학습과 문화를 설명하는 데 많은 도움을 준다.

7. 학습조직이론

학습조직이론이란 21세기의 경쟁력은 단지 하나의 제품의 양이나 질보다 지식창출과 지식의 생산능력이 좌우하는 만큼, 기업과 조직의 성공을 위해서는 조직도 끊임없이 배우고 새로운 것을 창출할 수 있는, 즉 학습조직이 되어야 한다는 이론이다.

따라서 이를 위한 시스템 사고로 현상을 단선적이며 평면적으로 이해하기보다는 전체적 시각에서 전체에 포함된 부분들 간의 순환적이며 동태적인 인과관계를 이해하여 문제의 해결수단으로 삼는 것이 필요하다는 이론이다.

이를 위해서는 첫째, 사고모형의 점검이 필요하다. 사고모형으로 인간이 경험하게 되는 현상들을 이해하는 체계나 준거의 틀로 철학적 기반이 있을 수 있으며, 이것은 개인과 조직의 사고체계와 행동양식에 영향을 준다. 이러한 철학적 기반을 부단히 성찰하는 것은 새로운 사고의 전환을 도모할 수 있는 장점이 있다. 둘째, 공유비전의 점검이 필요하다. 공유비전이란 조직이 추구하는 목적의 방향이 무엇이며, 그것이 왜 중요한 것인지에 관하여 조직이 목표와 가치에 대하여 모든 조직구성원들이 공감대를 형성하는 것을 뜻한다.

이를 달성하기 위해서는 팀 학습이 중요한데, 팀 학습이란 팀의 구성원들이 바람직한 결과를 얻기 위해 의도적이며 체계적으로 지속하는 학습행위를 뜻한다.

팀 학습을 위해서는 어떤 결론의 도출을 위한 토론도 중요하지만, 타인의 관점이나 의견을 존중하면서 자신의 의견을 밝히는 유연함과 공감 및 교감할 수 있는 상호작용적인 측면의 대화와 능력이 중요하다.

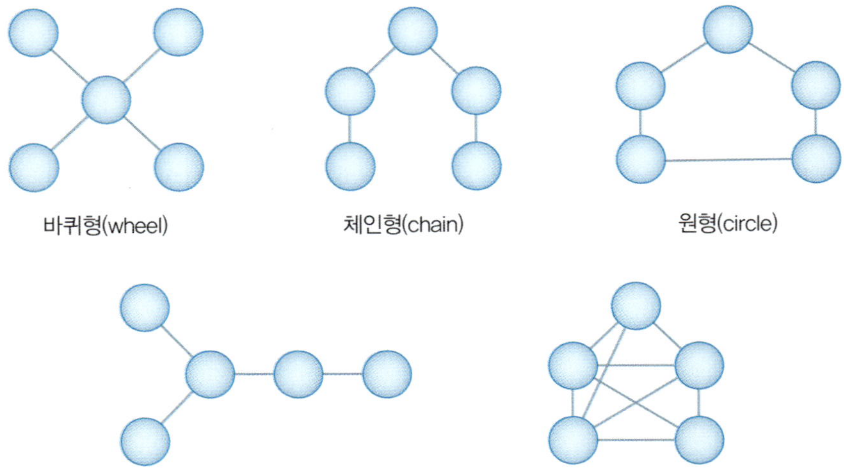

[그림 4-1] 의사소통 구성망(Communication Network)의 유형

조직의 의사소통과 공식적 구조를 나타내기 위하여 기존의 조직 도표는 조직 내부의 의사소통의 구성망을 제대로 반영해 주지 못하고 복잡한 조직실체의 일부로 외형만을 보여 주고 있을 뿐이다. 따라서 조직의 구조와 구성망 간의 불가분의 관계에 있음에도 이제까지의 조직연구는 조직의 공식구조인 외형에 초점을 두고 있다.

의사소통의 구조는 조직의 탄력성과 유연성과도 관련이 있다. 예를 들어, 고전적 조직이론으로 행정관리학파의 조직관리원칙을 살펴보자. 부하직원은 상사로부터의 명령만을 받아야 한다는 명령단일의 원칙(the unity of command principle)과 상의하달식 명령의 복종의 형태를 띄는 의사소통(top-down or downward communication)에 대한 강조는 조직구성망의 방향을 통제하기 위한 목적을 가지고 있다. 그러므로 바퀴형 의사소통망과 같이 집권화된 의사소통망이 능률지향적 고전이론과 부합되는 모습을 보인다. 그런데 인간관계론에서 중시하기 시작한 비공식집단과 하의상달식(bottom-up) 의사소통망 등은 조직망 내의 비공식적인 연결이나 상호성에 주목함을 나타내 주고 있다.

이에 대하여 행태론자인 시몬(Simon)은 고전적 관리원칙이 상호모순된다는 것을 언급하면서, 처방적인 관리원칙의 제시보다 의사결정에 대한 기술적인 분석에 초점을 두는 것이 필요하다고 주장한다. 예를 들면, 통솔범위의 원칙은 수평적 관계의 복잡성을 감소시켜 주기는 하나, 수직적 권한계층제를 증가시키므로 결국 더 큰 조정문제를 야기하게 된다는 것이다. 이에 조직의 특성에 따라 가장 바람직한 의사소통모형에 관하여 생각해 볼 필요가 있다.

8. 신제도이론

신제도론의 근원은 규범적 제도론이라고 할 수 있다. 이에 대하여 마치와 올슨(March& Alsen)의 신제도론이라는 용어는 현대의 행정을 설명하는 하나의 커다란 전환점이 되었다.

규범적 제도론에선 개인들의 의미가 보다 중요한데, 결국 개인의 사회적 성공은 제도적 지지라는 경쟁을 통해서 결정된다는 결론에 이른다. 반면에 규범적 제도론은 합리적 선택이론의 가정과 배치된다.

CHAPTER 5

우리나라 사회복지서비스 전달체계

학습목표

1. 사회복지서비스 전달체계의 개념을 이해한다.
2. 사회복지서비스 전달체계의 원칙을 이해한다.
3. 사회복지서비스의 공 · 사적 전달체계와 그 개선방안을 이해한다.

개 요

사회복지행정은 서비스 전달체계를 통해 서비스 대상자에게 자원과 서비스를 제공하여 정책이 지니는 고유한 가치와 목표의 실현을 이루어 낼 수 있다. 이러한 점에서 사회복지서비스의 공 · 사적 전달체계에 대한 이해가 요구된다.

사회복지서비스 전달체계의 원칙에 대한 학습을 통해 이해도를 높이고, 그 유형으로는 평등성, 책임성, 통합성, 접근성, 포괄성, 지속성, 전문성, 충분성으로 구분하였다.

사회복지서비스의 공적 · 사적 전달체계에 대한 현황과 실태 및 문제점과 개선점을 제시하였다. 이와 같은 전달체계의 이해가 필요하며 변화하는 환경에 적응해 나가는 과정에 더 다양한 대응방안이 제시될 것이다.

1절 사회복지서비스 전달체계의 개념

1. 사회복지서비스 전달체계의 의의

1) 전달체계의 개념

사회복지행정은 사회복지정책, 기관의 정책을 서비스의 형태로 전환하는 총체적 수행활동으로 이해할 수 있다. 사회복지정책이 마련되었더라도 정책이 서비스로 전환되어 서비스를 필요로 하거나 서비스를 원하는 대상에게 원활하게 전달되어야 비로소 그 목적한 바를 이룰 수 있다. 이러한 배경에서 사회복지서비스의 전달체계는 사회복지행정을 이해하는 데 있어 그 중요함을 강조할 수 있다. 또한 이와 같은 서비스 전달체계를 통해 서비스 대상자에게 자원과 서비스를 제공하여 정책이 지니는 고유한 가치와 목표의 실현이 이루어질 수 있다.

전달체계란 지역사회 안에 각 서비스 공급자들 사이 그리고 서비스 공급자와 소비자(이용자)들 사이에 존재하는 조직의 체계를 의미하기도 한다(Gilbert & Terrel, 남찬섭 · 유태균 역, 2007). 사회복지서비스의 전달체계에 대한 강조는 사회복지서비스 전달체계의 구축에 따라 서비스 대상의 조건, 서비스의 내용, 서비스의 품질, 서비스의 전달방법 등이 다르게 나타나기 때문이다. 이러한 맥락을 고려할 때 서비스 전달체계에 대한 올바른 이해를 통해 보다 넓은 영역으로의 사회복지서비스를 인식할 수 있을 것으로 기대할 수 있다.

2) 서비스전달체계 설계의 고려요소

사회복지행정의 목적이 대상자의 복지증진을 위한 효율적이고 효과적인 서비스를 전달하는 것으로 볼 때, 서비스 전달체계의 설계 역시 중요한 부분으로 인식해야 한다.

Gilbert & Terrel(2005)이 제시한 전달체계 설계 시 고려해야 할 선택사항을 살펴보면 다음과 같다.

(1) 서비스 전달을 행정적으로 중앙화할 것인가 아니면 분권화할 것인가?
(2) 여러 가지 서비스(예컨대, 보건, 보호관찰, 소득지원 등)를 결합시켜 제공할 것인가, 아니면 하나의 서비스만 제공할 것인가?
(3) 서비스 제공 시설들을 한 건물 내에 모아 둘 것인가, 아니면 분산시켜 독립적으로 둘 것인가?
(4) 서비스 제공 노력을 조정할 것인가, 아니면 조정 노력을 포기할 것인가?
(5) 서비스 전달을 전문가에게 맡길 것인가, 아니면 소비자 또는 준전문가들에게 맡길 것인가?
(6) 서비스 전달에 관련된 여러 가지 권한을 전문가에게 줄 것인가, 아니면 서비스 소비자들에게 줄 것인가?
(7) 서비스 전달을 공공행정기관이 담당할 것인가, 아니면 계약을 통해 민간기관이 담당하게 할 것인가?

위의 7가지 고려사항을 살펴보면서 전달체계에 있어 체계성이 얼마나 요구되는지를 확인하였다. 이와 같은 요소들은 실제 서비스를 전달하는 기관들이 얼마나 충실히 지키고 있는지에 대한 점검의 필요성 또한 제시하는 것으로 이해할 수 있다.

2. 사회복지서비스 전달체계의 분류

사회복지서비스 전달체계에 대해 분류하는 것은 다양한 방법이 있을 수 있지만 여기에서는 공급자 간 구조의 기능, 운영주체, 서비스의 종류에 따른 기준으로 나누어 볼 수 있다(강종수, 2011 참고).

1) 공급자 간 구조와 기능 차원

공급자 간 구조와 기능 차원은 행정체계와 집행체계로 구분하고 행정체계는 주로 서비스의 기획, 지시, 지원, 관리, 감독의 업무를 수행한다.

(공공) 보건복지부–광역시 · 도–시 · 군구

(민간) 복지관 관장, 자문위원회, 기획관리부

2) 운영주체에 따른 전달체계 분류

운영주체에 따른 전달체계의 분류에서는 공공전달체계와 민간전달체계로 구분한다. 여기에서 공공전달체계는 정부와 공공기관이 해당되고, 재정적인 면에서 안정적이지만 관료적이고 외부요인에 둔감하다는 특성을 들 수 있다. 민간전달체계는 민간 또는 민간단체가 해당이 되고, 재정은 취약하나 창의적이고 외부 요인에 민감하여 유연한 대처를 할 수 있는 특성을 가지고 있다.

3) 서비스의 종류에 따른 전달체계 분류

서비스의 종류에 따른 전달체계 분류로 아동복지, 노인복지, 장애인복지, 공동모금회 등 서비스 분야를 토대로 구분할 수 있다.

2절 사회복지서비스 전달체계의 원칙

1. 서비스 전달체계의 원칙

사회복지서비스 전달체계 구축의 원칙을 살펴봄으로써 전달체계를 구축함에 있어 지켜야 할 사항들에 대해 점검하여야 할 필요성을 알 수 있다. 여기에서는 최성재 · 남기민(2001)의 내용을 토대로 다음과 같이 살펴보고자 한다.

1) 전문성의 원칙

전문성의 원칙이란 사회복지서비스의 핵심 업무가 전문적인 서비스이므로 반드시 전문가가 그 업무를 담당해야 한다는 것이다. 전문성의 정도에 따라 전문가, 준전문가, 비전문가로 구분하여 그 역할도 수준별로 나눌 수 있다.

2) 충분성(적절성)의 원칙

충분성의 원칙은 사회복지서비스 대상이 지닌 문제의 해결 및 목표 성취에 있어 서비스의 질과 양적 측면 그리고 서비스 제공 기간(시간)의 적절성을 의미한다. 예를 들어, 직업에 대한 심층적 상담 욕구가 있는 대상에게 단순한 정보 상담만을 제공해 욕구에 제대로 다가가지 못한 경우라면 충분성의 원칙 차원에서 부족하다고 할 수 있다.

3) 포괄성의 원칙

포괄성의 원칙은 서비스 이용자의 욕구에 대해 다양한 서비스를 포괄적으로 지원한다는 의미이다. 예를 들면, 노인 소득 증대에 관한 문제는 직업알선, 직업훈련, 가족문제 등과 함께 연결되어 있기 때문에 이러한 내용들을 고려하여 관련된 다양한 서비스 프로그램이 필요하다는 것이다.

4) 지속성(연속성)의 원칙

지속성의 원칙은 서비스 전달체계 내의 모든 기관과 프로그램들이 일정 기간 동안 서로 밀접한 연관을 가지느냐를 의미하는 것이다. 예를 들어, 직업훈련이 있다면 직업상담, 직업알선 등의 프로그램이 연속적으로 제공될 수 있도록 연계되어 있어야 함을 의미한다.

5) 통합성의 원칙

통합성의 원칙은 대상자가 호소하는 문제해결에 필요한 서비스 프로그램이 연결되어 있어야 함을 의미한다. 즉, 서비스 대상자들은 복잡하고 다양한 문제를 가지고 있기 때문에 이러한 문제들을 해결하기 위해서는 프로그램들이 연관되어 있어야 한다는 것이다. 예를 들면, 청소년과 아동의 비행이나 일탈 등의 문제는 가정폭력, 빈곤, 학교부적응 등의 문제를 수반할 수 있어 이에 대한 해결을 위해 연관된 다양한 서비스 프로그램이 필요하다는 것이다.

6) 평등성의 원칙

평등성의 원칙은 성별, 지위, 인종, 종교, 지역에 상관없이 누구나 복지서비스를 제공받을 수 있다는 절대적 평등의 의미이다. 다른 관점으로는 실업보험이나 의무교육 가입연령이나 조건 등이 전제가 되는 상대적 평등도 있다.

7) 책임성의 원칙

책임성의 원칙은 서비스를 전달하는 사회복지조직은 이에 대한 책임을 져야 함을 의미한다. 책임의 대상은 주로 정부와 지방정부, 서비스 이용자 등으로 구분할 수 있다. 책임의 내용으로는 적절한 서비스 내용 차원, 서비스 전달의 절차에 있어서의 적합성, 효율적이고 효과적인 서비스 제공 여부 등으로 볼 수 있다.

8) 접근성의 원칙

접근성의 원칙은 서비스를 원하는 사람이면 누구나 서비스를 이용하는 데 있어 불편함이 없는 상태 또는 장애가 없는 상태를 의미한다. 여기에는 복잡한 신청 절차, 관련 정보에 대한 소외, 지리적 불편 등이 해당되는 내용이다.

2. 사회복지서비스 전달체계의 개선 전략

전달체계의 효율성 및 효과성을 향상하기 위한 전략은 다음 5가지 이슈와 관련이 있다(최성재 · 남기민, 2001).

1) 의사결정의 권위와 통제의 재구조화 전략

의사결정의 권위와 통제의 소재를 어디에 둘지에 관한 전략으로 의사결정을 누가 할 것인가에 관한 문제이다. 이에 대해 협조체제의 구축 및 시민 참여체제의 도입 전략이 있다.

2) 업무 분담의 재조직화 전략

업무 분담 재조직화 전략은 전문가에게 역할을 부여하는 것과 전문가를 조직으로부터 분리하는 것으로 나누어 생각할 수 있다. 먼저 전문가 역할을 부여한다는 것은 비전문가에게 일정한 전문가의 역할을 부여하는 것을 의미한다. 다음으로 전문가를 조직에서 분리하는 것은 조직의 관료적 성격으로 인해 전문가로의 자율성과 역량 발휘가 어려울 경우 조직에서 벗어나 전문적인 능력을 발휘하도록 하는 것을 말한다.

3) 전달체계의 구조변경 전략

구조변경은 이용자가 서비스에 용이하게 접근하도록 하는 전략으로 접근을 쉽게 하는 또 하나의 서비스를 준비하는 것과 전달체계를 중복화하는 방법이 있다.

접근을 쉽게 하는 또 하나의 서비스를 준비하는 것은 전달체계 내에서 이용자를 위한 안내와 의뢰 등 적극적인 방안을 활용해 서비스 접근을 촉진하는 것을 의미한다. 전달체계를 중복화한다는 것은 의도적으로 같은 서비스를 수행하는 체계를 마련하는 것이다. 이는 거리가 멀다거나 할 때 활용할 수 있는 방안이다.

4) 전달체계의 운영주체 관련 전략

서비스 전달체계의 운영주체는 그 성격에 따라 공공과 민간 차원으로 나누어 지고 서비스 전달내용에 있어 차이가 있다. 국민전체를 대상으로 하는 사회보험 등의 서비스는 공공조직이 담당해야 하지만, 다양한 대상에게 다각적인 접근이 필요한 사회서비스와 같은 내용은 민간조직이 제공할 수 있다.

5) 서비스 배분 전략

사회복지서비스의 재원과 인력은 한정되어 있기 때문에 이처럼 제한적인 자원으로 많은 사람들의 욕구를 충족하도록 배분하는 것은 중요하지만 어려운 일이다. 서비스 배분전략은 서비스의 효율성을 향상하는 것에 관련된 문제이며 공급억제와 수요억제의 방법이 있다.

공급억제에 있어 제한, 강화는 수혜자격 요건을 까다롭게 하여 이용률을 낮추는 것이고, 희석화는 서비스의 양과 질을 낮추는 방법이다.

수요억제는 서비스 접근의 물리적 장애요소를 제거하지 않거나, 장애를 발생하도록 신청절차를 복잡하게 하는 등의 방법을 통해 수요를 억제하는 것이다.

3절 공 · 사(민간)적 사회복지서비스 전달체계와 문제점 및 개선점

1. 공공 사회복지서비스 전달체계

1) 공공 사회복지서비스 전달체계의 실태

(1) 공공 사회복지서비스 전달체계

공공 사회복지서비스 전달체계는 서비스 이용자에게 누가 서비스를 전달하느냐에 따라, 즉 서비스 공급주체가 공공 조직에 의해 제공되는 서비스를 의미한다. 정부의 중앙부처에서 공공 사회복지 서비스를 전달하는 과정은 보건복지부로부터 광역시도, 기초지방자체단체를 거쳐 서비스 대상자에게 전달된다. 또한 사회보험은 유형별로 독자적인 공공기관을 통해 서비스를 전달하게 된다. 중앙부처로는 보건복지부 외에도 여성가족부, 고용노동부, 행정안전부 등으로 각 부처에서 복지서비스를 제공한다.

(2) 사회복지서비스 전달체계의 개편

우리나라는 1948년 정부수립과 함께 사회부가 발족된 이후 효율적 사회복지서비스 전달체계 구축이라는 명분하에 1980년 중반 이후 몇 차례의 개편이 이루어졌다. 그 변천의 과정을 살펴보면 다음과 같다.

① 보건복지사무소 시범사업

1995년도부터 2000년 7월까지 보건복지사무소를 설치하여 시범운영하였다. 이 사업은 읍, 면, 동사무소의 사회복지부서를 보건소업무에 통합하는 형태로 진행되었다. 이 시범사업은 첫째, 사회복지 전달체계의 전문성향상, 신속성, 책임성, 공정성 향상, 둘째, 복지업무 집중화로 업무효율성 증진, 셋째, 통합 전달체계 구축이라는 긍정적 성과를 나타냈다. 하지만 보건복지연계 전달체계의 미흡과 보건복지사무소 별도 설치에 따른 접근성 감소, 보건소와 복지기관 간 업무책임 넘기기 등 문제점이 나타나 시범사업으로 막을 내렸다.

② 지역사회복지협의체(현 지역사회보장협의체)

보건 · 복지의 연계를 위한 지역복지협의체 구성의 필요성을 인식하고 2001년 10월부터 2002년 11월까지 1년간의 시범사업을 시행하고 2005년 전격 시행되었다. 지역복지협의체는 시 · 군 · 구 단위로 설치하여 지역의 역량강화를 도모한다. 그 내용으로는 서비스 간의 연계, 복지자원의 확보, 문제해결, 욕구충족 등이다. 지역사회복지협의체는 민 · 관이 공동으로 참여하는 구조로 그 지역사회의 실정에 맞는 복지 서비스를 만들어 가는 것이라고 할 수 있다. 따라서 협의체는 지역사회 역량을 키우고 전달체계 확립을 통한 서비스의 효과성 및 효율성을 제고하는 기능을 수행하는 것으로 볼 수 있다. 이를 위한 주요한 기능으로는 민주적인 소통의 구조 구축, 서비스의 누락과 중복

예방을 위한 자원 활용의 효율성 제고, 수요자 중심의 서비스 제공기반 구축을 들 수 있다.

지역사회보장협의체는 2015년 7월 사회보장급여법의 시행으로 명칭이 변경되었다(보건복지부, 2017). 이러한 배경에는 맞춤형복지서비스 전달체계 정립, 지역 간 차이 완화 등을 위한 기능 확대와 활성화의 중요성이 부각된 이유가 있었다. 이에 따라 읍면동 단위까지 지역사회보장협의체를 신설하고 그 영역 구분에서도 사회보장 10대 영역으로 변경하여 실무협의체 등에 평생교육, 치안, 사회보험 분야 등의 다양한 전문가들을 참여하도록 하고 있다.

③ 사회복지사무소

사회복지사무소 시범사업은 사회복지서비스 전달체계의 문제점에 대한 인식으로 2004년 7월부터 2006년 6월까지 2년간 전국의 9개 시 · 군 · 구에서 시범사업으로 실시되었다. 이 사업은 공공행정의 전문성 부족과 사회복지공무원의 효율적 운영 미흡으로 전문상담업무나 사례발굴의 어려움 등 문제에 대한 해결책으로 제시되었다.

이 시범사업은 수요자 중심의 편의제공 및 서비스의 질 제고, 복지업무의 전문화 및 집중화, 지역의 자원관리능력 강화, 공공과 민간의 협력을 통한 지역중심의 복지실천을 기대하고 출발하였다. 그러나 사회복지전담공무원의 과중한 업무, 주민들의 사무소 접근성 어려움, 지역사회 내 민 · 관 기관의 연계부족 등의 문제로 시범사업으로 머무르게 되었다.

④ 주민생활지원서비스

2006년 개편된 주민생활지원서비스 전달체계는 보건복지부가 발표한 '희망한국21'이라는 종합복지대책으로 주민생활지원국을 통해 복지예산의 효율적 집행 및 수요자 중심 전달체계로 개편하고자 하는 내용이다.

주민생활지원서비스는 복지 · 보건 · 교육 · 문화 · 관광 · 체육 · 주거 · 고용 서비스를 포괄하는 개념으로 지방행정의 기반을 복지중심으로 하고, 민 · 관 협력체계 구축을 통한 주민참여복지 실현과 수요자 중심의 맞춤형 통합서비스 전달체계로 방향성을 설정하였다. 2010년 사회복지통합관리망(행복e-음)이 실행되면서 업무와 조직, 기능 및 인력 관련 전달체계의 개선을 추진하였다. 또, 시 · 군 · 구 주민생활지원국 통합조사관리팀으로 확대 개편 되었고, 서비스 연계팀의 기능을 서비스 연계제공 업무 및 사례관리에 집중하도록 하였다. 이러한 개선 전략은 수요자 지향의 서비스와 재정적인 면에서의 효율성 강화 및 업무효율성 향상을 기대할 수 있다. 아울러 사회복지통합시스템의 안정적인 운영체계 구축과 지속적인 점검, 정보연계 및 공유가 풍부하게 이루어져야 할 것이다.

2) 공공 전달체계의 문제점과 개선방향

공공부문의 사회복지 전달체계는 확대된 서비스 전달체계에 대한 기획력과 수행체계가 미흡해 서비스 수요에 대한 대응력이 취약하고 수요자 욕구중심의 맞춤형 통합서비스 제공하는 데에는 한계가 있는 것으로 보인다. 이에 대해 맞춤형 서비스 제공을 위해 일반시민을 대상으로 프로그램의 확대, 보건 · 복지서비스의 연계 등을 통한 수요자 중심의 서비스 개선노력이 요구된다. 아울러 민간기관과의 협력도 미진하여 민간영역의 다각화된 서비스와의 연계가 용이하지 못한 점이 있다. 민간과의 영역 및 역할의 분담을 조정하는 노력이 지속되어야 할 것이다.

공공전달체계는 인력측면에서 복지 전문 인력의 부족 문제에 대해 인력의 확대배치가 요구된다. 변화하는 인구구조 및 전반적인 환경, 즉 고령화, 저출산, 실업 등의 환경변화에 따른 수요 증가에 대해 재정 확대 및 민간자원 동원 방안을 통한 대응노력이 요구된다.

2. 민간 사회복지서비스 전달체계

1) 민간 사회복지서비스 전달체계의 실태

(1) 민간 사회복지서비스 전달체계

민간서비스 전달체계는 공공 전달체계 이외의 민간 복지전달체계를 의미한다. 민간 사회복지조직이라 하면 영리조직과는 구분되는 뚜렷한 기준으로 영리를 목적으로 하지 않는 사회복지법인, 종교단체, 등록단체, 기타 특수법인 등에 설치된 기관 및 시설이 해당된다. 복지가 국가의 책임으로 인식되면서 제도화되기 이전에는 역사를 통해 알 수 있듯이 대부분의 국가에서 민간기관들이 주축이 되어 활동하였다. 현대사회에서도 민간기관의 역할은 상당히 의미가 크다고 할 수 있다. 그 이유는 공공서비스에서 제외된 복지수요자에 대한 서비스 제공, 새로운 서비스 요구 등의 선도적인 역할을 기대할 수 있기 때문이다. 또한 민간기관(조직)을 통해 후원자, 봉사자 등 시민 대중의 참여를 촉진하는 효과도 가시적으로 나타난다.

(2) 민간 사회복지서비스 전달체계 조직

민간서비스 전달체계에 있어 대표적인 조직으로 지역사회복지관을 들 수 있다. 지역사회복지관은 일정규모의 시설을 갖추고 전문 인력을 확보하여 지역사회 내에서 물적 자원 및 인적 자원 확충 노력을 통해 종합적인 복지사업을 수행하는 기관이라 할 수 있다. 지역사회복지관은 사회복지서비스의 욕구를 가지고 있는 모든 지역사회 주민을 대상으로 그들이 필요로 하는 복지서비스에 대해 종합적으로 제공하고, 주민상호 간 연대감 조성을 통한 각종 지역사회문제를 예방 · 치료하는 종합적인 복지서비스 전달기구로서 지역사회 주민의 복지증진을 위한 중심적 역할을 수행하는 기관이다. 이러한 지역사회복지관의 주요 사업은 서비스제공 기능, 사례관리 기능, 지역사회조직화 기능으로 구분된다.

사회복지관의 기능과 역할은 모든 지역사회복지관들이 획일적인 사업을 시행하는 것이 아니라 그 지역의 특수성(환경), 서비스 대상, 지역의 욕구, 기관의 규모 등을 고려하여 각 사회복지관이 전문성, 효율성을 최대화할 수 있는 범주 안에서 사업을 효과적으로 시행하는 것이 바람직하다. 사회복지관은 민간 복지시설의 대표 주자로 전국적 분포를 이루고 있는데, 2018년 기준으로 종합사회복지관은 전국 465개소로 서울에 98개소, 경기도에 81개소, 부산에 53개소 등이다(한국사회복지관협회홈페이지, 2019).

〈표 5-1〉 민간 사회복지조직 구분

분류 기준	구분
서비스의 직 · 간접성	직접서비스 조직, 간접서비스 조직
서비스제공 장소에서 수혜자 거주 여부	이용시설, 생활시설
문제, 대상인구	보건의료조직, 가정복지조직, 아동복지조직, 자원봉사자 양성조직 등
설립 주체	사회복지법인, 재단법인, 사단법인, 사회단체, 개인

출처: 최성재 · 남기민(2000).

2) 민간 사회복지서비스 전달체계의 문제점과 개선점

민간기관들은 재정적으로 상당한 부분을 정부에서 지원(보조)하는 재정에 의존하고 있어 정부의 지도 · 감독하에 놓여 있는 환경으로 자율적이고 독창적인 업무수행에 일정한 어려움이 있다. 또한 민간서비스 기관과 서비스가 대도시 위주로 편중되어 있어 상대적으로 취약한 중소도시나 농촌지역에서는 서비스 이용에 어려움이 있는 현실이다. 또한 각 민간서비스 기관 간 상호 서비스와 관련된 연계가 미흡하여 통합적 서비스를 제공하는 데 한계가 있다. 사회복지서비스 제공 인력의 소진에 따라 전문성 발휘가 어려운 부분도 존재할 수 있다.

이러한 문제점에 대해 민간 사회복지서비스 전달체계의 개선방향은 다음과 같이 제시할 수 있다.

(1) 수요자 욕구 중심의 서비스 전달체계 구축이 마련되어야 한다. 이는 적극적인 욕구의 수렴노력 및 적절한 프로그램의 계획이 요구된다는 것이다. 지역에 맞는 서비스를 마련하고 제공하기 위해서는 수요자의 욕구에 대한 민감성이 필요하다.

(2) 전체 국민이 어디에서나 적정한 서비스를 이용할 수 있는 시스템을 구축하여 지역 간 격차를 해소하는 노력이 필요하다.

(3) 민간의 유관기관들의 실질적인 네트워크를 통해 통합적 서비스 전달체계를 구축하고 상호 간에 지지기반을 공고히 하는 노력이 필요하다.

(4) 사회복지 서비스 제공 인력에 대한 지속적인 지원을 통해 전문성을 강화하는 노력이 요구된다.

CHAPTER 6

리더십

학습목표

1. 조직관리의 리더십의 개념, 속성, 리더십 이론을 이해한다.
2. 휴먼서비스 리더십과 필요성을 이해한다.
3. 슈퍼비전의 개념, 슈퍼비전의 기능, 컨설테이션의 개념, 컨설팅의 역할, 컨설테이션 추진 시 초기 점검 사항을 이해한다.

개 요

리더십은 조직의 리더가 갖는 성향, 행동, 상황 등과 관련되는 제반 특성을 묶어서 부르는 일반적인 개념으로 지위와 능력으로 표현하거나 또는 과정이나 속성의 개념으로 분류한 것으로 사회복지조직에서 매우 중요한 역할로 볼 수가 있다.

경로-목표이론(지시적 리더십, 지지적 리더십, 성취지향적 리더십, 참여적 리더십) 등으로 네 가지 유형으로 분류하였다. 카리스마적 리더십, 거래적-변혁적 리더십, 경쟁적 가치 리더십, 칼리슬의 리더십(지시적 리더십, 참여적리더십, 위임적 리더십)과 서번트리더십, 피그말리온 리더십, 리더십 귀인이론과 셀프리더십 이론, 코칭리더십 이론, 임파워링 리더십 이론 등으로 나타났다.

사회복지조직(휴먼서비스 조직)에 있어 리더십이 필수 불가결한 요소(Neugeboren)로, 많은 전문가가 고용되어 있는 사회복지조직에는 전문가의 자율성 욕구와 조직의 통제욕구 사이에 부단히 긴장이 존재하며 그로 인해 구성원들이 조직의 규칙과 규정을 준수하도록 하기 위해 리더십이 요구된다. 최근 사회복지조직의 규모와 업무량이 확대되고 있으며 업무 처리의 전문성과 신속성이 요구되는 사례가 증가되고 있다. 또한 사회복지조직뿐만 아니라 일반 사기업의 업무도 날로 분업화와 전문화되고 있는 상황에서 신축성이 가미된 참여적 조직운영의 리더십이 요구되고 있다.

휴먼서비스 리더십으로는 슈퍼비전과 컨설테이션으로 사회복지시설 업무 지침에 의해 각 조직별 의무적으로 설치된 운영 위원회의 교수진이나 회계사, 노무사, 변호사 등의 전문가에 의뢰하여 컨설팅을 정례화하는것도 필요하게 되었다. 컨설팅은 공동의 문제 정의와 달성될 결과의 논의, 컨설턴트와 고객의 역할을 충분하게 숙지해야 한다.

1절 조직 관리의 리더십

1. 리더십의 개념

리더십(leadership)의 정의는 매우 다양하다. 김영종(2004)은 리더십을 조직의 리더가 갖는 성향, 행동, 상황 등과 관련되는 제반 특성을 묶어서 부르는 일반적인 개념으로 정의했다. 또한 리더십을 지위(position)와 능력(ability)으로 표현하거나 또는 과정(process)이나 속성(property)의 개념으로 분류했다.

(1) 지위로써의 리더십은 한 사람이 특정한 상황에 대한 통제의 책임을 갖고 지휘 혹은 지도적 지위에 있는 것을 의미한다.
(2) 능력으로써의 리더십은 다른 사람과의 관계에 영향을 미칠 수 있는 역량이나 기술을 의미하는 것으로 그로 인해 리더가 취하는 방향으로 사람들을 따라오게 하는 것을 말한다.
(3) 과정으로써의 리더십은 비강압적인 영향력을 사용해서 집단 구성원들이 목적 성취를 위한 활동을 하도록 지휘하고 조정하는 것을 말한다.
(4) 속성으로써의 리더십은 이러한 영향력을 성공적으로 사용하는 것으로 여겨지는 사람들에 귀속되어 있는 일련의 특성을 말한다.

로빈스(Robbins, 1984)는 지도력을 '목표 달성을 지향하도록 집단에 영향을 미칠 수 있는 능력'으로 정의했다. 또한 트랙커(Trecke, 1977)는 지도력을 공동 목표의 달성에 있어서 사람들이 협동하여 일하도록 영향을 주는 능력으로 정의했다. 한편 리더십을 과정으로 이해하는 관점에서 허쉬와 블랜차드(Hersey & Blanchard, 1982)는 리더십을 '어떤 주어진 상황에서 개개인이나 집단의 활동이 목표 달성을 위한 노력이 되도록 영향을 미치는 과정'이라고 규정했다. 이러한 개념을 종합해 보면 리더십이란 조직의 목표달성을 위해 조직원들이 능동적으로 업무를 수행할 수 있도록 공식적 지위에 있는 리더가 영향력을 행사하여 조직의 힘을 하나로 모아 시너지 효과를 발휘하도록 작용하는 것으로 정의할 수 있다.

리더십의 개념은 조직의 목표달성을 위하여 조직구성원들이 조직과 관련한 행동에 몰입하여 일을 수행할 수 있도록 주어진 상황에서, 특정인이 영향력을 행사하는 정도로 해석될 수 있다. 리더십(leadership)이란 리더가 갖는 성향, 행동, 상황 등과 관련되는 제반 특성들을 묶어서 부르는 일반적 개념으로 리더십의 개념을 한마디로 규정하는 것은 쉽지 않지만 리더십은 다른 사람들에게 영향을 미쳐서 목표성취를 위해 나아가게 할 수 있다.

〈표 6-1〉 **리더십에 대한 여러 학자들의 정의**

- Kurtz & Kahn(1978) "조직구성원이 업무를 수행할 때 기대수준을 넘어서는 성과를 내려고 노력하게 만드는 영향력."
- Robbins(1984) "목표달성을 지향하도록 집단에 영향을 주는 능력."
- Trecter "공동목표의 달성을 위해 협동하여 일하도록 영향을 주는 능력."
- Bennis "조직구성원들로 하여금 각자 비전을 가지고 자신의 능력을 모두 쏟아 그 비전을 실현하게끔 하는 것."

2. 리더십 속성

리더십의 속성은 다음과 같이 제시했다.

(1) 지속성, 즉 끈기가 있어야 한다. 유능한 리더는 적절한 계획을 입안하여 실행에 옮기며 활동 후에도 용기, 신념, 자신감을 갖고 쉽게 포기하지 않아야 한다. 또한

프로그램이 실패했거나 수정이 필요한 경우 다시 계획하고 변화시켜 나가는 끈기가 있어야 한다.

(2) 시간 관리를 잘해야 한다. 유능한 리더는 조직원에게 각자 시간을 효과적으로 활용할 수 있도록 조직을 운영하며 아울러 리더 자신의 시간도 철저하게 관리해야 한다.

(3) 협상을 잘해야 한다. 유능한 리더는 자신이 모든 해결책을 갖고 있지 않다는 것을 인정해야 한다. 또한 적절한 대안이 있더라도 조직원의 의견을 청취하고 자신의 생각이 최선이 아닐 수 있다는 점을 고려하여 기관 목표에 기여하도록 조직원과 원만한 관계를 유지해야 한다.

(4) 유연성을 가져야 한다. 유능한 리더는 조직원에게 기관의 목표나 정책 범위 내에서 가능한 많은 자율성을 허용해야 한다. 이와 함께 조직원과 소모적인 논쟁은 피하면서 조직원에게 신뢰를 제공하는 것이 필요할 것이다.

(5) 창의성을 발휘해야 한다. 유능한 리더는 본인뿐만 아니라 조직원 개인과 집단에게 창의성을 발휘할 수 있는 시간과 기회를 부여해야 한다. 그렇게 하여 새로운 서비스 향상 기법을 창출하도록 해야 한다.

3. 리더십 이론

1) 특성이론-자질이론

특성이론(trait theory)은 리더십을 설명해 주는 가장 오래된 이론이다. 1930년대부터 1950년대에 주로 등장하였으며 리더의 개인적 특성(personality)을 강조하는 이론이다.

특성이론은 리더 개인의 성격적 특성을 강조하는 입장으로 자질이론 또는 성향이론이라고 불리기도 한다. 이 이론은 리더가 어떤 특정한 자질을 갖추고 있으면 자신이 처해 있는 상황이나 환경이 변하더라도 언제나 효과적인 리더가 될 수 있다고 주장했다. 모든 사람이 리더의 우수한 자질을 가지고 있지 않기 때문에 그러한 특성을 가지고 있는 사람만이 리더가 될 수 있다고 본 것이다.

특성이론에 따르면 리더십은 리더의 말솜씨 또는 판단력과 관련이 있으며 리더에게서 풍기는 카리스마 등이 지도력을 결정짓는 특성에 속한다고 했다. 특성이론의 대표적인 학자인 스토그딜(Stogdill, 1974)은 리더의 특성을 ① 육체적 특성, ② 사회적 배경, ③ 지능, ④ 성격, ⑤ 사회성, ⑥ 과업 태도라고 규정했다.

이와 같은 특성이론은 초기에는 누구나 일정한 특성을 가지고 있으면 어떤 상황 속에서도 리더십을 발휘할 수 있다고 주장되었지만 후에 이와 같은 자질이 고정된 것이 아니라 사람마다 처해 있는 환경과 상황에 따라 변하는 것으로 수정되었다. 예를 들면, 담당 사회복지사가 과장, 부장, 관장으로 승진할수록 기술적이고 실천적인 지식보다는 조직경영의 혁신성, 상황에 대한 판단성과 의사결정력, 대외 관계성 및 조직력 등이 더욱 요구된다는 것이다.

그러나 특성이론의 한계는 특성의 범위가 광범위하여 성공적인 리더의 자질을 명확히 제시할 수 없을 뿐만 아니라 성공하지 못한 리더와 성공한 리더를 구분해 주는 분명한 자질이 무엇인지 제시할 수 없다. 또한 상황에 따라 요구되는 리더십 특성이 다를 수 있다는 점과 리더가 하위자의 행동에 영향을 미칠 수 있는 행동유형을 알려 주지 못했다는 점에 대해 비판을 받았다.

2) 행동이론-행위이론

행동이론(behavioral theory)이란 특성이론의 한계를 극복하기 위해 1950년대 행동과학자들에 의해 제시된 이론이다. 행동과학자들은 리더의 행동과 행태를 연구하여 비슷한 성향을 띤 행동들을 몇 개의 리더십 유형(leadership style)으로 분류하고 어떤 유형이 리더십의 효과성을 높일 수 있는가에 초점을 두었다.

행동이론은 리더십의 중요한 측면이 리더의 특성이 아니라 다양한 상황에서 리더가 행동하는 것이며 성공적인 리더는 그들의 특별한 리더십 행동 유형에 의해 성공하지 못한 리더와 구별된다는 것이다. 행동이론에는 오하이오(Ohio state University) 연구, 미시간(University of Michigan) 연구, 관리격자이론(managerial grid theory) 등이 있다.

(1) 오하이오(Ohio state University) 연구

오하이오 연구는 1945년부터 오하이오 주립대학교에서 리더의 입장을 강조하는 관점에서 리더 행위의 결정요인과 작업집단의 성과와 만족에 대한 리더십 유형을 결정하기 위한 실증적 연구로 진행되었다. 그 방법은 리더행동기술설문지(LBDQ, Leader Behavior Description Questionnaire)를 통해 정보를 수집·분석하여 리더의 행동을 구조주도행동(initiating struc ture behavior)과 배려행동(consideration behavior)의 두 가지 차원으로 다음과 같이 구분했다.

첫째, 구조주도행동이란 리더가 조직의 목표 달성을 위해 조직화하고 과업을 정의하며 조직원에게 업무를 할당하고 의사전달의 통로를 확립하여 업무성과를 평가하는 행동을 말한다. 구조주도행동을 과업지향적 리더십 유형이라고 한다.

둘째, 배려행동이란 조직원에 대한 관계 지향적이고 인간중심적인 관심과 우호, 신뢰, 지지 등 조직원의 복지를 위한 부분에 관심을 나타내는 행동을 말한다.

(2) 미시간(University of Michigan) 연구

미시간 연구는 오하이오 연구와 비슷한 시기에 이루어졌다. 그 연구의 목적은 오하이오 연구와 마찬가지로 어떤 유형의 리더행동이 업무집단의 성과와 조직원의 만족을 가져오는가를 발견하는 데 있었다. 연구결과 직무중심적 리더십유형(job-centered leadership style)과 조직원 중심적 리더십 유형(employee-centered leadership style)의 두 가지 행동 유형이 발견되었는데 그 내용은 다음과 같다.

첫째, 직무중심적 리더십은 세밀한 감독과 합법적이고 강제적인 권력을 활용하며 업무계획표에 따라 실천하고 성과를 평가하는 데 중점을 두는 유형이다.

둘째, 조직원 중심적 리더십은 보다 인간지향적이며 권한과 책임의 위임과 조직원의 복지와 요구, 승진, 개인적인 성장에 관심을 둔다.

미시간대학의 연구결과 조직원 중심적 리더십이 보다 높은 생산성과 직무 만족도를 나타내는 반면 직무중심적 리더십은 상대적으로 낮은 집단의 생산성과 낮은 직무 만족도를 보여 주었다. 그러나 미시간대학의 연구는 상황에 따라 리더십 유형이 변한다는 점과 집단의 결집력, 개인적인 특성, 직무의 특성과 같은 상황적 요소를 고려하지 않고 있다는 한계점의 비판을 받고 있다.

(3) **관리격자이론**(managerial grid theory)

관리격자는 블레이크와 머튼(Blake & Mouton)에 의해 개발된 리더십 유형에 관한 2차원의 표를 말한다. 이 이론은 바둑판 모양의 관리격자를 활용하여 사람에 대한 관심과 생산에 대한 관심의 두 가지 요인을 축으로 하여 상호작용에 초점을 두는 분류방식이다. 이 격자망의 수평축은 산출에 관한 관심을 보여 주는데 이것은 리더의 초점이 목표 달성을 위한 지시적인 행위에 집중하는 것을 나타낸다. 수직축은 인간에 대한 관심을 나타내는데 이것은 리더십의 주요 초점이 리더와 조직원 상호 간의 질적 관계를 향상시키는 것에 맞추어진 것을 말한다.

3) 상황이론

앞서 설명한 특성이론이나 행동이론은 어떤 유일한 이상적인 리더십 유형을 발견하려는 것이었다. 그러나 두 이론 역시 조직의 특정한 상황에 부합하는 이상적인 리더십을 규정하지 못하는 한계를 보여 새로운 리더십 연구가 1960년대 말부터 1970년대에 이르기까지 진행되었다.

상황이론(situational theory)의 연구는 어떤 상황에서나 효과적인 유일한 리더십 유형이 존재하지 않는다는 가정에서 시작되었다. 즉, 상황이론은 리더를 둘러싸고 있는 상황에 분석의 초점을 두면서 주어진 상황에 따라 리더의 능력이나 가치가 다르게 평가되는 동시에 요구되는 리더의 행태와 자질이 달라진다는 것을 주장하기 시작했다.

여기에서 상황이란 리더가 속해 있는 조직의 목표와 성격, 규모, 역사, 유형, 발전의 정도, 구성원의 자질과 행동 기대와 욕구 등의 산물을 의미한다. 대표적인 학자와 이론으로 피들러(Fiedler, 1967)의 상황적합적 이론(contingency theory)과 하우스(House, 1971)의 경로－목표이론(path-goaltheory), 허시와 블랜차드(Hersey & Blanchard)의 상황이론이 있다.

(1) 상황적합적 이론(contingency theory)

피들러는 조직에 대한 영향력은 다음과 같이 세 가지 상황적 변수에 의해 결정된다고 하였다.

첫째. 지도자가 구성원들로부터 받는 존경과 신뢰의 정도를 의미하는 리더와 부하의 관계를 말한다.

둘째, 과업의 할당과 평가 방식의 구조화 정도를 가리키는 과업 구조(task structure)를 말한다.

셋째, 리더에게 부여된 공식적 · 합법적인 권력으로써 조직의 구성원들을 평가, 상벌하고 각종 인사권에 영향을 미치는 정도를 의미한다.

이와 함께 리더의 유형을 조직원과의 관계에 중심을 두는 관계지향적 리더와 업무성과 측면에 역점을 두는 과업지향형 리더로 분류하였다. 그러나 세 가지 상황적 조건은 서로 상호작용하여 리더가 때로는 호의적(favorable)인 상황 또는 비호의적(unfavorable)인 상황에 처하게 되는데 이러한 상황에서 두 가지 리더 유형 중 어떠한 유형이 더 효과적인지 밝혀내는 것이 이 이론의 특징이다.

피들러는 리더십 유형을 LPG(Least Preferred Co-Work) 점수에 따라 과업 지향적 리더십과 관계 지향적 리더십으로 분류한 뒤 위의 세 가지 변수와 두 가지 리더십 유형의 결합방식이 얼마만큼 상황에 적합한가에 따라 리더십의 효과성이 달라질 것이라는 가정을 가지고 연구를 시작했다.

연구 결과 LPG 점수가 낮은 리더는 과업 지향적인 리더로 간주되었다. 리더와 조직원 간에 우호적인 관계가 유지되고 작업의 구조가 명확하게 제시되어 있으며 또한 리더에게 충분한 권한이 부여되어 있는 호의적인 상황이거나 정반대로 비호의적인 경우에는 과업 지향적 리더십이 효과적이다. 그러나 호의성이 중간적 상황에서는 관계 지향적 리더십이 효과적이라고 했다.

피들러의 리더십 이론은 상황적 조건이 복잡하고 측정하기 어렵다는 점과 리더에만 중점을 두었기 때문에 조직 구성원 측면에는 무관심한 점 등에서 비판을 받았지만 조직의 상황이 리더십의 효과성을 결정짓는다는 새로운 연구 방향을 제시한 점은 큰 의미가 있다.

4) 경로–목표이론

경로–목표이론은 하우스가 리더십에 대한 오하이오 연구와 동기부여의 기대이론을 결합하여 제시한 이론으로써 방향–목표이론이라고도 한다. 이 이론은 경로의 명확화와 욕구 충족의 목표 달성을 주요 변수로 하고 있으며 상황에 따라 효과적인 리더십의 패턴이 달라진다는 전제를 가지고 있다.

경로–목표이론의 리더는 부하로 하여금 조직 목표를 달성할 수 있다고 기대하는 행동 경로를 명확하게 밝혀 주고 원하는 보상은 더 쉽게 많이 받을 수 있다고 믿게 해야만 동기부여가 이루어져 성과를 높일 수 있다는 것이다. 경로–목표이론은 두 가지 상황적 요인과 네 가지 리더십 유형으로 설명한다. 두 가지 상황적 요인은, 첫째, 부하의 능력 성격 및 동기와 작업집단의 특성, 작업의 구조화 정도이며, 둘째, 조직 내의 규칙과 절차 등을 포함하고 있다.

하우스는 어떤 리더십 유형이 어떤 특정 상황에서 더욱 효과적인가를 연구한 결과 리더십을 지시적 리더십, 지지적 리더십, 성취 지향적 리더십, 참여적 리더십 네 가지 유형으로 분류하였다.

(1) 지시적 리더십(directive leadership)

과업의 구조화 정도가 낮아 업무 수행의 절차나 방법이 공식화되어 있지 않거나, 부하들의 지식과 경험이 부족할 때에는 부하들의 활동을 세부적으로 분담시키고, 적극적으로 통제·조정할 수 있는 지시적 리더십이 효과적이다. 지시적 리더십은 계획, 조직, 통제와 같은 공식적인 활동을 강조한다. 즉, 조직원의 작업을 계획하고 조정하며 그들에게 기대하는 바가 무엇인가를 알려 준다. 또한 구체적으로 작업을 지시하며 규칙과 절차를 따르도록 요구한다.

(2) 지지적 리더십(supportive leadership)

업무가 단조롭거나 너무 어려워 자신감을 상실하고 있는 경우에는 작업환경의 부정적인 측면을 최소화할 수 있고 불안감을 감소시킬 수 있는 지지적 리더십이 효과적이다. 이것은 조직원의 복지와 안녕 욕구에 관심을 기울이고 조직원 간에 상호 만족스러운 인간관계를 조성하는 데 노력하는 리더십이라 할 수 있다.

(3) 성취지향적 리더십(achievement leadership)

과업이 구조화되어 있지 않을 때에는 부하에게 목표를 설정하여 주고 이를 달성할 수 있다는 신뢰감을 갖게 하는 성취지향적 리더십이 효과적이다. 이것은 도전적인 목표를 설정하고 성과개선을 추구하며 조직원의 능력발휘에 대하여 높은 기대를 설정하는 리더십이라 할 수 있다.

(4) 참여적 리더십(participative leadership)

구조화되어 있지 않은 과업의 목표, 절차, 방법 등의 결정과정에 부하를 참여시켜 명백한 역할기대를 제공하여 목표 성취에 대한 기대를 높이려 할 때에는 참여적 리더십이 효과적이다.

이 이론의 장점은 제시된 리더십 유형들이 배타적이지 않고 동일한 지도자라도 상황에 따라 서로 다른 유형의 리더십을 발휘할 수 있으며 이것을 통해 구성원들에게 동기를 부여하고 만족도를 높여 효과적으로 조직의 목표를 달성할 수 있다는 것이다. 그러나 조직원의 동기강화를 위한 환경요인과 리더의 유형 고찰이라는 특징이 있으나 변수들이 많아 검증이 어렵다는 점, 기대이론을 수용하였기에 기대이론의 문제점에 의하여 이 이론도 제약을 받는다는 점 등이 비판으로 대두되고 있다.

5) 카리스마적 리더십

카리스마적 리더십(charismatic leadership)은 사회학자나, 정치학자, 역사학자 등에 의해서 1920년대부터 연구되기 시작했다. 그러나 1980년대 들어와서 심리학자들에 의해서 활발한 연구가 이루어졌는데 이것은 미국의 기업들이 일본기업과 경쟁에서 뒤떨어지기 시작한 시기에 대변혁을 도모했던 시기와 맞물려 있어 관심이 고조되었다.

카리스마적 리더십은 리더가 어떤 독특하고 위대한 특징을 태어나서면서부터 리더의 자질을 가지고 있다는 조직원의 지각에 근거하여 정의되고 있다. 이 이론은 리더의 특성, 조직원의 특정상황의 특성으로 나누어 다음과 같이 설명된다.

① 카리스마적 리더가 되기 위해서는 추종자에게 비전을 제시할 수 있는 능력을 지니고 있어야 한다. 이와 함께 추종자로부터 신뢰를 얻고 개인적인 매력을 가지고 있어야 한다.

② 카리스마적 리더가 되기 위해서는 조직원의 반응이 중요하다. 리더 자신이 아무

리 훌륭하다고 생각해도 조직원이 인정해 주지 않으면 카리스마적 리더가 될 수 없다. 이러한 리더가 되기 위해서는 조직원에 대한 강한 애정을 가져야 하며 조직원으로 하여금 리더의 권위에 순종하도록 해야 한다.

③ 리더 자신의 능력보다 상황의 요인으로 인하여 카리스마적 리더로 지각된다. 예를 들면, 조직원이 위기감을 느낄 때, 어려움에 처할 때에 자신을 구해 줄 수 있는 리더를 찾게 되며 이러한 상황에서 카리스마적 리더가 나타난다. 또한 소속 집단 조직원 간의 상호의존도가 높을 경우 그 집단의 리더는 카리스마적 리더가 될 가능성이 높다.

6) 거래적–변혁적 리더십

1980년대 들어와서 미국 기업들은 일본과 같은 타국 기업과 경쟁에서 살아남기 위해 조직을 새롭게 변화시키는 작업이 필요함을 인식했다. 이러한 방법의 일환으로 리더의 능력에 초점을 맞추어 어떻게 하면 리더가 조직을 변화 또는 변혁시킬 수 있을 것인가에 관심을 가지게 되었다. 이로부터 조직을 변화, 변혁시켜야 한다는 의미에서 거래적, 변혁적 리더십이 등장하였다. 조직의 리더가 조직의 안정에 초점을 두는지 혹은 변화 지향적인지에 따라 리더십 유형을 구분했다.

(1) 거래적 리더십

거래적 리더십의 특징은 기존 업무를 할당하고 수행한 업무결과에 대한 평가를 포함하여 일상적인 역할에 주력한다. 또한 교환관계에서 부하에 관한 이해관계에 초점을 두며 이해관계를 자극함으로써 동기를 부여한다.

(2) 변혁적 리더십

변혁적 리더십은 추종자의 신념, 요구, 가치를 변화시킬 수 있어야 한다. 또한 기존의 틀 자체를 변화시켜 새로운 기회를 창출하도록 노력하는 리더십을 말한다. 이와 함께 리더 자신을 위해 조직원의 높은 이상과 도덕적 가치에 호소하여 그들의 의식수준까지 높이려는 노력을 하게 된다.

이러한 리더는 부하 스스로 업무에 대한 확신감을 가질 수 있도록 동기를 부여하고 업무결과에 대한 조직원의 욕구를 자극하여 조직원 스스로 추가적인 노력을 통해 기대 이상의 효과를 가져 오게 한다. 또한 변혁적 리더는 조직의 합병을 주도하고 신규부서를 만드는 등 새로운 조직문화를 창달하며 변화를 주도하고 관리하게 된다.

변혁적 리더가 되기 위해서는 조직원이 리더에 대해 신뢰를 갖도록 하는 카리스마를 지니고 있어야 하며 조직변화의 필요성을 인지하고 그러한 변화를 이끌어낼 수 있는 새로운 비전을 제시하는 능력이 필요하다. 변혁적 리더십의 특징은 다음과 같다.

변혁적 리더십은 조직원을 추종자가 아닌 리더로서 개발시킨다. 변혁적 리더십은 매슬로우가 제시한 낮은 단계의 욕구에 조직원이 머물지 않고 높은 단계의 욕구를 지향할 수 있도록 조직원의 관심을 높인다. 변혁적 리더십은 조직원이 개인의 이해관계를 초월해서 조직의 공공의 선을 지향할 수 있게 만든다. 변혁적 리더십은 조직원의 비전을 이루기 위해 어려움을 극복하면서 높은 수준의 헌신을 실천할 수 있게 만든다.

7) 경쟁적 가치 리더십

경쟁적 가치(competing values) 리더십은 단순화 또는 이분화된 리더십 이론이 아니라 통합적 관점을 유지하는 리더십 이론이다. 리더십의 초점을 외부지향－내부지향의 연속선과 유연－통제의 연속선이라는 두 가지 축을 바탕으로 환경적응, 목적달성, 형태유지, 통합 등의 네 가지 활동이 서로 상반된 가치를 추구한다는 것이다. 이것은 파슨스(Parsons)의 AGIL모델을 기초로 하여 사회체계의 유지를 위하여 필수적인 네 가지 기능을 의미하고 있는데 A는 적응(Adaptation), G는 목적달성(Goal attainment), I는 통합(Integration), L은 형태유지(Latent pattern maintence)를 나타내고 있다(강용규 외 2010). 리더는 네 가지 기능을 수행하기 위해 리더십을 발휘하는데, 네 가지 유형의 리더는 다음과 같다.

① **환경적응(비전제시형 리더십)**: 외부지향적－개방적 조직활동의 유연성을 추구한다. 사회복지 리더로 가장 적합한 유형은 비전제시형 리더십이다. 이와 반대되는 유형은 분석형 리더십이다.

② **목적달성(목표달성가 리더십)**: 조직의 생산성을 최대화하기 위한 통제－규율 위주의 공식적인 리더십을 지향한다.

③ **통합(동기부여형 리더십)**: 조직원 간의 인간관계 향상에 가치를 둠으로써 유연성－비집권성 특성을 보이게 된다. 이에 반대되는 유형은 목표달성가 리더십이다.

④ **형태유지(분석형 리더십)**: 내부지향적－구조화된 통제위주의 상반된 가치를 요구한다.

8) 칼리슬의 리더십

칼리슬(Carlisle, 1997)은 리더가 의사결정 과정에서 조직원을 참여시키는 수준의 측면에서 세 가지로 리더십을 구분했다.

(1) 지시적 리더십

전제적(autocratic)인 리더십으로써 명령과 복종을 강조하는 리더십이다. 지도자는 의사결정 과정에서 조직원의 의사와는 무관하게 독선적이고 상급자 중심으로 이루어지며 하급자들에게 명령하는 방식이다. 또한 조직원을 보상－처벌(reward- punishment)의 연속선에서 통제하고 관리한다. 따라서 장점은 통제와 조정이 쉽고 정책 집행에 일관성이 있다. 또한 신속한 결정이 가능하므로 위기 시에 기여할 수 있으나 이와 같은 리더십은 조직원의 사기를 저하시키고 조직원의 적대감, 소외감 등을 유발하는 단점이 있다.

(2) 참여적 리더십

민주적(democratic) 리더십이라고도 한다. 사회복지조직에서는 참여적 경영과 민주적 의사결정 스타일이 오랫동안 중요하게 다루어져 왔다. 주로 인간관계(human relations) 학파의 이념과 이를 바탕으로 한 연구 결과들에 의해 뒷받침되어 왔는데 효과적인 구조와 경영을 위해서 조직 구성원들을 조직의 의사결정 과정 속에 보다 적극적으로 참여 시켜야 한다는 것이 논리의 중심이다.

참여적 리더십은 이와 같이 리더가 여러 가지 결정을 함에 있어서 조직 성원들에게 의견을 묻고 이를 결정 과정에 참여시키는 것을 중요시한다. 조직원들의 일에 대한 적극적인 동기 부여와 사명감을 증진시켜 조직의 목표를 스스로에게 내재화하는 경향이 나타나 업무 수행력도 높아지게 되며 의사소통의 경로가 개방되므로 새로운 정보의 교환이 활발하게 이루어질 수 있다. 인간관계론적 논리에 바탕을 둔 참여적 리더십은 사회복지의 가치들과 유사하여 사회복지조직에서 자연스럽게 받아들여지고 있다. 참여적 스타일의 리더십은 주요 행정적 결정에 조직원의 생각, 정보, 선호도를 이끌어내어 반영하는 반면에 참여에 시간이 소요되어 긴급한 결정을 할 경우에는 어려움이 있다는 단점이 있다.

(3) 위임적 리더십

방임적(laissez faire) 리더십이라고도 한다. 이것은 대부분의 의사결정권을 조직원들에게 위임하는 형태로서 조직원 스스로 프로그램의 목표를 세우고 그에 따르는 계획을 수립한다. 조직원들은 조직의 규칙이나 정책을 위반하지 않는 범위 내에서 자유 재량권을 행사할 수 있다. 이러한 리더십은 특정 과업해결을 위한 전문가 중심 조직에 적합한 리더십이다. 그러나 위임적 리더는 자문 기관의 역할을 할 뿐 부하들에게 지시·감독 등 절차적인 일의 처리에 필요한 정보 제공 및 명확한 설명이 어렵다. 결과적으로 확고한 권한을 가지지 못한 리더들은 조직원들이 요구하지 않는 한 조언을 하지 못하며 내부적 갈등이 생겨도 이를 해결하지 못하는 경우가 발생한다.

9) 서번트 리더십

타인을 위한 봉사에 초점을 두고 종사자와 고객의 욕구를 만족시키기 위해 헌신하는 리더십으로 기관 내부의 신뢰를 기반으로 하며, 함께 일하는 구성원들과의 관계의 질을 가장 중요시하고 항상 부하를 섬기고 봉사해야 한다는 생각이 앞선다.

- 현장 직원과 실무자에게 권한과 책임을 위임하고 업무를 잘 수행할 수 있도록 지원해 주는 섬김의 리더십, 즉 부하들의 성장을 도우며 팀워크와 공동체를 형성하는 리더십
- 서번트 리더십의 특성: 경청, 공감, 치유, 인식, 설득, 개념화, 예지, 청지기, 타인의 성장에 대한 헌신, 공동체감 형성의 10가지
- 서번트 리더십은 리더가 부하직원과의 수평적 관계를 중시하면서 존중하고 업무에 창의성을 발휘하도록 지원하므로 개인과 조직의 성장을 지향하는 특성을 갖는 것으로 봄
- 서번트 리더십은 인간 존중을 바탕으로 구성원들이 업무 수행에서 잠재력과 기량을 충분히 발휘할 수 있도록 도와주는 리더십으로써, 구성원들이 공동의 목표를 이뤄 나갈 수 있도록 환경을 조성해 주고 섬기는 리더십

10) 피그말리온 리더십

- 피그말리온 효과(Pygmalion effect)는 한 개인의 기대가 다른 사람의 행동에 영향을 미친다는 것을 기본 가정으로 한다.
- 피그말리온 리더효과는 부하직원의 성과에 대한 관리자의 기대가 높으면 부하직원의 생산성이 높아지고 역으로 관리자의 기대가 낮으면 생산성이 낮아진다는 개념

11) 리더십 귀인이론

리더십 귀인이론은 귀인이론을 리더십으로 확장한 것으로, 조직이 큰 성공을 하거나 큰 어려움을 겪으면 사람들은 그 원인을 리더십에서 찾는데, 조직의 성과나 직업만족도의 원인을 리더십으로 돌리는 것

12) 셀프리더십 이론

- 자기 영향력을 행사하기 위해 사용되는 행위 및 인지전략
- 개인 스스로가 자신을 관리하고, 자기관찰, 목표설정, 자기강화와 자기방향의 수립, 업무에 있어서의 자연보상, 건설적 사고 패턴으로의 유도 등의 개념과 관련
- 스스로가 자신을 리드하기 위해 취하는 행동으로 책임 있는 행동이라고 말할 수 있으며, 자율과 책임이 주어질 때 개인이 스스로 책임지고 행하는 독특한 행동

13) 코칭리더십 이론

- 조직구성원 개개인의 능력향상보다 팀원의 상호교류와 네트워크, 그리고 구성원의 능력개발을 이끌어내는 리더십 강조
- 전통적 리더의 역할이 아니라 새로운 리더의 역할이라고 볼 수 있으며 리더는 스포츠팀의 코치처럼 행동해야 한다고 보는 것이 코칭리더십임

14) 임파워링 리더십 이론

- 개인과 조직의 발전을 동시에 추구하며 개인이 스스로 자신의 능력을 증진시키고 조직원을 인재로 육성하는 것을 골자로 함
- 리더는 조직구성원에게 업무와 관련된 자율권을 보장하고 구성원의 잠재력을 극대화시키는 리더십 발휘

2절 휴먼서비스 리더십

1. 휴먼서비스 리더십의 필요성

사회복지조직도 이와 마찬가지이다. 리더의 능력은 조직에서 생산된 서비스 프로그램 평가, 만족도, 친절도 등과 같은 산출물에 의하여 평가된다. 그러므로 사회복지조직의 최고경영자는 효과적인 리더십을 발휘하여 조직을 유지하고 발전시켜 나가야 할 책임이 있다. 특히, 사회복지조직의 리더는 지금과 같이 한정된 환경에서 자원을 동원해야 하며, 다양한 경쟁의 환경체제로 변화하는 사회복지 환경에서 성공적인 과업수행을 위해서는 일반 사기업체의 최고 경영자와 같은 혁신적인 리더십이 필요하다. 사회복지조직에서 리더십의 필요성은 다음과 같다.

① 조직 구성원의 동기부여를 위해서 리더십이 필요하다. 사회복지 조직원은 자율성을 추구하는 욕구를 가지고 있다. 그러나 조직의 리더는 이들을 통제하려는 욕구가 있다. 이 두 욕구 사이에 긴장이 존재하게 되므로 조직 구성원들에게 조직의 규칙과 규정을 준수하도록 동기를 부여하는 리더십이 필요하다.

② 새로운 환경에 적절히 대응하기 위해 리더십이 필요하다. 사회복지조직의 외부적인 환경은 끊임없이 변화하고 있으며 이러한 환경의 압력이 증가하고 있다. 그러나 이와 같은 요구를 모두 수용할 수 있는 조직체계를 갖는 것은 불가능하다. 그렇기 때문에 이에 효과적으로 대응할 수 있는 리더십이 필요하다.

③ 신기술, 새로운 구조와 같은 변화요인을 조직에 통합시키기 위해 리더십이 필요하다. 사회복지서비스 분야에서 새로운 기술이나 새로운 구조의 도입이 활발하게 진행되고 있다. 이와 같이 중요한 내부적 변화가 조직에 통합될 수 있도록 하기 위해 리더십이 필요하다.

④ 조직목표를 일치하기 위해 리더십이 필요하다. 사회복지조직의 목표와 조직 구성원의 목표가 일치하지 않을 수 있다. 이러한 두 목표 사이에 가능한 많은 부분이 일치할 수 있도록 노력하기 위해 리더십이 필요하다.

사회복지조직(휴먼서비스 조직)에 있어 리더십은 필수 불가결한 요소(Neugeboren)로, 많은 전문가가 고용되어 있는 사회복지조직에는 전문가의 자율성 욕구와 조직의 통제 욕구 사이에 부단히 긴장이 존재하며 그로 인해 구성원들이 조직의 규칙과 규정을 준수하도록 하기 위해 리더십이 요구된다. 사회복지서비스 분야는 지속적으로 변화하는 환경적 압력이 증가하고 있으며 외부요구에 따른 변화를 모두 고려한 조직체계를 갖는 것은 불가능하기 때문에 리더십은 필요하다. 사회복지서비스 분야에 있어서 새로운 기술 또는 새로운 구조의 도입 등 중요한 내부적 변화가 조직에 통합될 수 있도록 리더십이 요구된다.

최근 사회복지조직의 규모와 업무량이 확대되고 있으며 업무 처리의 전문성과 신속성이 요구되는 사례가 증가되고 있다. 또한 사회복지조직뿐만 아니라 일반 사기업의 업무도 날로 분업화와 전문화되고 있는 상황에서 신축성이 가미된 참여적 조직운영의 리더십이 요구되고 있다.

사회복지조직의 경우 기관 자체의 운영 규정에 위임 전결규정을 마련하여 법인의 승인을 받아 위임 전결규정을 시행할 필요성이 높다. 이러한 규정은 부장, 과장급의 중간 관리자가 자율성과 책임성 있는 결정권한을 갖고 신속한 대민 업무처리를 할 수 있도록 조치하는 것이다.

일반적으로 프로그램 진행이나 일상적으로 발생하는 업무에 대해서는 담당자가 중간 관리자의 슈퍼비전을 받아서 먼저 처리하고 리더에게는 사안에 따라 사후 보고할 수 있으며 또한 조직의 리더는 중대한 의사결정을 해야 하는 업무를 중심으로 의사를 결정함으로써 업무의 신속성을 도모하고 있다. 또한 주간단위나 정기적으로 리더와 중간 관리자가 참여하는 정책결정회의(conference)를 통하여 조직원의 의사를 조직의 경영에 적극 반영하는 것도 효과적인 리더십이라 할 수 있다.

한편 이러한 리더십은 개인행동 수준, 집단행동 수준, 조직체 행동 수준에서 개발할 수 있다. 먼저 개인행동 수준에서 방법은 리더십 이론이나 기술에 대한 강의, 특정 훈련에 필요한 사례를 분석하고 토의하는 사례관리방법 역할연기, 감수성 훈련 역할연기 방법과 피드백 강의기법을 적용한 행동 모형화 등이 있다.

집단행동 수준에서 리더십 개발은 집단행동 개발에 있어서 가장 중요한 방법인 팀 구축, 집단 간 상호적이고 지원적인 관계를 조성하여 잠재문제를 인식시켜 해결하는 집단대면, 외부전문가로부터 도움을 받는 과정자문, 갈등을 진단하고 해결하는 조정자, 조직문제를 설문조사하여 해결하는 설문조사 피드백 등이 있다.

2. 슈퍼비전의 개념

슈퍼비전(supervision)이란 용어는 라틴어 'super(위에서, 능가하여)'와 'videre(관찰하다, 보는)'에서 유래했다. 사회복지행정에서는 이는 감독 · 통제라는 의미보다는 상대방을 지지, 격려, 지도, 필요한 정보 제공 등의 의미로 사용된다고 할 수 있다. 최성재 외(2001)는 슈퍼비전을 사회복지조직에서 조직원이 사회복지서비스를 효과적 · 효율적으로 전달하기 위하여 지식과 기술을 잘 사용하도록 도와주는 활동이라고 정의했다.

슈퍼비전에는 슈퍼비전의 주체인 슈퍼바이저(supervisor)와 상대방인 슈퍼바이지(supervisee)가 있기 때문에 조직 내에 상 · 하의 위계 관계가 있음을 전제 조건으로 한다. 그러므로 슈퍼비전은 타 조직에 업무를 의뢰하거나 타 조직의 자문을 받는 컨설팅(consulting)과 의미가 다르며, 업무 의뢰나 컨설팅은 상 · 하의 위계 관계를 전제 조건으로 하지 않는다.

우종모 외(2004)는 사회복지 슈퍼비전의 궁극적인 목적을 고객에게 최대한 효과적이고 질 높은 사회복지서비스를 제공하는 전문적 실천을 위한 조직원과 조직의 책임성을 실현하도록 보장하는 것으로 설명하고 있다.

3. 슈퍼비전의 기능

슈퍼비전의 기능에 대해서 스키드모어(1990)와 카두신(1976; 조휘일 역, 2000)은 조직원으로 하여금 지식과 이해력을 증진시킴으로써 그들이 전문적 자세를 더욱 구비할 수 있도록 돕는 것을 목적으로 한다고 정의했다.

슈퍼비전의 종류로는 교육적 교수의 기능과 슈퍼바이저가 봉급이나 승급, 업무 배정, 위원의 임명 등과 같은 관리 업무에 도움을 줌으로써 조직원들을 지시하고 지도하는 행정의 기능 그리고 조직원이 사회복지서비스 전달 과정에서 담당한 업무를 잘 할 수 있도록 독려하는 데 목적을 두어 업무를 촉진시킬 수 있는 지지적 기능으로 분류하였다.

스키드모어(1990)는 사회복지 업무에 대해 슈퍼비전을 할 수 있는 슈퍼바이저의 조건을 다음과 같이 제시했다.

(1) 슈퍼바이저가 갖추어야 할 가장 중요한 것은 자질이다. 특정 서비스에 대한 전문적인 지식, 태도, 실천기술과 같은 것들뿐만 아니라 조직에 대한 이해와 기관이 제공하는 제반 서비스들에 대한 지식도 함께 갖추어야 한다.

(2) 사회복지실천 기술에 대한 전반적인 이해와 함께 특정 전문 분야에 대한 탁월한 실천기술을 소유해야 한다.

(3) 슈퍼바이저는 다양한 문제 상황과 의문들에 처하게 된 슈퍼바이지들이 쉽게 자신을 찾을 수 있도록 해야 한다.

(4) 자신의 슈퍼비전 활동에 대해 깊은 관심과 진지한 자세를 가져야 한다. 이러한 자세가 슈퍼비전을 받는 슈퍼바이지들에게는 업무를 습득하는 데 있어서 긍정적인 동인으로 작용한다.

(5) 제반 실천 활동들에 대한 자신의 지식이 불완전할 수도 있음을 솔직하게 드러내야 한다. 때로는 실수도 할 수 있음을 보여 줄 수 있어야 한다.

(6) 칭찬과 인정을 아끼지 않는다. 이러한 긍정적인 보상이 워커들의 동기를 유발하고 전문성의 개발을 꾀하는 데는 필수적이다.

4. 컨설테이션의 개념

컨설테이션(consultation)은 기업에서의 컨설팅과 같은 의미이며 궁극적인 목적은 문제 해결을 위한 대안을 제공하는 것이다. 그러므로 컨설팅은 독립적이고 전문적인 조언 서비스로써 어떤 업무에 능력 있고 배려가 깊은 전문가가 때때로 행정력에 관계없이 개인 또는 집단을 만나 경영과 사업의 문제점들을 해결하기 위해 자문을 하는 활동이다. 이로 인해 새로운 기회의 발견과 활용을 통하여 학습의 기회를 넓히고 동시에 변화를 실행함으로써 조직이 추구하는 목적을 달성할 수 있도록 도와주는 서비스이다.

5. 컨설팅의 역할

컨설팅 영역은 서비스 범위에 따라서 여러 가지 견해로 나누어 볼 수 있다. 우종모 외(2004)는 컨설팅 스타일을 기준으로 자원(resource)과 과정(process)으로 구분하였다. 또한 사회 환경에 따라 컨설턴트는 조직의 경영 및 업무상 해결해야 할 문제나 과제에 대해 전문적 식견을 가지고 조언과 지도를 제공하는 전문 직업인이다. 컨설턴트의 역할은 일반적으로 자료를 확보, 문제 부분을 검색, 심리적 유대 증진, 개인과 개인 집단과 집단 간 및 개인과 집단 간의 연계 의사전달의 매개체 제공 실시 및 보류의 과정분석 진단 구성과 논점 재구성 환류의 권유, 배관공과 산부인과 의사와 같은 산파 역,

탐구 정신의 고취, 갈등 관리의 조력 등이다.

사회복지조직에서는 일반적으로 사회복지시설 업무 지침에 의해 각 조직별 의무적으로 설치된 운영 위원회의 교수진이나 회계사, 노무사, 변호사 등의 전문가에 의뢰하여 컨설팅을 정례화하는 것도 필요하다.

6. 컨설테이션 추진 시 초기 점검사항

컨설테이션의 초기 점검사항으로는 공동의 문제 정의, 달성될 결과의 논의, 컨설턴트와 고객의 역할을 충분하게 숙지해야 한다.

(1) 공동의 문제 정의는 어떤 문제에 대하여 고객이 인식하고 있는 개념과 컨설턴트가 인지하고 있는 개념을 비교 논의함으로써 서로 간의 개념에 합의해야 한다는 의미이다. 그 이유는 어떤 문제에 대해서 서로 다르게 인식하고 있다면 해결 방법이나 수단이 달라질 수 있기 때문이다. 그러나 프로젝트가 수행되는 도중에는 합의된 개념들을 다시 수정할 수 있다.

(2) 달성될 결과의 논의는 컨설턴트와 고객은 컨설팅 프로젝트가 달성해야 할 것이 무엇이며, 달성 여부를 어떻게 측정할 것인가를 명확히 해야 한다는 것이다.

(3) 컨설턴트와 고객의 역할 숙지는 컨설팅 프로젝트 기간 동안에 예측하지 못했던 사건이나 새로운 사실들이 발견될 경우에 필요하다 그렇게 될 경우 초기에 설정했던 기대와 역할을 다시 검토해야 하는 경우도 발생할 수 있으므로 고객과 컨설턴트는 이러한 가능성에 항상 대비하여 계약의 내용과 일의 순서를 변경시킬 수 있는 융통성을 갖고 있어야 한다. 어떠한 역할과 중재 방법을 선택하더라도 잊지 말아야 할 최우선의 목표는 항상 진정한 협력 관계를 창출하고 유지해야 한다는 이른바 컨설팅의 황금률이다.

지금까지 사회복지조직에서 컨설팅을 의뢰하는 경우는 그리 많지 않은 실정이다. 그러나 사회복지 환경의 변화와 고객의 다양한 욕구에 대응하기 위해서는 컨설팅이 필요할 것이다. 이것을 위해서 사회복지기관에 의무적 설치를 규정하고 있는 운영위원회를 구성할 때 사회복지학 전공교수나 법률가 등의 전문가를 운영위원으로 위촉하여 이들을 통한 컨설팅을 활성화하도록 추진하는 것이 필요하다.

CHAPTER 7

사회복지 기획

학습목표

1. 기획의 의의와 필요성을 이해한다.
2. 사회복지조직의 기획유형을 이해한다.
3. 중장기 전략기획의 수립을 위해 조직의 외부 및 내부 환경분석, SWOT분석, 조직의 미션·비전 수립, 중장기 전략목표 및 전략방향, 조직의 전략방향과 조직구조설계, 사업계획의 수립에 대해 이해한다.

개 요

사회복지기획은 최적의 미래목표달성을 위한 수단을 준비하는 과정으로서 기획이 필요한 이유를 이해하고, 기획의 유형인 자원기획, 전략기획, 운영기획을 이해하여야 한다.

기획의 효과성을 높이기 위해서 중장기 전략기획을 수립하여야 하는데, 이를 위해서 우선적으로 하여야 할 것이 조직이 처한 환경에 대한 분석이다. 이에는 외부환경과 내부환경이 있으며, 환경분석을 토대로 조직의 강점과 약점, 기회와 위협을 분석하는 SWOT분석을 실시하여야 한다.

SWOT분석을 토대로 조직의 미션과 비전을 수립한 후 중장기 전략목표 및 전략방향을 설정한다. 또한 조직의 전략방향을 추진할 조직구조설계도 설정할 수 있으며, 이를 토대로 조직의 사업계획을 수립하여야 한다.

1절 기획의 의의

1. 개념

기획은 최적의 수단을 가지고 목적을 성취하기 위해 지시된 미래의 행동을 준비하는 과정이다(Dror. Y, 1971). 기획은 목적을 가지고 최적의 결과를 내기 위한 사업내용, 사업방법, 사업시기, 사업필요성, 책임자 등을 구체적으로 정하는 것이다. 선택할 수 있는 여러 가지 대안들 중 적절한 것을 가려내는 작업으로 어떠한 행동이 취해지기 전에 해야 할 일과 하는 방법을 결정하는 것을 말한다. 기획은 조직의 목표를 달성하기 위하여 최적의 수단을 통하여 미래의 행동에 대한 일단의 의사결정을 준비하는 과정이다.

2. 기획의 필요성

기획은 한정된 자원을 가지고 최대의 성과를 내기 위해 다음과 같은 필요성을 가진다(신복기 외, 2019).

1) 효율성 증진

기획은 효율성 증진을 위해 필요하다. 사회복지 인력과 자원은 제한되어 있으므로 최소의 비용과 노력으로 효율적인 서비스를 제공하기 위해서는 치밀한 기획이 필요하다.

2) 효과성 증진

기획은 효과성 증진을 위해서 필요하다. 사회복지행정이 클라이언트에게 제공한 서비스는 그의 문제나 욕구를 해결하는 데 효과가 있어야 하며 계획된 활동이 아니라면 그 결과는 바라는 대로 달성되지 않을 수도 있다.

3) 책임성 증진

기획은 책임성 증진을 위해서도 필요하다. 사회복지행정은 사회적 인가를 받아 국가지원과 개인의 기부금을 사용하고 있기 때문에 목표하는 서비스를 효과적이고 효율적으로 제공할 책임성 있는 집행을 해야 하고 이러한 책임 수행을 위해서 서비스 기획이 필요하다.

4) 사기앙양

기획은 사회복지조직의 사기를 위해서 필요하다. 기획과정에서 많은 조직성원이 회의를 통해 참여할 수 있고 참여를 통한 조직 성원의 기여와 성원들의 의견수용이 수반된다. 성원들은 자신들의 참여로 계획을 이루는 데 대한 인정과 성취감을 얻을 수 있기 때문에 조직 성원의 사기를 높일 수 있다.

2절 사회복지조직에서의 기획

1. 자원기획

자원기획(Resource Planning)은 재정에 관한 기획, 시설 및 장비에 관한 기획, 소비물자에 관한 기획, 인적자원에 관한 기획으로 구분할 수 있다.

1) 재정기획

재정기획은 기관이나 프로그램의 재정상태를 예측하기 위한 기획이다. 성공적인 재정기획을 위해서는 프로그램의 재정상태를 예측하는 능력이 필요한데 전산화된 회계제도의 도움이 필요하다(신복기 외, 2019).

재정이 부족한 경우에는 서비스의 양이나 범위를 조정하여 자금수요를 줄이거나 기부금 등 자원확보를 위한 노력을 하여야 한다.

2) 시설 및 장비기획

시설 및 장비에 관한 기획은 사회복지조직의 목표달성을 위해서 필요한 시설이나 장비의 구매 · 임대 등에 관한 기획이다. 오늘날 시설이나 장비에 관련된 기술은 비교적 잘 개발되어 있다(양승일, 2018).

3) 소비물자기획

소비물자에 관한 기획은 서류용지, 필기용구, 기록보관철 등과 같은 것으로 이러한 품목들을 구매하는 일은 일상적인 업무가 되어야 하며 이를 위한 구매자금이 필요할 때에는 언제든지 이용할 수 있도록 고려하여야 한다.

4) 인적자원기획

인적자원에 관한 기획은 인적자원의 확보, 인적자원의 개발, 인적자원의 보상, 유지관리, 노사관계 등에 관한 기획이다. 기관의 목표달성을 위하여 필요한 최소한의 자원의 수, 매년도에 충원되어야 할 직원의 수, 새로 고용된 직원이 배치되어야 할 부서나 프로그램 등에 대한 내용을 포함하여야 한다.

2. 전략기획

전략기획(Strategy Planning)이란 조직의 정체성을 명확히 하고 무엇을 왜 해야 하는지를 지시해 주는 기본적인 결정과 행동계획을 수립하기 위한 노력이다(신복기 외, 2019).

전략기획은 어떤 조직의 미래의 성공여부를 그 조직이 가진 모든 능력을 조직외부의 기회와 맞추고 조정함으로써 예견하는 것이다.

관리과정으로서 전략적 기획은 다음의 4가지 기본특징이 합쳐진 것이다.

① 조직의 사명에 대한 명확한 진술

② 그 기관의 외부고객 또는 이해관계자에 대한 확인 및 기관의 목적과 운영에 대한 그들의 평가확인

③ 관련 기관의 전략적 목표와 구체적 목표의 기술

④ 조직목표달성을 위한 전략개발

3. 운영기획

운영기획(Operation Planning)은 단기적 목표를 달성하기 위해 운영적 전략을 동원하여 계획화하는 과정이다. 보통 한 회계연도, 즉 1년을 단위로 하여 운영되는 기획이다.

주로 일선관리자와 조직구성원 각자가 담당할 업무를 계획하며, 일시적 기획과 상시적 기획으로 분류된다.

1) 일시적 기획

일시적 기획은 비교적 짧은 기간 내에 특정의 목표를 달성하기 위한 계획으로 특정 목표가 성취되면 계획으로의 효용성이 소멸되어 더 이상은 필요 없는 계획으로 프로그램과 프로젝트 등이 있다.

2) 상시적 기획

상시적 기획은 일시적 기획과 달리 일정 기간이 지나면 규칙적으로 일어나는 활동에 상용되는 기획이며, 조직 내에서 반복적으로 수행되는 업무를 위한 지침을 제공하기 위해 사용되는 지속적인 계획이다.

4. 개인기획

개인기획(Pesonal Planning)은 개인적 차원에서 개인적인 과업을 수행하기 위해 수립하는 기획이다. 조직의 업무수행과정에서 개인적인 목표를 수립하고 활동내용을 설정하는 것이다.

개인적인 목표를 성취하기 위하여 계획을 수립하는 데 고려하여야 할 요소는 다음과 같다(양승일, 2018).

① 시간적 요소, 가용한 자원, 장애물, 자신이 하는 일에 영향을 미칠 수 있는 타인의 기대되는 행동 등의 요소를 이해하고 계획을 수립하면서 일어날 수 있는 불가피한 변화들을 예상할 수 있어야 한다.
② 유사한 과업이나 프로젝트를 가진 사람들의 이전 경험을 활용하여 계획을 설계하여야 한다.
③ 계획이 실현가능성, 즉 가용한 자원과 시간을 고려할 때 목표달성이 가능한지? 필요한 시간과 자원이 있다면 목표를 성취할 능력이 있는지? 이 두 가지 질문가운데 하나라도 부정적이라면 다른 목표를 설정하여야 한다.
④ 계획 속에 점검지점을 확인하여 점검지점에 도달할 때마다 정보를 평가하고 필요한 경우 계획을 수정해야 한다.

3절 중장기 전략기획의 수립

1. 조직의 환경 분석

1) 조직의 외부 환경 분석

조직의 외부 환경 분석은 조직이 처한 상황에 대한 분석이다. 조직의 환경에는 조직 스스로 통제하기 힘든 조직외부 일반 환경과 조직이 직접 상호작용하는 환경인 과업환경으로 구분할 수 있다.

(1) 일반 환경

일반 환경(general environment)은 조직의 거시적 외부조건으로 정치적, 경제적, 인구사회학적, 문화적, 기술적 조건을 말하는 것으로 거시 환경이라고도 한다.

① 정치적 · 법적 조건

자원 변화에 거시적인 영향을 주는 조건으로「노인장기요양법」제정으로 서비스 공급자와 수요자의 상황 변화를 예로 들 수 있다.

② 경제적 조건

자원 공급 규모 및 서비스 구매력에 영향을 주는 조건으로 경기 불황 및 호황, 자치단체의 재정 증감 등을 예로 들 수 있다.

③ 인구 사회학적 조건

장기적인 서비스 수요 및 욕구 예측에 영향을 주는 조건으로 연령별, 성별, 지역별, 계층별 인구 분포, 가족 구성 분포 등을 예로 들 수 있다.

④ 문화적 조건

사회 가치와 규범, 사회복지조직의 이념이나 실천 기술에 영향을 주는 조건으로 결혼 및 가족에 대한 새로운 가치관 형성으로 인한 저출산 문제 등을 예로 들 수 있다.

⑤ 기술적 조건

사회가 갖는 기술력의 변화로 인해 영향을 받는 조건으로 스마트폰 활용 및 SNS확산으로 인한 지역 주민과의 쌍방향 소통 활성화 등을 예로 들 수 있다.

(2) 과업 환경

과업 환경(task environment)이란 한 조직과 직접 상호작용하면서 영향을 주고받는 외부 조직이나 집단 등 이해 관계자를 말하는 것으로 미시 환경이라고도 한다.

① 재정자원의 공급자

재정자원의 공급자는 사회복지조직에 재정지원을 제공해 주는 외부 환경요소인데, 정부, 공동모금회, 기업, 개인 후원자, 서비스 이용자 등이 이에 속한다. 최근에는 사회복지공동모금회나 삼성 등과 같은 민간차원의 재정지원공급자도 늘어나고 있는 추세이다.

② 합법성 · 권위의 공급자

합법성 · 권위의 제공자는 조직이 사회적으로 인정받고 활동할 수 있게 만드는 기반을 제공하는 데 법적 요건이나 사회적 인증을 제공할 수 있는 조직이나 집단들이 이에 해당되며, 정부(지방자치단체), 사회복지직능단체(협회), 운영 법인, 클라이언트 대변 단체 등이다.

③ 클라이언트의 공급자

사회복지기관에 클라이언트를 공급해 주는 외부 환경요소를 의미하며 개인, 가족, 민간 기관, 정부 등이다.

④ 서비스의 수급자 및 소비자

서비스의 수급자 및 소비자는 조직으로부터 서비스를 직접 받거나 서비스로 인해 결과적으로 혜택을 받는 외부자들을 모두 포함하며 사회복지조직을 이용하는 클라이언트(개인, 가족, 지역사회) 등이다.

⑤ 보완적 서비스의 제공자

사회복지조직이 과업을 수행하는 데 필요한 일의 일부분을 거들어 주거나 대행해 주는 조직들을 의미하며 주 서비스 제공 기관의 서비스와 유사한 서비스를 제공하는 기관 등이다.

⑥ 경쟁조직

클라이언트나 재정자원과 같은 조직운영에 필수적인 자원들을 획득하는 과정에서 조직과 경쟁관계에 있는 외부조직을 의미한다.

(3) 외부 환경 분석

조직의 외부 환경 분석은 조직의 일반 환경과 과업 환경을 분석함으로써 가능해지며, 이를 통해 조직이 갖는 기회 요인과 위협 요인으로 구분해 조직의 외부 환경을 분석해 낼 수 있다.

① 기회(opportunity) 요인

외부 환경에서 조직에 유리하게 작용하는 요인으로 이것은 조직에 기회가 될 수 있는 요인이다.

② 위협(threat) 요인

외부 환경에서 조직에 불리하게 작용하는 요인으로 조직에 위협이 될 수 있는 요인이다.

2) 조직의 내부 환경 분석

조직의 내부 환경 분석은 조직이 내부적으로 보유하고 있는 자원과 역량을 확인하는 것으로 조직의 내부 과정 접근법이라고도 하며, 이를 통해 조직의 경쟁 우위가 무엇인지 확인할 수 있다.

(1) 자원

조직이 보유하고 있는 유, 무형 자산으로 전략을 수립하고 실행하는 데 활용된다.

① 유형적 자원

재무적 자산의 수입 지출 현황, 시설, 장비, 접근성, 주차 환경 등 유형적 형태를 갖추고 있는 자원이다.

② 무형적 자원

브랜드, 명성, 노하우 등과 같이 형태는 없으나 조직의 운영에 영향을 주는 자원이다.

③ 인적 자원

인재 확보, 훈련, 기술, 자격 수준, 경력 등이 인적 자원이다.

(2) 역량

자원을 활용하여 조직의 성과에 직간접적으로 영향을 미치는 것으로 조직 구성원들이 보유하고 있는 독자적 기술과 지식의 조합체로 조직의 전반적인 능력 수준을 말한다. 즉, 조직 내부에 공유되고 있는 조직 특유의 총체적인 능력, 기술, 지식, 문화를 의미한다.

(3) 내부 환경 분석

조직의 내부 환경 분석은 내부 역량 분석이라고도 할 수 있으며, 조직이 보유한 자원과 역량을 기준으로 강점 요인과 약점 요인으로 구분해 분석할 수 있다.

① 강점(strength) 요인

조직의 유연성, 내부 자원의 풍부함, 브랜드 파워, 강력한 조직망, 우수한 정보력 등 조직이 보유하고 있는 내부의 자원과 역량 중 긍정적인 요소이다.

② **약점**(weakness) **요인**

조직원의 불만, 관료제적 절차, 기획력의 부족, 필요 인력의 부족, 복잡한 관리 체계 등 조직이 보유하고 있는 내부의 자원과 역량 중 취약한 요소이다.

2. SWOT 분석

SWOT 분석은 기업의 환경 분석을 통해 경영 전략을 수립하는 기법으로 활용되었으나, 최근 비영리 조직인 사회복지조직에서도 보다 광범위하게 활용하고 있다. 방법은 조직의 내부 역량을 분석하여 강점(strengths)과 약점(weaknesses)을 발견하고, 외부 환경을 분석하여 기회(opportunities)와 위협(threats)을 찾아내는 것이다(국가직무능력표준, 2019).

〈표 7-1〉 SWOT 분석 개념도

내부강점-S(Strength)	외부기회-O(pportunity)
긍정적 사고, 구성원의 사기충천, 조직의 유연성, 내부자원의 충족, 강력한 조직망, 우수한 정보력 등	외부자원의 충족, 경제적 여건호전, 정치 및 사회적 변화의 기회
내부약점-W(Weakness)	**외부위협-T(Threat)**
조직의 경직성, 조직원의 불만, 기획력 부족, 필요인력의 부족, 정보력 결여	외부 자원 부족, 경쟁력 등 외부적 위기의 위협, 경제적 여건의 악화

조직의 내부 환경 분석으로 내부 강점과 내부 약점을 분석해 내고, 조직의 외부 환경 분석으로 외부 기회 요인과 외부 위협 요인을 분석해 낸다.

① **조직내부의 강점과 약점부분**: 관리수준, 직원의 능력, 의료인력의 지식, 인력 부족, 재정상태, 현금의 흐름, 시장효과, 시장분할, 용이성, 위치, 서비스의 질과 같

은 요소기입

② **위협요인의 부분**: 간호인력의 부족, 환자의 안정성 저하, 보험환자의 감소, 서비스 요구의 감소, 경쟁병원, 정부정책, 의료법의 변화, 신용의 손실과 같은 요소기입

③ **기회요인의 부분**: 간호사와 의사의 고용, 양식의 변화, 새로운 프로그램의 도입, 새로운 시장, 변화, 인구의 성장, 의료기술의 발전, 새로운 시설과 같은 요소기입

3. 미션 · 비전 수립

1) 사회복지조직 미션 · 비전의 의의

(1) 사회복지조직 미션의 의의

미션이란 사명, 존재이유, 존재가치, 조직이념 등으로 표현되며, 조직이 존재하는 이유와 가치 또는 정체성, 수행하는 업무의 개념을 정의하고 국가, 사회, 고객에게 이렇게 기여하겠다고 설득력 있게 선언하는 것을 의미한다.

사회복지조직은 다른 어떤 조직 유형보다도 미션을 명확하게 수립하고 조직 구성원들에게 잘 공유하여 조직을 운영하는 지침과 방향이 되도록 해야 한다.

(2) 사회복지조직 비전의 의의

비전이란 우리가 진정으로 열망하는 미래의 마땅히 있어야 할 모습을 표현한 것이라 할 수 있다.

사회복지조직의 미션 · 비전은 조직 구성원들을 한 방향으로 이끌어 나가며, 강한 동기요인이 되고 있다.

2) 미션의 수립

(1) 정의

미션은 설립 근거가 되는 법령이나 규정 등에 구체적으로 제시된 역할 등에 근거하여 가치중립적이고 객관적인 내용으로 설정하는 것이 바람직하다.

(2) 구성 요소

① 목적: 조직이 왜 존재하여야 하는가? 라는 조직의 존재 이유를 담고 있어야 한다.
② 가치: 조직이 추구하는 가치이며 동시에 조직 구성원들의 신념을 반영해야 한다.
③ 기준: 조직의 목적을 달성하기 위한 조직 내부의 정책이나 규칙들이 필요하다.
④ 전략: 조직이 제공하는 산물이나 서비스를 규정해야 한다.

(3) 요건

① 변화 추동: 변화를 이끌어 낼 수 있어야 한다.
② 동기부여: 조직 구성원에게 업무 수행에 대한 동기를 부여할 수 있어야 한다.
③ 이해 가능성: 쉽게 이해하고, 의사소통할 수 있어야 한다.
④ 장기적 적용 가능: 본질적으로 장기적인 적용이 가능해야 한다.

(4) 미션 선언문 작성을 위한 3가지 구성요소

① 왜(why): 고객

조직의 주 이용자를 고객으로 선정한다. 우리는 누구를 위해 존재하는가?

② 무엇(what): 핵심 가치(목적)

조직이 실천해야 할 가장 높은 수준의 가치를 결정한다. 고객을 위해 무엇(what)을 실천할 것인가?

③ 어떻게(how): 행동(수단)

조직이 해야 할 실천의 방향성으로서 행동을 결정한다. 고객만족을 위한 수단을 어떻게(how) 실천으로 옮길 것인가?

3) 비전의 수립

(1) 정의

환경의 변화를 고려하여 조직이 미래에 도달해야 할 바람직한 모습 또는 장래상이다. 비전의 핵심 요소는 의미 있는 목적, 미래의 청사진, 뚜렷한 가치, 달성해야 할 기간 등이다.

(2) 비전 수립의 원칙

① 기관장은 비전의 공유와 확산에 중심이 되어야 한다.

② 조직 내의 다양한 시각을 반영해야 한다.

③ 조직의 현재 상황에 대한 정확한 이해에 기초한다.

④ 미래 환경 변화에 대한 예측을 기반으로 한다.

⑤ 주의 깊게 표현되어야 하며 이해하기 쉬워야 한다.

⑥ 표현이 종합적이며 고무적이어야 한다.

⑦ 단순한 상상이 아니라 조직이 실제로 잘할 수 있는 것을 담아야 한다.

(3) 효과적인 비전의 특징

① **조직에 대한 미래상**: 미래에는 우리사회가 어떻게 될 것이라는 그림을 보여 주어야 한다.

② **모든 이해관계자에 대한 호소력**: 우리 조직의 이해관계자인 관련기관, 구성원들 모두에게 의미가 있어야 한다.

③ **공유가능성**: 모든 구성원들이 비전을 기본으로 의사결정하고 행동하기 위해서는 간단하고 기억에 남고 쉽게 전파되고 공유할 수 있게 만들어야 한다.

4. 중장기 전략목표 및 전략방향

1) 조직의 전략과 SWOT 분석

(1) 전략의 개념

전략이란 조직의 기본 목표를 달성하기 위한 통합된 행동 계획을 의미하며, 조직이 성과를 향상시키고자 사업 분야에 자원을 배분하고 조정하는 일련의 활동이다.

(2) 전략의 위치 및 관계

① **비전**: 비전은 조직의 미래 모습이다.

② **전략방향**: 전략방향은 조직 비전을 달성하기 위한 거시적 방안이다.

③ **전략**: 전략은 전략방향하에서 비전을 실현하기 위한 3~5년 단위의 중장기적 실현 방법이다.

④ **실행 계획**: 실행 계획은 전략을 실행에 옮기기 위한 구체적 이행 계획으로 1년 단위로 수립된다.

(3) SWOT 분석을 통한 4가지 전략방향 및 전략 도출

① **SO 전략**: 조직 내의 강점을 기반으로 외부의 기회를 최대한으로 활용하는 전략이다.

② **ST 전략**: 조직 내의 강점을 기반으로 외부의 위협에 적극적으로 대처하는 전략이다.

③ **WO 전략**: 외부의 기회를 적극적으로 활용해 조직 내부의 약점을 극복해 나가는 전략이다.

④ **WT 전략**: 외부의 위협을 피하면서 조직 내부의 약점을 극복해 나가는 전략이다.

5. 조직의 전략방향과 조직 구조 설계

1) 전략 실행에 따른 조직 구조 설계

① 업무 내용과 구조상 가장 효과적으로 책임을 달성할 수 있는 조직 구조로 설계되어야 한다.

② 책임 전가가 어렵고 책임이 명확히 드러나는 조직 구조로 설계되어야 한다.

③ 목표치 배정이 용이한 조직 구조로 설계되어야 한다.

④ 목표 수립과 수행 여부를 파악하기 용이한 조직 구조로 설계되어야 한다.

2) 조직의 차원별 전략방향

① **전사 전략**: 전사 전략은 조직전체의 사업 영역 결정, 포트폴리오 전략, 사업 영역별 자금 조달 방법 등을 결정하는 것이다.

② **부서 전략**: 부서 전략은 부서별 사업 분야별 책임과 도달 목표를 설정하는 것이다.

③ **기능 전략**: 기능 전략은 내부 자원을 확보하고 외부 자원을 활용하는 것이다.

3) 전략에 따른 조직 구조

① **단순 조직 구조**: 기능 중심 조직, 고객 중심 조직, 지역 중심 조직 등 사업부서 조직이 가장 일반적인 형태로 조직의 전략적 목표를 안정적으로 달성할 수 있는

조직 구조이다.

② **복합 조직 구조**: 복합 조직 구조의 대표적인 매트릭스 조직은 구조의 대안적 형태로 업무의 세분화의 필요성을 인정하면서도 그에 수반되는 문제들을 대처하기 위해 고안된 것으로 〈표 7-2〉와 같이 부서별 수직적 분화와 기능별 수평적 분화가 동시에 일어나는 조직 구조이다.

〈표 7-2〉 매트릭스 조직사례

	총무팀	재가팀	지역팀
서비스제공		❍	❍
사례관리		❍	
조직화	❍	❍	

③ **이합집산형 조직구조**: 태스크포스(task force)팀 조직으로 급변하는 외부 환경의 변화에 빠르게 대처하기 위한 조직일 수도 있고 내부적으로 특정한 전략적 목표를 달성하기 위해 구성되어 특정 목표 달성이 이루어지면 해체되는 조직구조이다.

6. 사업계획의 수립

1) 지역사회 욕구 분석

(1) 욕구 조사의 필요성

사회복지조직의 경우 조직의 미션 · 비전을 바탕으로 중장기 전략이 수립될 경우 세부사업 계획을 통해 실행이 가능한데, 이러한 전략적 목표와 지역사회 욕구가 함께 맞물려야 사업 계획이 가능하다.

(2) 욕구 조사 절차 및 방법

욕구 조사는 다양한 방법으로 수행될 수 있지만, 대체로 다음과 같은 절차를 바탕으로 진행된다(국가직무능력표준, 2019).

① **욕구 조사의 범위 설정**: 조사의 목적 구체화, 투입할 수 있는 예산, 인력, 장비, 시간을 확인한다.

② **구체적 정보의 명료화**: 표적 체계 선정, 표적 체계의 인구 사회학적 특성, 문제의 특성, 욕구 조사 방법을 검토한다.

③ **활용 가능한 자료의 확인**: 사회복지기관, 초점 집단 면접, 관공서, 도서관, 인터넷 등을 활용하여 이미 존재하는 활용 가능한 자료를 획득한다.

④ **연구 방법 설정**: 조사 설계, 조사 과정, 조사 대상, 주요 변수, 조사 도구의 신뢰도 및 타당도, 분석 방법을 설정한다.

⑤ **자료 수집과 분석**: 직접적 욕구 조사(서베이, 면접, 관찰), 간접적 욕구 조사(델파이 기법, 서비스 제공자 면접, 사회지표 조사), 양적 측정 양식, 질적 측정 양식, 자료 분석을 한다.

⑥ **욕구 조사 보고서 작성**: 연구 목적, 조사 방법, 조사 결과, 조사 결과 해석 등을 한다.

(3) 욕구 조사의 유형

① 지역 주민 · 표적 집단 서베이

이 조사방법은 지역사회 주민과 표적 집단을 대상으로 설문 또는 면접 조사, 조사 대상자의 인지적 욕구를 파악하는 특징이 있다.

이 방법은 광범위한 지역 주민의 의견과 욕구 수렴, 욕구를 갖는 당사자의 욕구 정도와 유형 파악에 장점이 있다.

반면 시간과 비용이 많이 들고, 사회조사의 원리나 방법에 익숙해야 하며, 표적 집단 조사의 충분한 조사 대상자 확보가 어려운 단점이 있다.

② 초점 집단 기법

이 기법은 초점이 모인 주제를 두고 동질적 집단 활동으로 욕구 파악, 토의 내용을 질적 자료로 분석해 인지적 욕구파악의 특징이 있다.

이 방법은 과학적이고 체계적인 조사 방법의 활용, 집단 역동성을 활용한 정확한 욕구의 사정 등의 장점이 있다.

반면 참여자 선정에서 대표성 문제, 진행자의 능력과 자질에 크게 의존한다는 단점이 있다.

③ 지역사회 공청회 · 포럼 개최

이 방법은 공개 토론회를 통해 광범위한 지역 주민의 의견과 욕구 수렴, 대략적 욕구의 유형파악으로 서베이 전 단계로 활용될 수 있는 특징이 있다.

이 방법은 광범위하고 자유로운 욕구와 문제 확인, 비용과 시간에서 효율적이라는 장점이 있다.

반면 참석자 대표성 문제와 특정 욕구와 이슈가 부각될 수 있으며, 토론회를 진행하기 어려운 단점이 있다.

2) 사업계획의 수립

(1) 사업 계획의 개념

① **사업 계획의 차원**: 사회복지 사업 계획은 크게 조직 차원의 연간 사업 계획과 프로그램 차원의 사업 계획이 있는데, 여기서는 조직 차원의 연간 사업 계획을 말하는 것이다.

② **사업 계획의 의미**: 연간 사업 계획은 조직의 경영이념인 미션 · 비전을 토대로 하면서 전략방향 및 전략과제 등 3~5년 정도의 중장기 전략을 1년 단위의 실행 계획(action plan)으로 전환하는 계획을 의미한다.

(2) 사업계획 수립의 절차

① **준비 단계**: 각종 자료의 수집과 분석을 통해 사업 계획을 준비한다.

② **방침 설정 및 배포 단계**: 조직 차원의 연간 사업 계획 전략방향 및 전략과제 설정 후 주관 부서에서 부서별로 사업 계획 양식을 배포한다.

③ **작성 단계**: 조직 전체 방침에 맞춰 부서별로 사업 내용을 구체적으로 작성해 제출한다.

④ **취합 단계**: 부서별로 취합된 계획안을 주관 부서에서 취합해 하나의 계획안으로 통합한다.

⑤ **심의 · 조정 단계**: 취합된 계획안의 내용을 토대로 심의해 이사회로 보내기 위한 최종안을 확정한다.

⑥ **최종 확정 단계**: 사업 계획의 최종안을 이사회를 통해 최종 확정한다.

⑦ **통보 단계**: 이사회의 최종 확정된 사업 계획은 각 부서로 통보해 업무 추진에 활용한다.

3) 사업 계획의 구성 요소

(1) 사업방침

사업방침에서는 조직의 전략방향 및 전략과제를 토대로 연간 사업 계획의 전략방향 및 전략과제를 제시한다.

(2) 사업목표

사업목표는 조직 전체 및 부서별 전략목표, 성과목표, 산출목표 등을 제시한다.

(3) 단위 사업

사업 목표를 달성하는 데 필요하고 실행 가능한 구체적 사업 내용을 투입(인적 자원,

물적 자원, 예산 등), 과정(세부 사업), 산출(산출목표), 성과(성과목표) 관점에서 기술한다.

(4) 예산

단위 사업들을 추진하는 데 소요되는 구체적인 예산을 짠다.

4) 신규 사업의 계획

(1) 욕구 조사를 기반으로 한 신규 사업의 계획

사회복지조직의 경우 지역사회 욕구 조사를 통해 새로운 욕구가 제시될 경우 신규 사업을 계획하게 된다.

(2) 신규 사업의 타당성 검토

신규 사업을 위해 조직의 미션 · 비전, 전략 등을 토대로 타당성을 검토해야 하고, 그 타당성이 인정될 경우에도 조직이 갖고 있는 인적 자원, 물적 자원, 예산 등 투입 요소가 충분한지에 대해서도 검토해야 한다.

CHAPTER 8

복지 프로그램 개발 및 관리

학습목표

1. 사회복지 프로그램의 정의, 프로그램의 구성요소, 프로그램의 유형을 이해한다.
2. 사회복지 프로그램의 개발 개념, 고려요소, 프로그램 개발과정의 분류, 사회복지 프로그램의 개발과정을 이해한다.
3. 사회복지 프로그램의 점검, 프로그램의 총괄평가, 프로그램 평가 방법, 프로그램 평가기준 선정, 측정과 평가, 프로그램의 평가, 프로그램의 사후관리를 이해한다.

개 요

사회복지 프로그램은 정책적 목적과 역할을 운용하는 데 쓰이는 핵심 도구이다. 프로그램의 핵심개념은 사회복지 대상자들의 삶을 질적으로 향상시키기 위한 문제해결과정의 활동계획이며, 이를 위한 계획된 조직 활동의 집합체이다. 사회복지 프로그램은 이론적 기반을 통하여 개별 계획의 수립 목적을 완수하기 위한 방법 및 제반 목표들의 선택과 업무수행 기법들을 포함하는 일종의 목적과 수단 간의 논리적 매개체로 매우 중요한 부분으로 볼 수 있다.

프로그램의 구성요소로는 목적, 자원과 기술, 계획된 활동으로 구성되어 있으며, 프로그램의 유형으로는 프로그램의 성격 및 정책별 유형, 표적 집단 또는 실천대상별 유형, 기능별 유형, 기타 프로그램으로 분류된다.

사회복지 프로그램 개발을 할 때에 고려요소인 수혜자(Person)와 문제점(Problem), 목적과 진행 과정(Process), 장소(Place)를 고려해야 하며, 프로그램 개발과정의 분류로는 문제의 구체화와 욕구부터 시작하여 측정 및 평가의 7단계로 이루어져 있다.

사회복지 프로그램의 점검은 프로그램의 총괄평가가 있으며, 프로그램 평가 유형으로는 평가주체, 평가대상 등에 따라 구분될 수 있다. 평가주체에 따라 내부평가와 외부평가로, 평가대상에 따라 사회복지 시설평가와 프로그램 평가로, 평가의 시점과 접근방법에 따라 총괄평가와 형성평가로 나눌 수 있다. 또한 평가기준과 프로그램 평가기준 선정과 프로그램평가에 대한 다양한 유형들을 파악하여 구체적으로 활용하도록 한다.

프로그램의 사후관리는 점점 중요하게 부각되고 있으며, 과제달성 척도와 목적달성 척도, 봉사 결과 점검표, 개별화된 척도와 동료검증, 사회복지사 수행평가, 프로그램의 반영 및 개선과 향후 기획의 반영 등을 실시하며 복지 프로그램 개발 및 관리의 이해 평가를 함으로써 더 나은 프로그램이 실시되도록 노력하고자 한다.

1절 사회복지 프로그램의 개념

1. 복지 프로그램의 정의

사회복지행정은 복지이념과 정책들을 구체적인 사회봉사 활동으로 구현하여 실천하는 행위이며, 복지 프로그램은 정책적 목적과 역할을 운용하는 데 쓰이는 핵심 도구이다. 프로그램의 핵심개념은 사회복지 대상자들의 삶을 질적으로 향상시키기 위한 문제해결과정의 활동계획이며, 이를 위해 계획된 조직 활동의 집합체이다. 사회복지 프로그램은 이론적 기반을 통하여 개별 계획의 수립 목적을 완수하기 위한 방법 및 제반 목표들의 선택과 업무수행 기법들을 포함하는 일종의 목적과 수단 간의 논리적 매개체이다. 개별 계획은 법률 및 정책 등을 통하여 수행되는 제도적인 개입과 사회복지사가 고객과 대면을 통하여 봉사하는 현장 개입으로 나눌 수 있다.

사회복지 프로그램은 특정 사회문제의 해결을 목표로 사회복지의 목적과 프로그램 운용 전문 인력의 활동계획 및 예산, 장소, 도구, 프로그램의 체계화를 통한 효율성을 추구한다. 결국 프로그램은 정책의 구체적 실행을 위한 도구적 성격을 갖는다. 즉, 사회복지에서 프로그램은 사회문제를 해결하기 위해 계획된 일련의 활동으로 고객의 욕구를 충족하거나 역량을 강화하기 위해 개입하는 활동 등을 전체적으로 포함하고 있다. 전반의 과정에서 사회봉사 활동은 고객의 욕구 충족이나 개별적인 역량강화에 필요한 단위행위이며, 특정 활동은 해당분야 전문가에 의해 수행되어야 하는 것이 원칙이다(한신애 외, 2018).

사회복지의 이념과 정책을 구체적인 활동으로 구현하는 업무가 사회복지행정이라면, 그러한 목적과 역할의 추구에 이용되는 주된 도구가 복지 프로그램이다. 따라서 사회복지 프로그램은 사회복지행정의 실천을 위한 주요 수단이며, 사회복지의 이념과 정책에 따른 구체적인 활동을 실천하는 것이 사회복지행정이고, 이의 목적과 업무에 활용되는 기본 도구가 복지 프로그램이다.

사회복지 프로그램이란 복지조직의 목적과 목표를 달성하기 위한 특정한 활동들의 집합체이며, 이러한 활동에는 그 내용을 정하고 활동을 위한 조직을 구성하는 것, 즉, 인적 · 물적 자원의 관리와 실행 및 평가 등이 포함되어 있다. 이와 같이 프로그램은 그 성격상 집합적 활동을 수반하며, 과정에 따라 제도와 인성 및 환경 간의 다양한 상호작용을 보여 주는 역동적인 업무이다.

사회복지 프로그램의 특성은 다음과 같이 설명된다(전해황 외, 2016: 292).

첫째, 사회복지조직에 투입되는 기본요소가 인적자원이다. 즉, 개인과 가족, 사회문제의 욕구이며, 사회복지봉사 활동과정에서 상호 참여와 호응하는 특징이 있다.

둘째, 사회복지조직의 목표가 모호하면, 이해충돌이 발생한다. 즉, 집단과 개인의 욕구가 다르므로 합의점을 찾기가 어렵고, 문제점의 다양성에 따라서 예산과 전문가 투입의 한계가 발생할 수 있다.

셋째, 수요자의 욕구해결의 최종목적을 달성하는 데, 지식과 기술의 적절성에 문제가 있다. 즉, 사회체계와 개인의 성격과 인식이 서로 다를 수 있으므로 결과 예측이 쉽지 않을 수 있다.

넷째, 사회복지 예산은 외부로부터 지원되는 경우가 많으며, 외부 환경에 좌우되므로 계획된 프로그램 진행에 많은 한계가 있다. 즉, 전문 사회복지사에 대한 수요와 관계없이 예산이 편성되므로 전문적 봉사를 지속적으로 수행하기 어렵고, 고객의 욕구충족 수준이 변화되면 사회 전체의 문제로 논란이 확대될 가능성이 있다.

2. 프로그램의 구성요소

프로그램의 기본 구성요소는 목적, 자원과 기술, 계획된 활동으로 구성되어 있다. 프로그램의 구성요소를 살펴보면 다음과 같다(고재욱 외, 2016: 330-302).

1) 목적

사회복지 프로그램은 프로그램 자체의 목적을 갖고 있다. 프로그램의 목적은 프로그램 활동이 궁극적으로 추구하고자 하는 가치와 바람직한 미래의 예측에 의존하여 프로그램 목적에는 상향적, 하향적 방향성을 갖는다. 프로그램은 조직이나 기관을 전제로 성립될 수밖에 없는 개념이기 때문에 프로그램 목적은 조직이나 기관의 목적달성을 위한 수단이 되고, 조직이나 기관의 설립목적은 기관의 설립이념 또는 사명현장에 종속된다. 따라서 프로그램 목적의 방향성은 상향적으로 설립목적과 사명을 달성하기 위한 수단이 된다.

2) 자원과 기술

사회복지 프로그램에 중요한 구성요소로 자원과 기술은 필수적이다. 자원은 물적·인적으로 나누어지며, 물적 자원으로 프로그램을 실행할 수 있는 재원을 의미하고, 인적자원은 프로그램을 수행하는 인력으로 이 두 가지가 결합되어 하나의 사업단위로 발현된다. 기술은 사회복지 이론과 기법을 포괄하는데, 사회복지 프로그램의 수행과정에서 다양한 기법들이 광범위하게 적용된다.

3) 계획된 활동

사회복지 프로그램은 계획된 활동으로 이루어진다. 그래서 프로그램 관리자는 항상 일정한 기간을 설정하고 순차적으로 진행될 활동을 의도적으로 계획하여 진행시킨다. 프로그램의 지침을 개발하고, 업무활동이 체계적으로 진행되도록 만들어진다. 즉, 사회복지 프로그램은 사회문제를 해결하거나 수혜자의 욕구를 충족시켜 주는 방향으로 프로그램이 조직적으로 설계되어 수행된다. 여기에서 프로그램의 활동에는 수혜자 집단에 제공하는 봉사 활동, 프로그램 수행에 관련된 행정활동 및 지역사회활동 등이 있다.

3. 프로그램의 유형

사회복지 프로그램의 종류나 유형은 분류기준에 따라 다양하게 나누어지는데, 일반적으로 프로그램의 성격 및 정책별 유형, 표적 집단 또는 실천대상별 유형, 기능별 유형, 기타 프로그램으로 분류된다.

1) 프로그램의 성격 및 정책별 유형

사회복지서비스의 성격 및 정책별 유형은 다음과 같다. 첫째, 개인의 사회화와 발달적 욕구충족을 위한 서비스 및 프로그램은 개인이 인간으로 성장하고 발전하는 전 생애에 걸쳐 욕구충족을 목적으로 하는 프로그램으로, 아동양육 및 보육 프로그램, 청소년 성장 프로그램, 노인의 사회참여 강화 프로그램 등이 있다. 둘째, 문제를 가진 개인 또는 가족에 대한 치료, 보호, 구체적 지원서비스는 대상들이 당면한 사회적 관계와 적응상의 문제를 해결하기 위한 프로그램으로, 입양 및 위탁가정보호 프로그램, 청소년 선도 프로그램, 정신장애인의 치료 프로그램 등이 있다. 셋째, 제반 서비스의 접근을 위한 안내 및 조언서비스 프로그램은 일반적으로 홍보, 정보제공, 의뢰, 연계서비스를 의미한다.

2) 표적 집단과 실천대상별 유형

표적 집단이란 실천이나 프로그램에서 변화의 대상이 되는 체계로 주로 개인, 가족, 집단을 대상으로 수혜자와 대면관계를 이루어 직접적 서비스 제공의 형태로 진행되는 프로그램으로 임상적 프로그램이라고 하며 상담, 치료, 재활, 정보제공 등의 사회서비스이다. 실천적 대상으로는 조직과 지역사회, 전체 사회를 대상으로 하는 프로그램이며, 금연 활동 캠페인 등이 포함된다.

3) 기능별 유형

사회복지기관의 프로그램을 기능별로 분류하는 방법으로 기관에서 가장 많이 사용되고 있는 프로그램이다. 아동복지기관의 입양 프로그램과 상담 프로그램, 사회복지공동모금회의 모금과 배분 프로그램 등이 있다.

4) 기타 프로그램

사회복지 프로그램의 분류방법은 연령층에 따라 아동, 청소년, 노인 등으로 목표 집단을 분류하고, 집단의 유형에 따라 장애인복지 프로그램, 다문화가족 프로그램, 탈북주민 프로그램 등이 있다. 또한 프로그램의 실시장소에 따라 분류되고, 기관과 지역사회의 협력과 연계 유무에 따라 단독과 공동 프로그램으로 나누어지고, 또한 문제유형별 프로그램으로 분류할 수 있다.

2절 사회복지 프로그램의 개발

1. 프로그램 개발의 개념

사회복지 프로그램은 조직의 목적달성을 위해 사회문제를 해결하고, 사회복지적 목표를 충족시키기 위하여 자원과 기술이 결합하고, 수요자의 욕구체계의 변화를 촉진시키는 매개체이다. 즉, 사회복지 프로그램을 통해서 고객층의 체계가 변화될 수 있으며, 이러한 변화를 위한 프로그램을 조직이나 기관의 관련 구성원들이 프로그램을 개발하고 실행하는 것이다.

프로그램 개발은 새로운 프로그램을 창출하거나 기존의 프로그램을 수정 · 보완하여 효과적 프로그램으로 개선시키는 노력과 과정인 것이다. 따라서 새로운 프로그램의 기획과 설계 그리고 기존 프로그램의 수정 · 보완뿐만 아니라 실행, 평가 등의 전 과정을 프로그램 개발이라 할 수 있다. 프로그램 개발과정은 기관 내의 사회복지 프로그램의 필요성이나, 외부환경에 의한 대상자들을 위한 프로그램의 필요성에 의해 사회복지사들의 의견을 수렴하고 최적의 봉사를 제공할 수 있는 과학적이고 체계적인 과정 속에서 프로그램을 개발한다. 프로그램 개발이란 용어 외에 기획, 계획, 설계라는 용어를 혼용하고 있으며 각각의 개념은 약간의 차이가 있으나 기본적인 개념이 유사하게 활용되고 있다(김현진 외, 2017: 302-303).

1) 개발(development)

존재하지 않았던 것을 새롭게 만드는 작업이나 혹은 기존의 것을 더욱 발전시켜 유용하게 만드는 것을 의미한다. 따라서 프로그램 개발의 개념은 새로운 프로그램을 만들거나 기존의 프로그램을 과학적이고 체계적인 일련의 과정을 거쳐 발전시키는 것을 의미한다.

2) 기획(planning)

업무를 추진하는 데 있어 단순한 의견부터 실행단계에 이르는 모든 기안을 작성하는 제반 과정을 의미한다. 즉, 현재와 미래의 환경 변화에 대응하기 위한 것으로 먼저 목표를 정하고, 그 목표를 어떻게 실현할 것인지에 대한 구체적인 세부안의 작성이다.

3) 계획(plan)

목표 업무 수행을 위해 사전에 마련된 구체적인 방법을 의미한다. 즉, 업무 수행 목표를 설정하는 것으로 앞으로의 절차, 방법, 규모 등 사전에 기획한 내용을 효율적으로 수행하기 위한 단계에 해당한다.

4) 설계(design)

업무 과정에서 요구조건을 만족시키고 합리적이며 경제적으로 만들기 위해서 계획을 종합한 설계도를 작성하여 구체적으로 내용을 명시하는 작업이다. 즉, 프로그램 계획 다음의 단계로 업무 과정을 상세하고 구체적으로 기술함으로써 실현 가능성을 높이는 작업이다.

2. 프로그램 개발의 고려요소

사회복지 프로그램은 시간의 경과에 따라 발전적 변화를 기본 전제로 제작되어야 한다. 따라서 프로그램 관리자들은 이러한 전제를 고려하여 이를 개발하여야 한다. 프로그램의 개발에 있어서 고려해야 할 요소로서 5P(Person, Problem, Purpose, Process, Place)를 들 수 있는데, 그 요소를 살펴보면 다음과 같다(양승일 · 정혁인, 2009: 311-313).

1) 수혜자(Person): 능력수준과 흥미의 적합성

사회복지 프로그램의 내용은 무엇보다도 수혜 대상자에 적합하게 선정하여야 한다. 프로그램의 내용에는 대상자의 능력수준과 흥미의 적합성 등을 고려하여야 하며, 아울러 프로그램의 대상자는 물론 그 가족들도 포함하는 것이 양질의 프로그램을 지향하는데 바람직하다.

2) 문제점(Problem): 프로그램의 통합성

사회복지 프로그램의 통합성이란 프로그램에 참여하는 대상자의 문제해결이나 목표달성을 위한 단편적인 프로그램이 아니라 인간의 경제적 · 사회적 · 심리적 · 문화적 제반 측면들을 통합적으로 고려하는 프로그램인 것이다. 예를 들어, 범죄자의 경우 그들의 비행 감소와 재범방지를 통한 사회복귀에만 그치는 것이 아니라, 대상자와 그 가족의 사회적 관계망 유지와 회복, 정서적인 안정, 자립 및 갱생 등에 도움이 될 수 있는 포괄적 인식이 고려되어야 한다.

3) 목적(Purpose): 목적성 및 목표의 일관성

사회복지 프로그램의 내용은 목표에 입각하여 결정되어야 한다. 프로그램의 내용은 지나치게 현상에 치중하여 수단이 목적이나 목표에 전도되는 현상이 발생되지 않도록 유의하고, 따라서 프로그램을 진행하는 도중에 목적과 목표에 대한 점검이 필요한 것이다.

4) 진행 과정(Process): 프로그램의 지속성과 연계망

사회복지 프로그램은 지속적이고 제도적인 안정성을 가져야 한다. 프로그램들은 장기적이고 체계화된 일정계획 아래 지속적이고 제도적인 것이 되어야 한다는 것이다.

또한 프로그램 내용의 구성에 있어서도 지식, 이해, 기능, 태도 등의 측면이 프로그램에 반영되도록 공통목표의 달성에 기여할 수 있어야 한다. 예를 들어, 범죄자의 재범방지나 원만한 사회복귀 및 갱생을 위하여 공공시설, 민간단체 등과 같은 다양한 인적 · 물적 자원을 연결시키는 체계적인 지원체계 구축을 통하여 네트워크가 형성되도록 한다.

5) 장소(Place): 지역성

사회복지 프로그램 실시기관의 지역적 · 문화적 상황이 다르기 때문에 프로그램의 내용선정에서도 지역적 특성을 반영하고 각 지역의 독특한 특성을 발굴해 내는 것이 중요하다. 개별 지역의 문화적 특성이나 전통, 관습, 방언 등을 발굴하여 프로그램명으로 활용할 때 프로그램의 참여자나 팀 구성원들이 프로그램에 보다 쉽게 접근할 수 있을 것이다.

3. 프로그램 개발과정의 분류

프로그램을 기획과정, 개발, 설계로 보는 측면에서 분류하고 있다. 스키드모어(Skidmore, 1994)는 기획과정으로 구체적 목표의 설정 → 관련 정보 수집 및 가용자원 검토 → 목표달성을 위한 대안 모색 → 대안의 실시조건 및 기대효과 평가 → 최종 대안의 선택 → 구체적 실행계획 수립으로, 개발단계를 문제와 욕구 → 자원체계의 확인 → 목적 및 세부 목표설정 → 자료수집과 대안 설정 → 실천계획의 구축 → 실천 활동과 실행→측정과 평가로 분류할 수 있다(고재욱 외, 2016: 335-339).

1) 문제의 구체화와 욕구(Problem and Need Assessment)

사회복지기관에서 봉사 프로그램 개발 과정의 문제를 발견하고 욕구분석을 통해 원인규명과 문제를 사전 진단하는 것이다. 따라서 문제분석은 ① 무엇이 문제인지를 규정해야 하고, ② 문제를 일차적으로 사회문제로 분류할 것인가 아니면 개인의 문제로 볼 것인가를 결정하여야 한다. 또한, ③ 문제분석의 내용으로 조건들은 무엇이고, ④ 누가 문제의 직접적인 당사자인지, ⑤ 문제의 핵심적 이유는 무엇인지, ⑥ 어떤 프로그램들이 현재 그 문제의 해결을 위하여 운영되고 있는지 우선적으로 분석해야 한다. ⑦ 부수적으로 욕구분석을 해야 한다. 즉, 한정된 지역 안에서 사람들의 욕구수준을 확인하고 이를 계량화하는 방법으로 사회봉사 욕구를 체계적으로 분석해야 한다.[1)]

2) 자원체계 확인(Resource System Identification)

사회복지기관은 물적 자원, 즉 프로그램 실행을 위한 재원 확보가 중요하다. 사회복지조직들은 일반기업과 달리 상품판매에 의해 재원이 마련되지 않고, 서비스공급자와 수급자가 분리되어 있기 때문에 사회복지기관의 재원확보가 관건이다. 인적자원으로는 내부자원과 외부자원으로 내부와 외부자원을 어떻게 확보하고 연계하여야 할 것인가가 고려되어야 하며, 프로그램 개발에 있어서의 전문적 지식과 기술, 시설, 장비 항목 등에 대한 구체적 점검이 있어야 한다.

3) 목표설정(Objectives Establishment)

사회복지 프로그램은 목표를 달성하기 위한 활동들로 구성되기 때문에 목표를 어떻

1) 매슬로우(Maslow)의 욕구 다섯 단계 ① 생리적 욕구(physiological needs), ② 안전에 대한 욕구(safety needs), ③ 사회적 욕구(소속 및 사랑)(belonging and love needs), ④ 존경받고 싶은 욕구(self-esteem needs), ⑤ 자아실현 욕구(Needs for self-actualization)로 욕구 단계이론과 알더퍼(Alderfer)의 ERG 이론(생존 · 관계 · 성장) 그리고 사회적 욕구인 브래드쇼(BradShow)의 네 가지 욕구(전문가 규정의 규범적 욕구, 개인의 욕구인 인지된 욕구, 특정 서비스의 개인수요 욕구인 표현된 욕구, 다른 사람 비교의 상대적 욕구)가 있다.(1966, 가능성의 심리학)

게 설정하는가 하는 일은 프로그램의 방향을 결정하는 매우 중요한 과제이다. 목표는 프로그램이 변화시키려고 하는 상황이나 문제에 대한 기준을 설정하는 것이며, 또한 프로그램 활동의 결과로서 기대되는 변화의 정도 등이 포함된다. 프로그램과 관련된 목표에는 목적(purpose), 목표(goal), 세부목표(objective) 등이 있다.

4) 자료수집과 대안 설정

프로그램을 실행하기 위해서 프로그램의 목적과 목표달성을 위해 최적한 대안을 선택해야 되는데, 사명과의 적합성, 자원동원 등의 환경요인에 따라 우선순위가 결정되고 적합성과 실행 가능성 여부에 의해서 비교, 결정하여 최종 결정한다. 대안들의 비교 · 검토에 사용되는 기준을 크게 나누면 타당성(desirability)과 실행 가능성(feasibility)으로 나눌 수 있다. 타당성은 채택된 대안(프로그램)이 수행될 경우 그 결과가 사회적으로 적정한가를 판단하는 기준으로 ① 효과성, ② 효율성, ③ 비용-효용성, ④ 적합성 또는 민감성, ⑤ 형평성 또는 공평성 등이 있다.

5) 실천계획 수립과 봉사 방법 구체화

실천계획의 수립은 최종적으로 목표를 달성할 수 있는 체계를 창출하는 과정이며, 선택된 대안에 대한 구체적 실천과정을 작성하는 과정이라 할 수 있다. 프로그램의 실천계획에는 구체적 실행계획을 수립해야 하는데, 구체적으로 서비스 방법, 시간, 예산, 교육 등을 구체적으로 명시화하는 것이다.

6) 프로그램 실행

프로그램 실행이란 전 단계에서 제시한 사항들을 정해진 계획에 의해 서비스를 실시하는 것을 의미한다. 프로그램은 효율적이고 효과적 서비스를 제공하기 위한 도구이며, 그 자체가 목적은 아니다. 프로그램 실행은 탄력적으로 운영될 수 있도록 융통성이 필요하며, 때로는 목적달성을 위해 수정될 수도 있다.

7) 측정 및 평가

사회복지 프로그램에서 측정과 평가는 계획된 목표가 달성되었는가를 알아보기 위한 과정이다. 즉, 시행한 프로그램의 가치와 의의를 판단하는 사회적 과정이라고 할 수 있다. 평가란 한 기관의 전체 또는 선별된 프로그램의 효율, 효과 및 적절성을 철저하게 그리고 비판적으로 검토하는 과정이라고 할 수 있다.

8) 문제와 욕구사정

사회복지 프로그램 개발에 있어 첫 번째 단계로 사회문제를 발견하고 욕구를 분석하여 그것들의 원인을 규명하고 진단하는 것이 필요하다. 명확한 문제인식과 욕구사정이 되어야 프로그램을 통하여 해결하고자 하는 목적과 목표가 설정될 수 있다. 욕구를 파악한다는 것은 사회의 바람직하지 못한 상황이 인지되었을 때 그 상태의 실상을 조사하고 원인을 파악하려는 노력을 의미한다. 욕구란 어떠한 것이 기준에 미달된 상태로 인해 불편을 겪고 있어서 그 결핍상태를 충족시키기 위하여 필요로 하거나 원하는 상황으로서 현재의 상태와 바람직한 상태 사이에 존재하는 격차나 조건으로 정의할 수 있다.

〈표 8-1〉 프로그램 개발 과정

개발 단계	세부 과제
문제와 욕구 사정 (Problem & Needs Assessment)	• 사전 모임 및 정보 수집 • 문제 분석 • 욕구 사정
자원 체계 확인 (Resource System Identification)	• 고객 집단 확인 • 인적 · 물적 자원 확인 • 장애 요인 및 요건 확인
목표 설정 (Objectives Establishment)	• 기관의 목적 고려 • vision을 제시할 수 있는 목적 서술 • 하위목표 설정
자료 수집과 대안 선택 (Gathering data & Alternative choice)	• 관련 자료 수집 • 기존 유사 프로그램 확인 • 프로그램의 우선순위 선정 • 대안 선택 프로그램
실천 계획 (Representing Action Plan)	• 우선순위별 구체적 목표 설정 • 서비스 방법의 구체적 서술 • 세부 절차 개발 • 활동 업무 분담
실천 활동과 실행 (Action & Implementation)	• 사전 연습 • 수행 활동의 묘사
측정과 평가 (Measure & Evaluation)	• 평가 기준 및 기법 선정 • 측정 및 평가

출처: 신복기 외(2004) 수정 및 재인용.

4. 사회복지 프로그램의 개발과정

사회복지 프로그램의 개발과정은 예비단계, 계획단계, 실행단계 그리고 평가단계로 나누어 설명할 수 있다(양승일 · 정혁인, 2009: 311-313).

1) 예비단계

사회복지 프로그램을 구체적으로 계획하기 이전에 지역주민의 상황과 조건들을 파악하고 프로그램 개발의 정당성과 필요성 등을 증명해 줄 수 있는 기초자료들을 수집하는 단계이다.

2) 계획단계

프로그램의 성격을 규명하고 프로그램이 실행될 수 있도록 구체적인 과업과 활동의 순서 및 적절한 시기를 정하는 단계이다.

3) 실행단계

고객집단과 관계형성을 위한 노력과 프로그램이 계획대로 진행되는지를 확인 및 점검을 통하여 프로그램 계획을 수정·보완하는 것이다.

4) 평가단계

프로그램의 효율, 효과 및 적절성을 사회과학적 조사방법론을 사용해서 검토하는 과정이다.

3절 사회복지 프로그램의 점검

1. 프로그램의 총괄평가

1) 프로그램의 욕구조사에 관한 평가

욕구는 인간의 생존과 성장발전을 위해 요구되는 문제의식으로 충족되고, 해결되어야 할 문제로 간주되는데, 어떤 유형의 정보들을 수집하며, 어떠한 서비스가 필요하며, 얼마나 제공해야 하는지에 관하여 살펴본다.

2) 프로그램 과정에 대한 평가

대표적으로는 프로그램의 중간에 실행되는 과정평가를 통하여 원래 의도대로 프로그램이 수행되었는지 평가하고, 프로그램 개선을 위한 제안점을 발견하여 프로그램의 목적 달성 및 효율성 증진을 도모하도록 한다(곽미정 외, 2017: 284).

3) 프로그램 결과에 관한 평가

프로그램이 원래의 목적을 성취하고 본래 임무를 달성하였는지를 판별하기 위하여 목적의 달성 정도를 최종적으로 평가하여, 프로그램 효과성과 프로그램 효율성에 대하여 평가한다.

4) 비용편익분석

프로그램으로 인해 발생하는 가시적 및 비가시적 편익과 프로그램을 수행하는 데 소요되는 직접 및 간접비용을 알아보기 위한 시도로 비용편익분석을 시행한다.

5) 프로그램 영향 분석

프로그램의 실시에는 다양한 변수의 개입 가능성이 존재하므로 프로그램 효과를 구분하기 어려운 특징이 있으며, 프로그램 결과의 장기적인 효과 분석이 중요하다.

6) 평가자

해당 프로그램 대상자의 특성, 프로그램에 대한 해석에 대한 이해도가 높은 내부평가자 혹은 외부 전문가에 의한 평가가 필요하다.

2. 프로그램 평가 방법

1) 프로그램 평가 유형

프로그램 평가는 평가주체, 평가대상 등에 따라 구분될 수 있다. 평가주체에 따라 내부평가와 외부평가로, 평가대상에 따라 사회복지 시설평가와 프로그램 평가로, 평가의 시점과 접근방법에 따라 총괄평가와 형성평가로 나눌 수 있다(황성철 외, 2009: 359-362).

첫째, 내부평가와 외부평가로, 내부평가는 조직 구성원들이 실시하는 평가이며 프로그램 운영 과정이나 결과에 대한 자체평가의 성격을 가진다. 외부평가는 프로그램 개선을 목적으로 수행하기도 하지만 평가결과에 따라 인센티브나 제재수단으로 활용되기도 한다.

둘째, 시설평가와 프로그램 평가로, 시설평가는 사회복지조직의 설치 목적에 따라 개별 프로그램을 포함하여 시설운영 전반에 대해 종합적으로 운영되고 서비스를 제공하고 있는가에 주안점을 두고 평가를 시행한다.

셋째, 총괄평가와 형성평가로, 총괄평가는 프로그램이 종결된 이후 프로그램 결과를 평가하는 것이어서 결과평가라고도 하고, 형성평가는 프로그램이 운영되는 과정에 초점을 두고 있어서 과정평가라고도 한다.

2) 평가의 기준

프로그램을 평가하는 기준은 다음과 같이 9개의 요소로 나눌 수 있다(오세영, 2011: 358-359; 우수명, 2007: 228-231).

① **적법성(lawfulness)**: 프로그램이 관련 법률과 운영규칙 등에 얼마나 적합하게 운영이 되었는가를 진단하는 것이다.

② **효과성(effectiveness)**: 프로그램의 목적달성 정도를 측정하는 것이다.

③ **효율성(efficiency)**: 프로그램의 결과로 얻어진 산출에 대하여 프로그램에 투입된 자원을 대비하는 개념으로 최소의 비용(자원)으로 최대의 산출을 했는가를 평가하는 개념이다.

④ **노력성(effort)**: 프로그램과 관련된 소요시간, 투입인원 등을 평가하는 기준이다.

⑤ **서비스의 질(quality)과 만족도(satisfaction)**: 사회복지조직이 서비스 목적을 달성하기 위해 필요한 방법과 기술을 얼마나 적절하게 활용하였는가와 관련된다.

⑥ **접근성(access)**: 서비스를 필요로 하는 사람들이 시간적, 지리적, 심리적으로 이용할 수 있었는가와 관련된 평가이다.

⑦ **형평성(balance)**: 프로그램의 효과와 비용이 사회집단 간에 공평하게 배분되었는가와 관련된다. 즉, 프로그램이 필요한 대상자에게 그 프로그램에 참여할 기회나 혜택이 공평하게 분배되었는가와 같은 가치 실현에 초점을 둔다.

⑧ **적절성(appropriateness)**: 프로그램에 참여한 대상자들의 특성이나 상황을 고려하여 서비스를 제공하고 있는가와 관련된다. 프로그램 개발에서 목적과 목표를

설정하더라도 프로그램 참여자의 특성을 고려하여 목표를 조정하면서 프로그램을 운영하는 것이다.

⑨ 영향(impact): 프로그램 참여로 인해 주어진 목표에 대한 성과들이 모여 프로그램이 원래 의도했던 사회문제나 욕구와 관련된 것이 어느 정도의 영향을 미쳤는지를 평가하는 것을 의미한다.

3. 프로그램 평가기준 선정

평가의 기준이란 평가를 위한 척도이다. 프로그램의 성패를 판단하기 위해서 프로그램의 평가 기준이 필요하다. 신복기(2004)는 평가의 기준을 ① 목표 달성 ② 수준기대하는 변화의 정도 ③ 변화 또는 성과를 나타내는 점수 ④ 의도한 서비스의 효과가 표현되는 맥락이나 상황의 수준 ⑤ 원하는 가치가 산출되는 정도나 범위 ⑥ 소비자의 만족도를 나타내는 특정 지표 ⑦ 특정 행동 또는 태도의 변화 등으로 분류하였다.

프로그램의 평가 기준을 요크(York, 1982)는 노력성(effort), 효과성(effectiveness), 효율성(efficiency), 봉사의 질(quality of service), 과정(process), 영향(impact), 형평성(equity) 측면으로 삼았다. 프로그램의 효과성을 평가할 기준을 고객 또는 사회복지서비스의 수혜자인 고객에게 양적 · 질적으로 만족할 수 있는 서비스를 제공하는 것이라는 측면에서 다음과 같은 항목을 설명하고자 한다.

1) 노력성

서비스에 투입된 인력과 비용 등을 포함한 노력의 양과 봉사의 결과인 생산량을 평가기준으로 한다.

2) 효과성

프로그램이 성과가 있었는지에 관한 정보를 얻기 위한 평가로써, 프로그램의 목표달성 정도를 측정하기 위하여 개인과 집단의 변화를 측정하는 목표달성척도 프로그램의 산출물을 선정해 확인하는 평가조사가 있다.

3) 효율성

일반적으로 최소의 자원을 투입하여 최대의 효과를 내는 것으로 투입된 비용에 대해 산출된 봉사의 양을 비교, 평가한다. 효율성을 측정하는 방법으로는 비용과 노력으로서 봉사 단위당 투입비용을 계산하거나 비용 효과분석, 비용 편익분석이 있다.

4) 봉사의 질

서비스를 통해 고객의 심리적 변화를 평가하는 것이다. 봉사의 질은 사회복지조직이 봉사활동의 목적을 달성하기 위해 필요한 기술과 방법을 얼마나 적절하게 사용하였는가와 직접적인 관련이 있다.

5) 이용고객 만족도

만족도 평가는 일반적으로 프로그램을 종결하면서 프로그램의 전반적인 내용을 조사할 때 사용되기도 하며 과정 평가 시에도 사용한다. 주로 그 내용은 프로그램 참여자들이 제공된 봉사에 어느 정도 만족하는가, 실제로 욕구충족이나 문제해결에 도움이 되었는가를 평가하게 된다.

4. 측정과 평가

프로그램의 측정과 평가는 프로그램을 통하여 일어난 성과, 즉 효과성을 평가하는 것으로써, 프로그램의 가치와 의의를 판단하는 사회적 과정이라고 할 수 있다. 프로그램을 평가하는 기능은 여러 가지가 있는데, 신복기 외(2012)는 다음과 같이 설명하고 있다.

첫째, 프로그램 개발이나 운영과정에 필요한 정보를 확보하여 이 과정이 바람직하게 추진되도록 노력하는 것으로써 프로그램 과정상의 환류기능이다.

둘째, 프로그램 담당자가 프로그램 개발과정에서 행하는 활동에 대하여 사회적 책임을 지도록 하는 책임성 이행기능이다 .

셋째, 보조적 목적으로 프로그램 속에 내재된 변수들 간의 인과관계를 검증하여 이론형성에 기여하는 기능이다 .

넷째, 프로그램 평가는 사회복지조직이나 전문가의 윤리와 의무를 이행하는 기능이다.

5. 프로그램의 평가

프로그램 평가란 프로그램 개발에서 설정된 목적과 목표가 달성되었는가를 알아보는 과정 또는 시행 프로그램의 가치와 의의를 판단하는 사회적 과정이다. 프로그램 평가는 형성평가와 총괄평가로 구분하는데, 즉 전체 프로그램 활동 중의 하위 계열 또는 지도 과정을 개선하기 위하여 실시하는 평가와 이미 실행된 프로그램 전체의 가치에 대한 종합적인 평가이다. 사회복지조직에 관련된 평가는 일반적으로 프로그램 진행 중에 실시하며, 프로그램 기획 이후 새로운 정보나 상황의 변화에 적용하기 위한 중간 평가이다.

1) 형성평가와 총괄평가

(1) 형성평가

프로그램의 성공적인 실행을 위하여 문제점을 찾아내서 수정 및 보완의 목적으로 실시하며, 프로그램을 개선하는 목적과 더불어 객관성을 확보하기 위해서 점검(monitoring)과 이에 따른 종합적인 환류(Feed Back)를 우선적으로 실시하는 평가이다.

(2) 총괄평가

프로그램을 종결 후 실시하며 한 기관의 정책 또는 프로그램에 대한 목표 달성도 평가이다.

2) 양적평가와 질적평가

(1) 양적평가

설문조사와 구조화된 질문지를 이용하여 수치로 변환된 강성자료(hard data)를 계량 분석을 통하여 연역적 방법으로 분석하는 것이다.

(2) 질적평가

인터뷰나 관찰, 문헌 등 계량화할 수 없는 연성자료(soft data)에 기초하여 귀납적으로 자료를 분석한다.

3) 적합성 평가와 메타 평가

(1) 적합성 평가

프로그램의 평가(효율성 평가) 전에 프로그램 목표에 대한 사회정책적 가치에 대한 평가이다.

(2) 메타평가

프로그램 평가를 차후에 종합적으로 검토해 보는 평가로써 메타평가는 평가에 대한 평가이다. 이 평가의 목적은 평가활동의 영향 또는 평가결과의 활용도를 파악하며 평가계획서나 평가결과를 다른 평가자에 의해 점검받는 평가이다.

6. 프로그램의 사후관리

프로그램을 종결한 후 일정기한이 지났을 때, 고객의 변화가 유지되고 있는지 경우에 따라서 사후세션을 갖는 것이 필요하다. 사회복지사는 항상 목적과 목표를 명확하게 설정하여 개입해야 한다. 프로그램의 성공여부를 분석하는 척도는 다음과 같은 것이 있다.

1) 과제달성 척도

고객과 사회복지사가 개입과제를 완수한 정도를 분석하는 척도로, 개입의 기초조건 설정이나 단일사례설계의 적용이 어려운 경우에 이용한다.

2) 목적달성 척도

목적달성 척도는 고객이 개별화된 목적을 달성한 정도를 측정하기 위해 사용된다. 이 척도는 정신건강, 알코올 및 약물남용 프로그램, 보호관찰 등 사법현장에서 주로 사용된다.

3) 봉사 결과 점검표

사회복지기관에서 접수에서 종결까지 수행한 전반적인 자료를 수집하는 데 활용하기 위한 기록과 점검의 도구이다.

4) 개별화된 척도

개별화된 척도는 개별 고객의 고유의 상황에 독특한 측정척도를 만들어 사회복지사와 고객과의 문제 등을 측정하기 위해 고안한 척도이다.

5) 동료검증

사회복지사의 활동을 일련의 원칙과 기준에 따라 그 실천의 질을 동료가 평가하는 방식이다. 기관의 구성요인, 고객, 정책, 절차 등에 관하여, 이를 이해하고 있는 동료 사회복지사가 사회복지사의 수행을 정기적으로 평가하는 품질관리의 한 형태이다.

6) 사회복지사 수행평가

수행평가는 사회복지사와 기관 모두에게 생산적인 것이 되도록 수행평가의 목적과 절차를 먼저 이해시키는 것이 중요하다. 이를 통하여 기관의 직원들이 일정 기간 동안 그들의 일을 얼마나 잘 수행하고 있는지 체계적으로 사정하는 것과 연관된다.

7) 프로그램의 반영 및 개선

프로그램의 결과를 분석한 이후 그에 대한 실시에 의미 있고 가치 있는 정보가 산출되었다면, 프로그램의 체계를 전체 범위에서 반영할 필요가 있다. 이를 통하여 프로그램의 실시 및 평가체계의 기획 및 실행이 이루어졌다면, 프로그램을 개선시키기 위해 결과와 분석을 최대한 활용할 필요성이 높아진 것이다.

8) 향후 기획의 반영

프로그램을 지원하는 가설이나 특정 인과관계과정이 긍정적인 결과를 도출하는 데 결함이 존재할 수 있음을 의미한다. 프로그램의 실행 결과, 프로그램의 효과에 대한 가설이 검증되지 않았다면 프로그램이 기대했던 이론의 실패일 가능성이 있다. 그러한 경우에는 프로그램의 가설이 문제였는지, 혹은 프로그램이 기획대로 실행되고 있는지에 관한 점검이 필요하다(이덕희 외, 2019: 258).

CHAPTER 9

인적자원관리

학습목표

1. 인적자원관리의 특성을 이해한다.
2. 인적자원관리의 과정을 이해한다.
3. 인적자원개발의 개념, 유형, 방법을 이해한다.
4. 동기부여, 소진관리와 갈등관리의 개념, 원인, 방법을 이해한다.

개 요

인적자원관리는 기관의 운영 목적 달성을 위하여 직무수행에 투입된 인적자원의 효율적 관리와 관련된 활동을 의미하는데, 인적자원관리는 조직의 성장과 유지에 그 목적이 있다. 사회복지조직에서 제공되는 서비스의 질은 현장을 담당하는 직원들의 능력이나 판단 등에 좌우되는 경우가 많으므로 인적자원관리는 서비스의 질을 결정하는 주요한 요소이다.

사회복지조직은 조직의 목적달성을 위한 자원 활용 차원에서 인적자원을 대상으로 획득, 개발, 평가에 관한 전반적인 과정을 거치게 된다. 일반적으로 인적자원관리는 ① 모집, ② 선발, ③ 임용(지명), ④ 신입직원훈련(오리엔테이션), ⑤ 평가, ⑥ 승진, ⑦ 해임(퇴임)의 과정을 거친다.

조직의 목적과 직원의 목표를 시키고, 외부환경변화에 따른 최근의 서비스 이론과 모델, 전문적인 지속수준의 향상, 올바른 가치관 및 태도의 함양을 위해 인적자원개발이 필요하다. 인적자원개발은 신규채용자, 일반직원, 감독자, 관리자 대상의 훈련이 있고, 인적자원개발의 방법은 강의, 회의 및 토의, 사례발표, 역할연기, 임시대역, OJT, 순환보직, 집단행동이 있다.

조직구성원들로 하여금 근무의욕을 북돋우고 사기를 진작시켜 업무의 생산성을 향상시키며, 나아가 서비스 제공에 있어 효과성과 효율성을 높이기 위해 사회복지조직에서도 동기부여에 대한 관심이 높다. 뿐만 아니라 사회복지조직의 경우 타인에 대한 감정이입적 이해나 서비스를 제공하기에 소진을 경험하기 쉽고, 관계의 문제나 가치갈등 등의 갈등을 경험하기도 한다. 사회복지조직은 구성원의 소진을 관리하고 갈등을 조정하기 위해 적극적, 포괄적, 전략적 예방 및 완화 전략을 활용하고 있다.

1절 인적자원관리의 이해

1. 인적자원관리의 개념

인적자원관리(HRM: Human Resource Management)는 인적자원(Human Resource)과 관리(Management)의 합성어로, 인적자원은 사회경제적 가치를 생산 · 분배하는 투입요소를, 관리는 제도나 방식으로 볼 수 있다. 인적자원관리는 기관의 운영 목적 달성을 위하여 직무수행에 투입된 인적자원의 효율적 관리와 관련된 활동을 의미한다. 따라서 인적자원관리는 필요한 인적자원의 수요와 공급을 계획하는 인적자원 계획, 모집, 선발, 유지, 역량개발 및 활용과 관련된 활동의 집합으로, 종사자들의 행동, 태도 및 성과에 영향을 미치는 방침, 활동 등 다양한 관리기법이 결합된 시스템으로 정의할 수 있다(조선이, 2016).

인적자원관리는 정부의 목표를 효율적으로 달성하기 위한 행정활동에 필요한 인적자원을 동원하고 관리하는 활동을 의미하는 인사행정(public personnel administration), 조직 혹은 기업을 구성하고 있는 구성원의 잠재능력을 최대한으로 발휘하게 하는 활동을 의미하는 인사관리(personnel management)라는 용어로 사용되기도 한다(전해황 외, 2017).

그러나 인적자원관리는 기관의 목적달성을 위한 자원 활용 차원에서 인적자원을 대상으로 획득, 개발, 평가에 대한 전반적인 활동을 포괄하기 때문에 기존의 인사행정이나 인사관리에 비해 확대된 개념이다(고수현 외, 2016). 특히 지식정보화 사회가 되면서 조직의 구성원은 단순한 노동력(man power)이 아닌, 조직의 생존과 발전에 핵심적인 역할을 하는 인적자원(human resources)으로 인식한다. 이에 따라 단순한 인사관리의 차원을 넘어서 더 높은 수준의 인적자원을 개발하는 측면으로 인적자원관리라는 개념을 사용한다.

2. 인적자원관리의 목적 및 의의

1) 인적자원관리의 목적

인적자원관리의 목적은 크게 조직의 성장과 유지로 정리할 수 있지만 경제적 가치를 지향하는 일반조직과 사회적 가치를 지향하는 사회복지조직은 차이가 있다(고수현 외, 2016).

첫째, 일반조직의 인적자원관리 목적은 조직의 생산성 향상이 주된 목적이며, 조직의 직무수행의 질을 향상시키고 개선하기 위하여 채용, 훈련, 평가, 통제를 하는 데 초점을 둔다.

둘째, 사회복지조직은 생산성 향상보다는 사회적 가치생산에 목적을 두기 때문에 궁극적으로 클라이언트에 대한 복지서비스를 향상시키는 데 인적자원관리의 목적을 둔다.

인적자원관리의 궁극적인 목적인 클라이언트에 대한 복지서비스 향상 및 개선 이외에 제시되는 목적은 다음과 같다(Schuler, 1988; 서보준 외, 2017).

첫째, 인적자원관리는 구성원 간의 인간적인 욕구를 충족시켜 줌으로써 근로의욕 향상 및 협동의식을 높이는 데 목적이 있다.

둘째, 인적자원 이용과 관련하여 필요한 법과 규칙을 준수할 수 있도록 하는 데 목적이 있다.

셋째, 업무에 있어서 작업의 질을 향상하는 데 목적이 있다.

넷째, 인적자원관리를 통해 의사소통과 합의점을 개발하는 데 목적이 있다.

2) 인적자원관리의 의의

사회복지조직의 궁극적인 목적은 클라이언트와 지역사회에 양질의 서비스를 효과적이고 효율적으로 제공하는 데 있다. 이를 위해 재원, 공간, 인력, 시설 등이 필요한데(고재욱 외, 2016), 특히 사회복지조직은 인간 대상 서비스 제공 활동이 주된 조직 활동이기 때문에 클라이언트와 일선 사회복지사 간의 개별적인 관계가 중시되어 업무 표준화 가능성이 매우 낮다(심상용, 2017). 따라서 서비스공급을 담당하는 복지조직 인력의 능력과 자질은 사회복지조직 활동의 성패를 좌우하는 매우 중요한 요인이다(French, 1987). 이처럼 사회복지에서 제공되는 서비스의 질은 고정된 규칙이나 절차보다는 현장을 담당하는 직원들의 능력이나 판단 등에 좌우되는 경우가 많다. 그래서 직원들의 인적자원관리는 결국 사회복지서비스의 질을 결정하는 중요한 요소로 기능하는 것이다.

3. 인적자원관리의 기능

인적자원관리의 주된 기능은 조달, 배치할당, 개발, 제재규약, 통제 및 적응 등이다.

① 조달의 기능은 모집과 충원, 선발이다.

② 배치할당의 기능은 직무 분류와 할당, 임금 지불, 승진, 이직 및 해고 등이 해당된다.

③ 개발의 기능은 훈련, 사정, 코치, 동기부여 등이다.

④ 제재규약의 기능은 작업환경에 대한 근로자들의 규율과 협상, 고충처리 및 절차 호소가 포함된다.

⑤ 통제 및 적응의 기능은 인적자원관리 제도를 설계하고 스태프 및 관리자와의 관계를 조정하고 정보유지 체제를 관리하는 것이다.

4. 인적자원관리의 방향

전통적 인적자원관리는 승진 중심의 수직적 이동, 지시 · 통제를 통한 관리, 직급 중심의 인사체계를 토대로 조직 간 이동성이 낮은 양상을 보여 왔다. 그러나 최근 인적자원관리는 전문성을 바탕으로 한 수평적 · 수직적 이동이 가능하며, 직무와 역량 중심의 인사체계를 토대로 조직 간의 이동성이 높은 특징이 있다.

2절 인적자원관리의 과정

인적자원관리는 조직의 목적달성을 위한 자원 활용 차원에서 인적자원을 대상으로 획득, 개발, 평가에 관한 전반적인 과정을 거치게 된다. 인적자원관리의 과정은 인적자원의 수요와 공급을 계획하는 인적자원계획(Human Resource Planning)에서부터 모집, 선발, 임용의 과정을 통해 충원된 인적자원개발(Human Resource Development), 인적자원 평가를 통해 지식, 기술, 역량을 증진시키고, 직장을 유지하도록 하도록 하는 과정으로 볼 수 있다.

인적자원관리의 과정은 대체로 스키드모어(Skidmore, 1995)가 제시한 ① 모집, ② 선발, ③ 임용(지명), ④ 신입직원훈련(오리엔테이션), ⑤ 평가, ⑥ 승진, ⑦ 해임(퇴임)의 7단계를 주로 사용하고 있으므로 본 절에서도 7가지 단계로 인적자원관리의 과정을 살펴보았다.

1. 모집

모집(recruitment)이란 선발을 전제로 신규채용 희망자에게 채용에 관한 정보를 제공하여 유능하고 인격이 원만한 사람들이 지원하도록 유도하고 공석 중인 직위에 유치하는 과정이다(서보준 외, 2017). 사회복지조직에서도 모집은 사회복지실천 활동에 적합한 지원자를 해당 직위에 임용하기 위하여 전문적 능력, 기술을 보유하거나 인간관계가 원활한 인력을 유치하는 과정을 의미한다. 선발은 조직에 가장 적합한 사람만을 추려내는 소극적 임용 활동인 반면, 모집은 지원자를 많이 유인할 목적으로 수행된다는 의미에서 적극적 임용활동이라 할 수 있다(전해황 외, 2016).

모집은 ① 직무분석 → ② 직무기술서 및 직무명세서 작성 → ③ 모집공고의 단계를 거친다.

1) 직무분석

직무분석(Job Analysis)이란, 특정 직무에 대해 정보를 체계적으로 수집하고 정리하여 직무의 구체적인 내용(일의 목적, 내용, 방법, 근무시간 등)과 이를 담당하는 사람에게 요구되는 지식, 기술, 능력 등을 분석하는 것을 말한다.

효과적인 인적자원관리를 위해서는 인적자원계획이 수립되어야 하는데, 인적자원계획이란 인적자원확보관리의 전제가 되는 것으로서 현재, 미래의 시점에서 조직이 필요로 하는 인력의 수와 유형을 사전에 예측, 규정하고 이에 대한 인력의 공급을 예측하는 것을 의미한다. 조직의 목표달성을 위해 언제, 어떤 능력을 갖춘 인력이, 얼마나 필요한지에 대한 전반적인 계획을 세우는 것으로 인적자본의 수요와 공급에 관한 계획을 내부적으로 수립하는 것인데 이때 가장 필수적인 과정은 직무분석이다.

2) 직무기술서 및 직무명세서 작성

직무분석 결과를 바탕으로 직무기술서와 직무명세서를 작성한다.

(1) 직무기술서

직무기술서(job description)는 직무분석 결과를 개선 · 보완한 후에 정리한 요점을 기술한 문서인데, 특정 직무 직위에 부가된 임무와 책임을 구체적으로 기술한 것이다. 직무기술서에는 KSA(지식, 기술, 역량)이 반드시 포함되어 있어야 한다. 주요내용은 직무명칭, 직무개요, 장비, 작업환경, 작업활동 등이다. 직무기술서는 인력모집, 선발, 배치와 직무평가 및 인사고과과정의 근거로 사용된다.

〈표 9-1〉 직무기술서 예시

직무번호	00-00		직군	복지행정	직렬	인사
직무명	인사관리		소속	복지행정팀	등급	7
직무개요	직원급여를 받고 일을 하는 인력에 대한 인력기획수립, 효율적 인력관리 및 인력평가를 수행하는 직무					
직무 및 책임	인력기획	1. 기관의 운영에 필요한 직무를 분류하고, 각 직책에 맞는 업무분장표를 만든다. 2. 인사관리계획에 따른 직원 모집 및 선발관련 기준을 만든다. 3. 직원의 근태, 상벌 관리에 대한 평가기준표를 만든다.				
	인력관리	4. 채용 및 배치된 인원에게 업무수행에 필요한 지식, 기술을 제시한다. 5. 직원의 근무내용에 대한 만족 및 불만족 요인을 파악한다.				
	인력평가	6. 직원의 근무내용을 근로기준법과 취업규칙에 따라 평가한다.				

출처: 김희성 외(2018)에서 재구성.

(2) 직무명세서

직무명세서(Job specification)는 특정 직무를 수행하는 데 요구되는 최소한의 자격요건을 기술한 것을 말한다. 직무명세서는 직무내용보다는 직무요건, 특히 인적자원의 요건(직원 행동, 기능, 능력, 지식 등)에 중점을 두고 작성된다. 주요 내용은 관련 자격증, 교육, 경력, 판단 및 창의력, 육체적 노력, 의사소통기술, 정서적 특성 등이다. 직무명세서는 모집과 선발에 주로 사용된다.

〈표 9-2〉 직무기술서와 직무명세서

직무기술서	직무명세서
• 직무, 직위에 부가된 임무와 책임을 구체적으로 기술(직무자체)	• 직무를 수행하는 데 요구되는 최소한의 자격요건 기술(직무수행자의 요건)
• 직무명칭(소속부서, 직무번호, 직속상관 등) • 직무개요(직무의 목적과 직무에서 기대되는 결과) • 장비(직무에 필요한 도구) • 환경(직무의 환경적 특성) • 작업활동(직무의 임무 및 책임과 직무에 요구되는 사회적 측면)	• 관련 자격증(사회복지사, 운전면허, 컴퓨터 활용능력, 사회조사분석사 등 관련 자격증) • 교육수준 및 경력 • 판단력, 주도력, 책임 • 의사소통 기술 • 정서적 특징 등

출처: 박경규(2016), 심상용(2017)에서 재구성.

3) 모집

직무분석이 이루어진 후 직원을 구하기 위한 모집방법은 지원자를 어디서 모집하느냐에 따라 조직 내·외부 모집방법이 있는데(신복기 외, 2019), 현재 대부분의 사회복지조직에서는 공개채용을 원칙으로 하고 있다. 내·외부 모집방법에 대한 특징을 살펴보면 다음과 같다.

(1) 내부모집

현재 근무하고 있는 직원 중에서 적합한 사람을 모집하는 방법으로서 사내 공모제도가 있다. 이는 공석이 생겼을 때 사내 게시판 등에 지원자 모집공고를 하여 자격을 갖추었다고 생각되는 경우 누구라도 지원하게 하는 방법이다.

(2) 외부모집

외부에서 지원자를 모집하는 방법으로는 광고활동, 서면공고, 직업소개소, 교육훈련기관, 사회복지교육기관의 추천의뢰, 사회복지관련 인터넷 사이트 활용 등이 있다.

〈표 9-3〉 내부모집과 외부모집의 장단점

	내부모집	외부모집
장점	• 구성원에게 승진기회 제공으로 사기진작 • 저렴한 모집비용 • 낮은 이직율 • 지원자에 대한 평가 정확성 확보	• 참신한 응모자의 확보 • 새로운 기술/경험을 소유한 지원자 확보 • 우수인력 확보 시 인력개발비용 절감 • 경쟁조직에 대한 정보 및 지식 확보
단점	• 외부인력 영입차단으로 조직정체 가능성 • 사내 공급 불충분 • 지원자의 현재 업무에 지장 초래 • 선발과정 탈락 시 지원자의 심리적 어려움	• 높은 직위 영입 시 내부인력 사기 저하 • 조직 안정 시까지 적응기간 소요 • 정보부족으로 인한 부적격자 채용 위험 • 모집비용 소요

출처: 전해황 외(2016), 김치영 외(2006)에서 재구성.

2. 선발

선발(selection)은 모집활동을 통해 지원한 다수의 지원자 중 조직과 직무가 요구하는 자격요건에 부합하는 우수인재를 선택하는 과정이다(박성수 외, 2007). 선발의 과정에서는 조직의 요구와 기대 뿐 아니라 채용될 사람의 요구를 고려해야 한다. 특히 모집과정 초기에 직무에 대한 조직의 요구와 기대에 대한 세심한 배려가 있어야 하며, 지원자의 요구를 알기 위해서는 교육, 경험, 기타 자료를 통한 정보획득이 필요하다(Skidmore, 1995). 또한 사회복지조직에서 직원 선발은 조직문화에 기초하여 선발되어야 하며 전문성과 원만한 인간관계, 클라이언트 및 직원들을 보호할 수 있는 능력이 고려된 사람을 선발해야 한다.

1) 직원선발 과정

직원선발의 과정은 조직에 따라 다양하게 진행될 수 있으나 보통 서류전형 → 선발시험 → 선발면접 → 경력조회 → 신체검사 → 선발결정 → 채용 순으로 진행된다(고재욱 외, 2016).

2) 직원선발 도구

선발과정에서 쓰이는 도구는 서류, 시험, 면접 등이 있다. 서류심사과정에서 주요하게 활용되는 도구는 입사지원서, 이력서, 자기소개서, 추천서, 각종 증명서 등으로, 이를 종합적으로 살펴보고 선발시험 혹은 면접에 참여할 수 있는 자격을 부여한다. 선발시험은 필기시험, 실기시험, 면접시험이 있는데, 선발을 위한 시험은 객관성과 타당성을 갖추어야 한다. 각 시험의 장단점을 살펴보면 다음과 같다.

① **필기시험**: 관리가 용이하고 시간과 경비 절약, 객관도, 타당도를 높일 수 있다. 필기시험은 주관식 시험과 객관식 시험으로 나눌 수 있다.

- 주관식 시험: 통찰력, 추리력, 판단력과 같은 고도의 복잡성을 지닌 사고능력을 측정하는 것으로, 시험출제에 비교적 적은 시간이 소요된다. 그러나 채점 시 시간과 경비가 많이 소요되고, 객관성이 결여될 위험이 있다.
- 객관식 시험: 채점이 용이하고 고도의 객관성을 확보할 수 있으나 복잡성을 지닌 사고능력을 측정하는 데는 비효과적이다.

② **실기시험**: 필기나 면접 이외에 실제 근무와 유사한 조건에서 도구나 기구를 써서 일을 해 보는 것이다. 타당도가 높지만, 다수를 한 번에 테스트하기 어렵고 채점의 객관성이나 신뢰도 확보에 문제가 있을 수 있다.

③ **면접시험**: 필기시험에서 알아보기 어려운 태도, 성격, 창의성, 협조성 등을 파악하기 위한 것이다. 면접관의 선입견이 개입될 가능성이 있으므로 면접관의 훈련, 면접조사방법의 개발 등이 필요하다.

〈표 9-4〉 선발의 종류와 장단점

종 류		장 점	단 점
필기시험	주관식	• 통찰력, 판단력 등 사고력 측정 가능 • 시험출제에 적은 시간 소요	• 채점자의 객관성 보장 어려움 • 채점에 많은 시간과 경비 소요
	객관식	• 용이한 채점 • 객관성 확보 가능	• 사고력 측정에는 비효과적
실기시험		• 높은 타당도	• 다수에게 적용 불가 • 채점에서 객관성, 신뢰도 저하
면접시험		• 태도, 성격, 창의성, 협조성 등을 파악	• 면접관의 선입견 개입 가능성이 높음

3. 임용

임용(appointment)은 선발된 사람 중에서 조직이 필요로 하는 사람을 고용하겠다는 공식적인 계약의 과정이다. 임용은 합격자 결정 → 임용후보자 명부 작서 → 최종대상자 선정 → 임명장 교부, 계약서 작성(사회복지시설정보시스템을 활용하여 자치단체장에게 임면보고) 순으로 진행된다. 최종적으로 선발된 사람들에게는 조직이나 부서의 목적과 서비스를 재해석하여 전달하고, 직무의 성격, 급여수준, 인적자원관리 정책과 절차에 대한 정보를 제공해야 한다(김영종, 2017). 이를 통해 새로운 직원에게 책임감을 부여하고, 자신의 일자리에 대해 과다 혹은 과소한 기대를 하지 않게 한다.

4. 신입직원훈련

신입직원훈련(orientation)은 신규채용자를 대상으로 하는 훈련으로, 조직과 그 조직의 서비스 및 지역사회를 새로운 직원에게 소개하는 과정이다. 신입직원훈련 시에는 기관의 역사, 규정, 조직구조, 조직문화와 같은 정보를 충분히 제공하고, 기존 및 신입 직원 간 소개 등을 진행한다.

5. 평가

다양한 양식을 통해 직원의 직무평가를 하여 전문직을 발전시키는 방법이며, 업무수행 평가를 통해 직원에게 자신이 얼마나 업무를 잘 수행하는지를 알리고, 업적에 의한 봉급인상의 결정, 훈련 필요성의 발견, 승진 후보자의 확인, 업무향상에 대한 장애나 문제점의 파악, 직무개선 방법의 토의기회 제공 등에 활용한다. 사회복지조직 종사자에 대한 업무평가의 예시를 살펴보자.

〈표 9-5〉 인사고과표 예시

부서	담당	팀장	사무국장	원장

소속	직위(급)	성명	임용이자	현직발령일	고과구분	( )년 고과기간
					1. 정기 2. 수시	(상 · 하반기)

구분	평가요소	착안사항	평가점수 특상	상	중	하	특하	고과 1차	2차
태도	1. 신뢰성	본 회와 사회생활에 있어서 요구되는 인격과 심성에 대한 믿음직함의 정도	20	17	14	11	8		
	2. 적극성	직무에 있어 의욕적이고, 긍정적인 사고로 능동적으로 일하는 정도	10	8.5	7	5.5	4		
	3. 책임성	맡은 바 직무를 완수하고자 하는 열성과 의무의 존중성 정도	10	8.5	7	5.5	4		
	4. 협동심	부서의 공동 목표달성과 조직원으로서 참여의식과 협력의 정도	10	8.5	7	5.5	4		
	5. 직장예절	상사의 권위, 부하의 의무를 존중하고 본회 내의 예의와 질서를 존중하는 정도	10	8.5	7	5.5	4		
능력	6. 직무지식, 경험	직무수행에 필요한 지식, 기술 및 경험의 보유와 적용의 정도	10	8.5	7	5.5	4		
	7. 이해, 판단력	직무와 처리절차에 대한 이해력, 판단력의 정도	10	8.5	7	5.5	4		
실적	8. 직무의 품질	수행한 담당직무의 품질에 대한 평가의 정도	20	17	14	11	8		

구분	1차 고과	2차 고과	평균 (1,2차)	근태 상벌	조정 (±10)	계	판정	직급 순위	전체 순위	등급	비고
점수							순위 등급				

* 고과자 특이사항			
* 고과자 서약 인사고과자는 본 회와 피고과자에게 중대한 영향을 미치는 사항임을 명심하고 진솔하고 공정무사하게 평가함을 서약합니다.	고과자	조정	(인)
		근태상벌	(인)
		2차	(인)
		1차	(인)

출처: 고재욱 외(2016)(시립은평노인종합복지관 인사고과 자료, 2013).

6. 승진

승진(promotion)은 직무에 대한 직원의 수행결과에 기초하여 지위와 보수를 발전시키는 것을 의미한다. 승진은 경력개발을 위한 실천 활동을 자극하는 순기능을 갖지만, 인사공정성이 낮은 경우 경력개발 의욕이 저하될 위험이 있다.

승진의 기준에는 경력평정, 인사평가, 연수평정 등이 있다(심상용, 2017).

① **경력평정**: 해당직급에서 근속연수를 기준으로 판단하는 방법이다. 근속연수가 많아지면 능력수준이 증가하고 그 결과 업적도 많아질 것이라는 전제를 가지고 있다.

② **인사평가**: 개인의 능력, 특성, 직무행동, 업적, 시험성적 등을 기준으로 평가하는 방법이다. 승진할 직위에 부합하는 능력을 보유하고 있는지가 중요하기 때문에 개인의 능력, 잠재능력을 보는 것이 중요하다.

③ **연수평정**: 조직에서 실시하는 교육훈련 프로그램에서 획득한 학습 성과를 기준으로 평가하는 방법으로, 개인의 잠재능력을 간접적으로 평가하는 기준이 될 수 있다.

7. 해임(퇴임)

해임이란 어떤 지위나 맡은 임무를 그만두게 하는 것을 뜻한다. 해임에는 정년퇴임도 있지만 강제로 퇴직시키는 중징계과정도 있으므로 개인과 기관 모두를 위해서 되도록 짧은 시간에 공정하게 이루어져야 한다.

3절 인적자원개발

1. 인적자원개발의 이해

1) 필요성 및 목적

능력이 뛰어난 직원을 채용하고 적절한 보상체계를 마련하고 있다고 하더라도 이것만으로 조직과 직원의 목적을 일치시킬 수 있는 것은 아니다(김영종, 2017). 신입직원들은 새로운 직무 환경에, 기존 직원들은 변화되는 환경에 적응하여 조직의 목표를 달성할 수 있도록 해야 한다. 사회복지조직은 외부환경 변화에 크게 영향을 받기 때문에(Skidmore, 1983) 새로운 지식과 기술의 진보에 따른 환경변화, 최근의 서비스 이론과 모델, 전문적인 지식수준의 향상, 올바른 가치관 및 태도의 함양을 위해 지속적인 인적자원개발이 필요하다.

인적자원개발의 목적은 다음과 같다(성규탁, 1985; 서보준 외, 2017).

① 능률향상이다. 사회복지조직의 원활한 운영관리와 기관의 서비스 효과성 제고를 위한 활동이다.
② 사기를 진작시킴으로써 의사소통의 개선 및 업무의 결속력을 높이기 위한 것이다.
③ 조직의 침체를 방지하고 개혁을 가져오도록 하는 수단이 된다.
④ 새로운 지식 및 기술을 습득하는 기회를 제공한다.
⑤ 함께 토론하고 감정을 공유하는 활동 등을 통해 직원 상호 간 연대감을 높여 조직의 안정성과 유통성을 확보할 수 있다.

2) 개념

인적자원개발(HRD: Human Resource Development)이란 직원들의 소양과 능력을 개발하고 직무수행에 필요한 지식 및 기술을 향상시키고, 가치관과 태도를 바람직한 방향으로 변화시키는 교육 및 훈련활동을 말한다(성규탁, 1989). 인적자원개발은 대체로 상급자가 필요성을 파악하고 방향을 설정한 다음, 그 내용을 하급자에게 적용하게 된다. 그러나 그 내용과 범위에 따라 상급자와 하급자 간에 상호조정이 필요하기도 하다.

2. 인적자원개발의 유형

1) 신규채용자 훈련(오리엔테이션)

신규채용 된 직원을 대상으로 조직과 조직의 서비스, 지역사회를 소개하는 과정으로, 적응훈련, 기초훈련이라고도 한다(Skidmore, 1990). 일반적으로 조직의 역사와 미션, 목적, 조직의 프로그램과 서비스 종류, 규정, 조직의 고용정책, 근무시간 및 근로조건, 급여, 직원복지, 승진, 직원개발 등이 소개된다. 신규채용자는 신규채용자 훈련을 통해 조직 환경과 직무에 적응할 수 있고, 심리적인 안정을 얻을 수도 있다.

2) 일반 직원 훈련

현재 근무하고 있는 직원들에게 필요한 새로운 지식과 기술, 바람직한 가치관, 행동규범을 함양하기 위하여 실시하는 교육이며, 보수교육이라고도 불린다. 주로 현직훈련(in-service training 또는 on-the-job training)의 형태를 띠고 있으며 장기적이고 지속적으로 실시하여야 훈련의 효과가 있다. 사회복지법인 또는 사회복지시설에 종사하는 사회복지사는 「사회복지사업법」 제13조 2항에 근거하여 보수교육을 실시하도록 의무화되어 있다. 보수교육은 사회복지사의 자질향상을 위하여 정기적으로 인권에 관한 내용이 포함된 교육을 받아야 한다고 규정하고 있는데, 2007년 12월 개정안이 공포되고, 2008년 11월부터 시행하고 있다.

3) 감독자 훈련

감독자 훈련은 1인 이상의 부하를 통솔하고 감독할 책임을 지는 중간관리자로서의 슈퍼바이저에 대한 훈련을 말한다. 여기서 슈퍼바이저는 지도·감독을 맡고 있는 관리자를 말하는데, 과장, 계장 등을 의미한다. 감독자 훈련은 실제 업무 수행과 관련한 내용보다는 리더십, 의사전달, 인간관계 개선, 인적자원관리, 사무관리 등을 주요 내용으로 한다. 감독자 훈련의 훈련방법은 일반직원과 마찬가지로 현직훈련의 일종으로 이루어지며, 강의, 토의, 회의, 사례발표 등이 이용되고 있다.

4) 관리자 훈련

관리자 훈련은 최고 계층에 속하는 중·고급 관리자에 대한 훈련을 말한다. 관리자 훈련의 내용은 정책 수립, 리더십, 일반환경과 과업환경에 대한 이해, 의사결정 역량 등에 관한 훈련을 받게 된다. 주요 훈련, 교육 방법으로는 사례발표, 회의, 토의, 신디케이트가 이용될 수 있다.

3. 인적자원개발의 방법

인적자원개발의 방법에는 강의, 회의/토의, 사례발표, 역할연기, 임시대역, OJT(On the Job Training), 순환보직, 집단행동 등이 있다(Skidmore, 1983; 고수현, 2016; 남일재, 2015; 서보준 외, 2017; 심상용, 2017).

1) 강의

인적자원개발을 위해 많이 활용하는 방법으로, 교육대상자들을 일정한 장소에 모아 놓고 상급자나 전문 외부강사를 동원하여 사회복지에 관한 전문지식, 기술, 태도를 전달하는 일방향의 교육방법이다. 강의는 단기간에 많은 사람에게 교육을 실시할 수 있어 경비절약을 할 수 있고, 일관된 내용을 체계적으로 전달할 수 있다는 장점이 있으나, 강사의 수준에 따라 효과의 차이가 있을 수 있고, 참여 대상자가 무성의할 때 효과가 낮다는 특성이 있다. 강의가 끝난 후에는 질문이나 토론할 수 있는 시간을 허락해 주는 것이 바람직하다(Skidmore, 1983).

2) 회의/토의

회의 또는 토의는 어떤 주제에 대해 여러 사람이 의견을 개진하는 방법이다.

(1) 회의

회의는 일정한 주체를 대상으로 의사를 전달하는 방식으로 이루어지는 공식적인 모임이다. 최근 회의에서도 단순 의사전달보다는 정보의 상호교환이 강조되기 때문에 참여적이고, 집단 주도적이라는 장점이 부각되고 있는데, 회의 진행시에 진행될 주제에 대해 어느 정도의 지식을 갖추고 있어야 효율적인 회의가 진행될 수 있다.

(2) 토의

토의는 핵심주제에 대해 소수의 사람이 발표를 한 다음 참석자들이 논의하는 형태로 진행된다. 강의가 강사와 청중 사이의 일방적인 관계라면, 토의는 상호작용이 가능하고 환류를 제공할 수 있다. 토의는 진행하는 방법에 따라 다음과 같이 다양하게 진행된다.

① 패널토의

패널토의(panel discussion)는 참가자 대표 또는 정해진 테마에 대하여 지식 · 경험이 풍부한 전문가 3~5명 정도를 선정하여 사회자의 진행에 따라 특정문제를 중심으로 좌담회 형식으로 토론을 한 후, 청중의 질문이나 의견을 교환하는 방식이지만, 대체로 여러 명의 전문가가 토론을 하고 교육대상자들은 듣는 방식이다.

② 포럼

포럼(forum)은 특정 주제에 관하여 새로운 자료와 견해를 제공하여 관심을 높이고, 필요한 정보를 제공하여 문제를 명확하게 한 후 각자의 의견을 표명하도록 촉진하는 것이다. 주로 사람들이 잘 모르는 주제에 대해 전문가가 정보를 제공하고 그에 대한 의견을 교환한다. 예로, TV프로그램 중 100분 토론, 미녀들의 수다 등과 같은 형태이다.

③ 심포지엄

심포지엄(symposium)은 그리스어의 심포시아(symposia: 함께 술을 마시는 것)에서 유래한 말로 오늘날에는 향연이라는 의미와 더불어 화기애애한 분위기에서 진행되는 학술토론회나 그밖에 신문, 잡지 등에서 특정 테마를 놓고 2명 또는 그 이상의 사람들이 각자의 견해를 밝히는 지상토론회의 뜻으로 사용된다. 장점은 주제에 대한 다양한 견해가 제시되므로 청중들은 다양한 정보, 지식, 경험을 접할 수 있고 발표자가 계속 바뀌기 때문에 청중들의 주의집중에 효과적이다.

④ 신디케이트

신디케이트(syndicate)는 분임토의 또는 분단연구반으로 불리기도 하는데, 참여자를 10명 내외의 소집단으로 나누고 각 집단별로 동일한 문제를 토의하여 해결방안을 도출한 후 다시 전체가 모여 각 집단별 문제해결방안을 발표하고 토론하여 최종안을 결정하는 것이다.

3) 사례발표

사례발표(case presentations)는 직원들이 돌아가면서 사례를 발표하고 이에 대해 다른 직원들이 평가와 토의를 하는 방식이다. 최근 일선현장에서 많이 활용되고 있는데, 사례발표를 통해 직원들은 직무 이해능력 향상, 사례에 대한 체계적이고 효과적인 개입기법 습득에 도움을 주거나 받을 수 있고 분석적 사고능력, 문제해결능력을 함양하는 데 도움을 줄 수 있다. 그러나 사례선정 실패 시 흥미나 관심을 유발하지 못할 경우 비효과적이라는 단점이 있다.

4) 역할연기

역할연기(role playing)는 선정된 사례를 여러 직원들 앞에서 2인 또는 그 이상의 직원들이 실제의 상황과 같이 연기한 후 여러 직원들이 평가, 토론하여 사회자가 결론적인 설명을 하는 방법이다. 역할연기는 흥미를 유발할 수 있고, 긍정적인 학습경험을 제공하며 사회복지실천기술 향상 훈련이나 인간관계훈련에 효과적이지만, 사전준비가 많이 요구되며 연기를 못하거나 복잡한 맥락을 표현하지 못할 경우 통찰력을 제공하는 데 한계가 있을 수 있다.

5) 임시대역

임시대역(understudy)은 공연에서 배역을 대신 연기하는 것에서 온 용어로, 상사의 부재 시 또는 미래에 그 자리를 계승할 예정인 자가 같이 일하면서 직무수행을 대리하게 하는 방식이다. 직무수행 대리 시 교육이 개별적으로 이루어져야 학습효과가 높고, 실무에 적용하기에 유용하다. 임시대역은 미래에 현재의 상사가 수행하는 직무를 맡을 자가 수행하기에 학습의욕이 매우 높은 장점이 있지만, 업무 수행 중에 교육이 이루어지므로 형식적으로 이루어질 가능성이 있다.

6) OJT(On the Job Training)

OJT(On the Job Training)는 직장훈련, 현장훈련, 직무상 훈련 등으로 표현하기도 한다. 근무현장 내에서 이루어지는 훈련으로 실제 직무를 수행하면서 선임자(직속 상사)로부터 개별 훈련 지도를 통하여 직무수행 능력을 개발하는 것이다. 업무수행과 함께 진행되며 업무요령 습득이 가능하다는 장점도 있지만, 훈련 내용이 체계화되기 어렵고 어떤 선임자를 만나느냐에 따라 훈련 효과가 다를 수 있다는 우려도 있다.

7) 순환보직

순환보직(rotation)은 일정한 시일의 간격을 두고 여러 다른 직위나 직급에서 일할 수 있는 기회를 제공하는 방법이다. 여러 가지 보직을 담당하는 과정에서 시야와 경험을 넓히고 관리능력을 향상시키는 장점이 있는 반면에, 전보가 빈번히 이루어지는 경우 업무 수행의 전문성과 능률성을 저하시키고 행정의 일관성을 해칠 우려가 있다.

8) 집단행동

집단적으로 격리된 장소에서 합숙훈련을 하면서 이루어지며 태도 및 행동의 변화를 기하거나 구성원의 결속력을 다지는 데 효과적인 방법이다. 집단행동은 구체적인 업무 내용을 교육하기보다 자신의 위치에 대한 이해를 증진시키고 인간관계개선을 추구한다.

4절 동기부여

1. 동기부여의 개념

동기부여는 조직구성원들로 하여금 적극적으로 직무를 수행하게 함으로써 조직목표 달성과 개인적인 욕구충족을 동시에 할 수 있도록 하는 조직적 노력이다. 동기(motivation)의 어원은 라틴어 모베레(movere)에서 유래한 것으로 알려져 있는데, '움직인다(to move)'라는 의미를 내포하고 있다. 한덕웅(1990)은 동기란 '목표지향적인 행동을 유발하도록 지시하고 유인하며 격려함으로써 행동을 촉진시키도록 자극하고 고무하는 내적상태'로 정의하며, 남일재 외(2015)는 사회복지행정에서의 동기는 '사회복지사와 클라이언트에게 구체적이고 바람직한 행동을 하게 하고 이를 지속시킬 수 있도록 하는 힘'을 의미한다고 밝히고 있다.

동기는 원래 심리학 분야에서 인간행동을 예측하기 위하여 개발된 용어로 일반적으로 욕구가 자극되면 이는 동인이 될 수 있고, 환경으로부터 유인이 제공되면 목표달성을 위한 행동에 나서며, 목표가 달성되면 욕구가 충족되어 동인도 소멸한다고 본다. 원칙적으로 동기부여는 조직의 관리자나 지도자가 조직 구성원들을 대상으로 내재적이고 외재적인 영향력을 발휘하여 조직구성원들이 조직에 헌신하도록 심리적인 자원을 제공하는 과정으로 보기도 한다(Schemerhorn, Hunt & Osborn, 2008). 이때 내재적 동기부여는 업무담당자가 업무와 직접적인 관련 속에서 발생하는 성취감, 도전의식, 확신 등의 내재적 보상이며, 외재적 동기부여는 직원 스스로가 조직목표 달성을 위해 노력을 기울이거나 동기가 부여될 수 있도록 행동을 촉진하는 급여인상, 승진, 감독권 위임과 같이 일 그 자체가 아닌 일의 외부 환경으로부터 발생하는 보상이다(고수현 외, 2016).

동기부여는 근무의욕을 북돋우고 사기를 진작시켜 업무의 생산성을 향상시키며, 나아가 서비스 제공에 있어 효과성과 효율성을 높이기 위한 중요한 요소이다. 이에 최근 사회복지조직에서도 동기부여에 관해 많은 관심을 보이고 있는데, 어떠한 경우 사기가 높아져 열성적으로 일을 하는지, 일에 대한 의욕이 생기는지 등을 파악하여 조직의 성과향상에 도움을 받고자 하는 것이다.

2. 동기부여이론

동기부여이론은 내용이론(content theories)과 과정이론(process theories)으로 크게 구분된다. 동기부여이론을 통해 동기유발 요인(무엇이 동기를 유발하는가?)과 동기유발 방법(어떻게 동기를 유발할 것인가?)을 살펴보자.

〈표 9-6〉 동기부여이론

	관점	관련 이론
내용이론	동기부여의 내용에 초점(어떠한 요인이 구성원의 동기를 유발하는가)	• 매슬로우(Maslow)의 욕구이론 • 알더퍼(Alderfer)의 ERG이론 • 맥클리랜드(McClelland)의 성취동기이론 • 허즈버그(Herzberg)의 동기-위생이론 • 맥그리거(McGregor)의 X, Y이론
과정이론	동기부여의 과정에 초점(조직구성원이 어떠한 방법으로 욕구를 충족시키는가)	• 아담스(Adams)의 형평성 이론 • 로크(Locke)의 목표설정이론 • 브룸(Vroom)의 기대이론

1) 내용이론

내용이론은 조직구성원들에게 동기를 부여하는 욕구의 내용에 초점을 맞춘 이론이다. 즉, 어떠한 요인이 구성원의 동기를 유발하는가?에 대한 문제에 대한 이론이다.

(1) 매슬로우(Maslow)의 욕구(계층)이론

매슬로우는 1943년 욕구가 낮은 단계에서 높은 단계로 올라가는 계층으로 구성되어 있다고 주장하는 욕구 5단계 이론(motivational hierarchy theory)을 제시하였다.

① **1단계(생리적 욕구, biological and physiological needs)**: 인간에게 있어 가장 기본적인 욕구인 의식주와 관련된 최하위 단계의 욕구

② **2단계(안전의 욕구, safety needs)**: 추위 · 질병 · 위험 등으로부터 자신을 보호하는 욕구

③ **3단계(소속 및 사랑의 욕구, belongingness and love needs)**: 가정을 이루고, 친구를 사귀는 등 애정 및 소속감에 관한 욕구

④ **4단계(자기존중의 욕구, esteem needs)**: 소속단체의 구성원으로 명예나 권력을 누리려는 욕구

⑤ **5단계(자아실현의 욕구, need for self-actualization)**: 자신의 재능과 잠재력을 충분히 발휘하여 자신이 이룰 수 있는 모든 것을 성취하려는 최고 수준의 욕구

매슬로우는 5개의 욕구 가운데 생리적 욕구, 안전의 욕구, 소속 및 사랑의 욕구를 결핍욕구로 보았는데, 이 3개의 욕구는 건강한 생활을 위해서 반드시 충족되어야 하는 것으로 판단했다. 자기존중의 욕구와 자아실현의 욕구는 성장욕구로 보았는데, 이 2개의 욕구는 개인의 잠재력 실현을 지향한다고 보았다. 매슬로우는 이러한 5가지 욕구가 순차적으로 충족되어야 한다고 주장한다. 매슬로우의 욕구이론은 실증적으로 단계에 대한 근거가 부족하고, 업무만족은 단계와 관계없는 요소의 영향을 받을 수 있다는 비판이 있다.

(2) 알더퍼(Alderfer)의 ERG이론

알더퍼는 매슬로우의 욕구이론이 현실적인 조직 생활에는 적용하기가 매우 모호하다는 점을 비판하면서 욕구를 존재욕구(Existence needs), 관계욕구(Relatedness needs), 성

장욕구(Growth needs)의 첫 머리글자를 인용하여 ERG이론으로 칭하였다.

① E(존재욕구, Existence needs): 생리적이고 물리적인 욕구로서 매슬로우의 생리적 욕구, 안전의 욕구와 유사하다. 배고픔, 갈증, 수면, 주거 등과 같은 욕구가 이에 해당한다.

② R(관계욕구, Relatedness needs): 개인이 주변 사람들과 의미 있는 인간관계를 형성하고 싶은 욕구를 말한다. 매슬로우의 안전의 욕구, 소속 및 사랑의 욕구, 일부 자기존중의 욕구와 유사하다.

③ G(성장욕구, Growth needs): 창조적, 개인적 발전을 향한 인간의 노력과 관련된 욕구이다. 매슬로우의 자기존중의 욕구와 자아실현의 욕구를 뜻하는 것이다.

알더퍼는 각 욕구는 순서대로 나타나는 것이 아니라 어느 시점에서 어떤 욕구든 나타날 수 있다고 보았다. 그러나 고순위 욕구가 좌절되면 저순위 욕구로 퇴행할 수 있다고 보는 좌절-퇴행 접근을 주장했다.

(3) 맥클리랜드(McClelland)의 성취동기이론

성취동기이론(achievement motivation theory)은 매슬로우의 욕구이론과 밀접한 연관성이 있는데 하버드대학의 맥클리랜드도 인간의 동기 역시 욕구와 마찬가지로 순차적이라고 가정하고 있기 때문이다. 그는 동기를 친화욕구(need for affiliation), 권력욕구(need for power), 성취욕구(need for achievement)의 세 가지로 제시하였다.

① **친화욕구(귀속욕구)**: 다른 사람과 우호적이고 따뜻한 관계를 유지하려는 욕구를 말한다. 이러한 사람은 다른 사람과의 사랑을 주고받는 데서 만족을 얻고, 타인의 감정을 중요시하며 가능한 사회집단으로부터 소외되는 아픔을 피하려는 경향을 지닌다.

② **권력욕구**: 구성원들에게 통제력을 행사하거나 행동에 영향을 미치려는 욕구를 말한다. 이러한 사람은 다른 구성원에 대한 책임을 지거나 권위로 군림하려는 욕구

가 있고, 일반적으로 지도자로서의 일을 추구하며, 자기중심적이고, 가르치기를 좋아하며 대중 앞에서 말하기를 좋아한다.

③ **성취욕구(달성욕구)**: 우수한 결과를 얻기 위해 높은 기준을 설정하고 달성하고자 하는 욕구를 말한다. 어려운 일을 달성, 장애 극복, 다른 사람들과 경쟁에서의 승리, 자신의 능력을 최대한 발휘하고자 하는 욕구 등을 말한다. 이러한 사람은 성공에 대한 강렬한 열망이 있으며 실패에 대해서도 두려움을 가지고 있다.

남일재(2015)는 사회복지조직의 경우 친화욕구를 가진 사람은 새롭고 만족할 만한 우정을 형성할 수 있는 기회를, 권력욕구를 가지고 있는 사람은 통제와 힘을 발휘할 수 있는 지위나 권위를, 성취욕구를 가진 사람은 도전적인 문제해결 과업을 부여하는 것이 동기유발에 용이하다고 말한다.

(4) 허즈버그(Herzberg)의 동기-위생이론

허즈버그는 1950년대 피츠버그의 기업에 고용되어 있는 200명의 회계사와 엔지니어를 대상으로 동기에 관한 연구를 실시한 결과, 조직 구성원에게 불만족을 초래하는 요인(위생요인)과 만족을 주는 요인(동기요인)이 있음을 발견하였다.

위생요인과 동기요인은 서로 다른 차원으로 상호독립적으로 보고 있는데, 불만족 요인(위생요인)이 충족되었다고 해서 만족스러운 상태가 되는 것은 아니며 단지 불만족이 아닌 상태, 불만족이 감소된 상태가 된 것 뿐으로 해석한다. 마찬가지로 만족요인(동기요인)이 충족되지 않는 것은 불만족을 의미하는 것이 아닌 만족이 아닌 상태로 해석한다. 이처럼 허즈버그는 조직 내 인적자원 개발 및 유지를 위해서는 위생요인이 절대적으로 필요하며, 만족요인에 해당하는 동기요인의 충족을 통해 동기가 부여된다고 주장했다.

① **위생(hygiene)요인**: 갖추어지지 않을 경우 불만족을 초래하는 요인을 말한다. 위생요인은 대체로 환경적 요인과 관련되어 있는데 조직의 정책과 경영, 감독기술,

급여, 인간관계, 작업조건 등이 이에 해당한다.

② 동기(motivation)요인: 갖추어졌을 경우 만족을 주는 요인이며, 만족요인으로 불리기도 한다. 위생요인은 주로 정신적 성장이나 자기실현과 관련이 있는데, 일에 대한 책임, 성취감, 인정 등과 같은 직무의 내적요인이 일에 대한 의욕을 지속시키는 요인이라고 보았다.

〈표 9-7〉 허즈버그의 동기-위생요인

위생요인	동기요인
• 직무에 대한 달성감 • 성취에 대한 인정 • 직무자체 • 증대되는 책임성 • 능력과 지식의 신장	• 기업정책과 경영 • 기술적 감독 • 급여 • 작업조건 • 인간관계, 감독자

출처: 신복기 외(2013).

(5) 맥그리거(McGregor)의 X · Y이론

맥그리거(1960)는 조직의 인적자원관리 유형을 X이론과 Y이론으로 구분하고, 조직사회에서는 X이론보다는 Y이론에 기반을 두고 조직을 관리해야 한다고 보고 있다. X이론과 Y이론은 다음과 같이 설명할 수 있다.

① X이론: 사람은 본성적으로 일을 싫어하기 때문에 지시받고 강제적으로 일해야 조직의 목표를 달성할 수 있다고 본다. 이때 관리전략은 매슬로우의 하위욕구에 초점을 맞춘 강제, 통제, 명령, 처벌 등을 기초로 한다(권위적 관리).

② Y이론: 사람은 본성적으로 일하기를 원하고 조직의 목표에 일체화되면 자기통제와 지시하에 일할 수 있다고 본다. 이에 관리전략으로 상상력과 잠재력을 현실화하기 위해 통제를 최소화하고, 자율적인 참여를 보장해야 한다고 본다(민주적 관리).

2) 과정이론

과정이론은 조직구성원들에게 유인이 제공되어 욕구가 동인이 됨으로써 동기가 부여되는 과정에 초점을 맞춘 이론으로 조직구성원에게 어떠한 방법으로 욕구를 충족시켜 줄지, 여러 가지 대안 중 어떤 대안을 선택할지에 초점을 둔 이론이다.

(1) 아담스(Adams)의 형평성이론

형평성이론(equity theory)은 다른 사람들과 비교하여 공평한 처우를 받는다고 여길 때 동기가 부여된다고 본다. 형평성이론에서 주요개념은 투입, 산출, 준거인물, 형평성 또는 비형평성인데, 투입은 노력, 기술, 교육, 경험 등이며, 산출은 보상, 준거인물은 자신의 투입대비 산출을 비교할 대상을 말한다. 형평성이론에서 조직원이 다른 사람(준거인물)과 비교하여 자신이 받는 보상(산출)이 자신이 기울인 노력(투입) 사이에 차이가 있는 것을 인지하면(비형평성) 이를 줄이려는 동기가 생긴다는 것이다. 왜냐하면 투입된 노력보다 보상이 큰 경우 부담감을 느끼게 되고 보상이 적을 경우 불평불만을 느끼기 때문이다. 그래서 조직은 개개인에 대한 보상 정도를 정함에 있어 형평성을 검토해야 한다고 보았다.

(2) 브룸(Vroom)의 기대이론(VIE이론)

브룸의 기대이론(expectancy theory)은 인간의 동기부여를 자발적인 활동의 대안들 중 선택을 관리하는 과정으로 파악하고 있다. 인간의 행동을 일으키는 동기는 성과에 대한 유의성, 매력(V: Valence)과 자신의 행동이 그러한 성과를 가져올 것이라는 기대(E: Expectancy), 성과 달성 시 보상이 주어질 것이라고 믿는 수단성(I: Instrumentality)에 의해 영향을 받는 것으로 설명되어 VIE이론으로 불리기도 한다. 사람은 행동에 앞서서 행동의 결과에 대해 생각하고, 어떤 결과가 이루어질 확률(가능성)을 고려해서 행동하며, 그 선택은 결과를 초래하는 인지된 매력에 의해 영향을 받는다고 가정한다.

(3) 로크(Locke)의 목표설정이론

목표설정이론(goal setting hteory)은 목표설정 자체가 사람들의 인지에 영향을 미치고 동기화에 결정적인 역할을 할 수 있다고 보는 이론이다. 목표설정이론에서 인간 행동 결정에 영향을 미치는 요인으로 가치관과 목표가 있는데, 우선 가치관이 그에 부합하는 일을 하고 싶은 욕망과 감정을 불러일으키게 되고, 이러한 욕망과 감정이 목표를 설정하도록 영향을 미치고 결국 설정된 목표를 성취할 수 있도록 강력한 동기가 생기게 된다는 것이다.

이 이론은 인간은 자신이 얻으려고 설정한 목표를 달성하기 위해 의식적이고 합리적으로 행동한다고 보았다. 즉, 목표는 인간이 행동하는 방향을 결정하며 동기의 기초를 제공한다는 것이다. 따라서 조직은 구성원들의 동기를 형성시키기 위한 방안 중 하나로 목표설정에 대한 관리가 필요하다고 주장한다.

5절 소진과 갈등관리

1. 소진

1) 소진의 개념

소진(burnout)은 평소 직무에 헌신적이었던 전문직업인이 직업에서 경험하는 스트레스와 고통들에 대한 반응으로 직무에서부터 멀어져 가는 과정을 말한다. 소진은 주로 대인관계가 많은 직종의 직원에게서 나타나는 부정적 스트레스 현상으로, 타인에 대한 감정이입적 이해나 서비스를 제공하는 간호사, 교사, 사회복지사 등과 같은 직종에서 많이 나타난다(남일재 외, 2015). 소진을 겪게 되면 부정적 자아개념이 발달하고 업무와 클라이언트에 대한 관심과 감정이 결여되어 클라이언트에 대한 서비스 질에도 영향을 미치므로 이에 대한 관리가 필요하다(Selye, 1974).

2) 소진의 단계

소진의 단계는 업무자의 개인적 특성과 기관의 직무환경 등에 따라 차이가 있을 수 있고, 단계가 진행되는 소요시간이 길거나 짧을 수 있으며 각 단계가 중첩적으로 느껴질 수도 있다. 소진의 단계는 다음과 같다(Edelwich & Brodsky, 1983).

① **열성(enthusiasm)의 단계**: 자기의 일에 희망과 정열을 갖고 많은 시간과 노력을 투자하는 단계

② **침체(stagnation)의 단계**: 일 자체보다는 보수, 근무시간과 근무환경에 신경을 쓰고 개인적 욕구충족을 중요시하는 단계

③ **좌절(frustration)의 단계**: 자신의 직무수행능력과 직무 자체의 가치에 의문을 갖는 단계. 클라이언트와의 직접적인 접촉을 피하고, 피로, 두통, 복통 등의 증상을 호소하는 단계

④ **무관심(apathy)의 단계**: 정신적 · 신체적으로 에너지가 고갈되어 기권 상태에서 클라이언트에게 무관심해지거나 그 직업을 떠나는 단계

3) 소진 관리 및 예방방안

사회복지조직에서 소진관리 및 예방을 위하여 대게 참여적 관리 철학을 강조하는 경향이 있다. 조직 과정에서의 참여를 통해 직원들의 감정적 지지나 일에 대한 성취감이 높아져 예방이나 완화를 할 수 있다고 본다. 다음이 관련된 전략이다(Borland, 1981, Munson, 1983; 김영종, 2017에서 재인용).

① **참여와 자기계발을 허용하는 직무방식**: 케이스의 부담을 낮추거나 다양한 성격의 클라이언트나 업무를 할당해서 흥미나 의욕을 잃지 않도록 하며, 자기계발을 위

한 유연근무제, 파트타임근무, 직무공유 등을 허용하는 방법도 있다.

② **슈퍼비전 활용**: 슈퍼바이저의 지지적인 역할은 직무의 객관적 수행성과뿐 아니라 직무만족, 소진예방 등과 같은 정서적 측면에도 영향을 미친다.

③ **조직의 분위기 전환**: 조직의 사명과 목적을 널리 공유하는 것이다. 사명을 중시하는 휴먼서비스 조직인 사회복지조직에서는 이러한 전략이 유용한 것으로 평가된다.

④ **교육과 훈련**: 소진징후가 나타날 때 소진을 인지하고 통찰하기 위한 통찰력을 개발할 수 있도록 촉진하는 워크숍, 교육훈련 등을 실시한다.

⑤ **조직구성원 간의 의사소통 활성화**: 정서적 지지를 위한 분위기를 조성하고, 조직구성원 간 소통을 활성화시킬 수 있는 창구를 마련한다.

⑥ **비효율적 업무 축소**: 업무조정을 통하여 비효율적인 서류업무 및 부수적인 업무는 축소한다.

[기사]

사회복지종사자들에게 '복지'는 어디에?

- 과중 노동으로 추가 업무 당연시… 법 · 현실 괴리 커 -

사회복지종사자의 열악한 노동 환경은 언제쯤 개선될까?

지난해 7월 1일부터 시행된 '근로기준법 개정'으로 사회복지종사자는 하루 8시간 근무를 할 수 있는 기반이 마련됐지만, 법과 현실의 간극은 커 보인다. 대다수 사회복지시설 인력이 300명 미만이기 때문에 정부는 사회복지서비스업의 경우 오는 2020년부터 단계적으로 시행키로 했다.

그러나 법이 시행된다하더라도 인력 개선 없이 지역 내 복지 업무를 담당하다 보면 초과 근무가 불가피하다는 것이 현장의 지적이다. 법이 정한 노동 시간을 어길 수 없어서 야근을 하더라도 이를 감수할 수밖에 없다는 것... (중략)...

지역아동센터, 장애인주간보호시설, 공동생활가정 등 소규모 시설에서 일하는 종사자는 인력 공급의 한계로 인하여 과다한 근로 등 열악한 처우 환경에 직면해 있다. 관련해 사회복지종사자 C씨는"추가 노동에 대한 보상 없이 너무 오랜 기간 일을 해 왔다"며"인력 충원이 시급하지만, 여의치 않을 시 추가 업무를 현재보다 확대해 인정해 주는 등의 현실적인 보상이 필요하다"고 강조했다.

쿠키뉴스 2019년 5월 13일자

2. 갈등관리

1) 갈등관리의 개념

갈등은 어원적으로 보면, 칡 갈(葛F), 등나무 등(藤)으로 칡넝쿨이 얽혀 있듯 일이나 인간관계가 까다롭게 얽혀 있어 풀기 어려운 상태를 뜻한다. Thomas(1992)는 갈등이란 어떤 개인이 관심을 가지고 있는 것에 대하여 다른 사람이 부정적으로 영향을 주거나 영향을 줄 것으로 지각될 때 일어나는 과정으로, Stoner(1978)는 최소자원이나 작업 활동을 배분할 때 목표, 가치, 인지 등에 차이가 존재할 때 둘 이상의 개인 간 또는 집단 내에서 일어나는 대립적 작용으로 정의하고 있다. 따라서 갈등관리는 희소자원이나 업무의 불균형 배분 또는 목표, 가치, 인지 등으로 나타나는 대립적 상호작용에 대해 예방, 조정, 조장하는 활동이라 할 수 있다.

2) 갈등의 원인 및 기능

(1) 갈등의 원인

갈등의 원인으로 Moore(1986)는 다음 5가지를 제시하였다.

① 관계의 문제(감정, 인식, 고정관념, 의사소통 등), ② 가치갈등, ③ 정보 불일치, ④ 구조적 문제, ⑤ 이해상의 갈등이다.

국내 사회복지조직의 갈등원인을 조사한 박경일(2001)에 따르면, 갈등원인으로 인력부족, 다른 방법에 의한 업무수행 및 처리, 물적 자원의 불충분이 가장 높게 나타났다.

(2) 기능

갈등은 사회복지조직의 유지발전에 순기능과 역기능으로 작용한다(권육상 외, 2012).

① **순기능**: 갈등은 선의의 경쟁을 유발 · 촉진시키고, 갈등이 합리적으로 해결되면 조직에 적응력, 창의력, 융통성을 부여할 수 있어 조직발전과 쇄신의 계기가 된다.

② **역기능**: 사회복지조직 구성원 간 또는 조직 단위 간 갈등은 관계자들의 심리적·신체적 안정을 동요시켜 인간관계의 안정적 균형을 교란시킨다. 갈등은 직원이나 기관 간 적대의식을 조장하거나 위계질서를 문란하게 하여 조직 내에 불안을 초래하고 사기를 저하시킨다. 갈등이 심해지면 조직 목표달성에 대한 관심이 줄어들고, 조정이 어렵고, 조직의 안정성, 생산성, 효과성, 적응력이 저하된다.

3) 갈등관리 전략

사회복지조직에서의 갈등관리의 포괄적 전략을 제시하면 다음과 같다(박경일, 2001).

① **갈등예방 전략**: 일단 발생한 갈등은 해결하기 어렵기 때문에 앞으로 발생할 가능성이 있는 역기능적인 갈등을 미연에 방지하는 것이 중요하다. 갈등예방 전략으로는 갈등의 원천 진단, 개방적인 의사소통이나 합리적 문제해결 방법 습득, 건전한 관계형성을 위한 교육, 훈련 기회 마련이 있다.

② **갈등적응 전략**: 현재 조직 내의 갈등이나 원천을 근본적으로 변동시키지 않고 조직구성원이 적응하도록 만드는 전략이다. 갈등적응 전략으로는 상호협력과 타협, 협상을 사용한 갈등적응, 갈등 중재 및 해결을 위한 교육훈련(갈등관리위원회 등의 조직 설치)이 있다.

③ **갈등조장 전략**: 조직 효과성 제고를 위해 순기능적 갈등을 조장하는 것을 말한다. 갈등조장 전략으로는 경쟁 분위기 조성, 자신의 의견 피력을 위한 토론 기회 조장, 이질적인 구성원들을 집단에 유입시키는 인사정책, 조직구조 변경이나 기능적 조직단위의 확대 등이 있다.

CHAPTER 10

사회복지재정관리

학습목표

1. 재정관리의 정의, 재무관리과정을 이해한다.
2. 사회복지재정의 개념, 사회복지재정의 특성, 사회복지재정의 유형을 이해한다.
3. 사회복지법인 재무회계, 예산수립, 재무 · 회계규칙을 이해한다.
4. 예산 편성절차와 예산의 집행과 결산과 회계 및 회계감사를 이해한다.

개 요

사회복지재정관리는 수입에 대한 지출을 합리적으로 관리하는 것으로, 할당받은 자원을 유효 적절하게 사용하기 위하여 계획하고 관리하는 것이다. 재무관리는 재정계획 → 예산수립 → 예산집행 → 회계처리 → 결산서 작성 → 회계감사 → 결산보고서 심의 및 승인을 거쳐 제출한다. 사회복지재정 유형으로는 공공재정, 민간재정과 기부금에 의한 배분기부금과 대부금, 공영경기수익금과 기타 수익사업부문의 수익 및 조성 등이며, 법인세의 증징이나 조세특별조치에 의하여 조달하고 있다. 사회복지법인 예산수립으로는 품목별 예산, 성과주의 예산, 계획 예산, 영기준 예산 등으로 이루어져 있다.

예산의 집행과 결산과 회계 및 회계감사를 거쳐서 기록업무와 정리업무와 재정보고서 작성 및 발행을 실시하고, 감사는 매년 1회 하며, 감사는 법인 이사회에 보고해야 한다. 이러한 과정들이 중요하게 부각되는 복지기관의 재정관리를 파악해 두도록 한다.

1절 재정관리의 개념

1. 재정관리의 정의

재정관리란 수입에 대한 지출을 합리적으로 관리하는 것으로, 할당받은 자원을 유효적절하게 사용하기 위하여 계획하고 관리하는 것이다. 즉, 조직은 목표달성을 위해 필요한 자원을 합리적이고 계획적으로 생산하고 이를 효율적으로 배분, 관리하는 과정이다(한신애 외, 2018: 219). 재정관리는 예산의 편성과 지출 분야의 책정으로부터 시작된다. 예산이란 일정 기간 동안 특정 목표를 달성하는 데 수반되는 수입과 지출에 관한 계획이다. 재정 관리자는 예산에 대한 의사결정의 담당자로서, 조직의 목적을 현실적 서비스로 전환하는 과정에 필요한 지식을 갖추어야 예산을 최적하게 운용할 수 있다.

예산과정(budgeting)은 조직이나 프로그램에 필요한 예산을 편성하고 책정하는 과정으로, 각 이해 당사자들 간에 소통의 결과로서의 의사결정을 수반한다. 예산과정에서 의사소통의 주된 도구는 '예산양식'이다. 예산양식(budget from)은 예산에 관한 의사소통 방식을 규정하는 것으로 품목 예산, 수행 예산, 프로그램 예산, PPBS, ZBB, PPB 등으로 분류되는데, 전통적으로 품목 예산이 많이 집행되었으나, 점차 프로그램 예산 부분이 확대되는 추세이다.

사회복지조직의 재정관리 특징은 다음과 같다(김경우 외, 2013: 230-231).

첫째, 사회복지조직은 재원의 지속적인 조달을 직접적으로 통제하기 어려운 특징이 있다. 법적으로 위임된 봉사업무에 소요되는 재원도 입법기관에 의해 재원이 할당되고, 실소비자에게 접근할 수 있는 기회가 제한되기 때문이다.

둘째, 사회복지조직은 비교적 다양한 재원을 갖고 있으며, 정부보조금, 재단지원금, 후원금, 개별기부 등의 기부금, 그리고 봉사요금, 상품판매 등의 수익사업에 의한 이익금, 특별행사, 투자 등에서 얻어지는 수입 등이 있다.

셋째, 사회복지 업무의 특성상 다양한 원천으로부터 재원을 확보하기 위해 특별한 업무를 수행한다. 사업제안서, 정부와의 계약, 기부자에게 후원금을 요청, 모금행사 개최, 고객에게 봉사요금 등이 있다.

사회복지서비스 프로그램의 예산안에 다음 사항들이 기본적으로 포함된다. ① 봉사업무 프로그램 목적에 대한 개요, ② 봉사업무의 범위, ③ 대상고객의 규모와 수준에 관한 추정, ④ 프로그램의 비용, ⑤ 요구 자금의 액수 등이 포함된다. 한편, 비영리 사회복지조직은 그 특성상 다수의 자원공급처를 가지며, 각 자원공급처는 조직 고유의 예산안 양식과 지급의 절차를 요구한다. 사회복지조직으로서는 각 자원공급처가 제시하는 목적과 의도가 조직 활동을 통해 구현할 책임이 있으며, 이에 따른 사회복지조직의 관리자들은 다양한 예산양식에 대한 이해가 필요하다.

2. 재무관리과정

재무관리는 자본조달이라는 고유영역뿐만 아니라, 전체 활동의 전반을 자본운용으로서 간접적으로 관리영역까지 포함된다. 후자를 광의의 재무관리라고 한다면, 전자는 필요자본량의 산정, 주식 · 사채 등의 자본조달방법의 선택, 현금 수지나 보관 등에 관한 집행적 재무활동이다. 한편, 광의의 재무관리는 이익관리, 예산관리, 원가관리, 경영분석 등을 주 내용으로 하는 계수관리나 관리회계 및 투자영역을 포함한다.

예산집행의 문제점은 첫째, 예산제도가 통제중심의 품목별 예산이어서 신축성에 많은 제약을 가지고 있다. 둘째, 자금의 적기공급이 부진하여 예산배정과 공급의 불일치가 발생한다. 셋째, 예산과목이 세분화되어 있어서 현장에서의 융통성을 발휘하기 어렵다. 넷째, 행정인의 책임성, 윤리성이 확립되어야 효과적인 재정관리를 기대할 수 있으며 예산집행의 부조리도 예방할 수 있다.

예산집행의 개선방안으로는 자금의 최적 공급과 상황의 변화에 적응성을 제고하기 위하여 당기배정, 조기배정, 배정유보 등을 확보하여 예산배정과 공급의 불일치를 시정하고, 제약과 관련하여 투명성을 확보하기 위하여 수의계약을 줄이며, 집행의 불합리성을 조장하는 관행을 지속적으로 개선하여 집행절차의 효율성을 확보하는 것이다.

재무관리의 일반적인 과정은 다음과 같다.

1) 재정계획

법인 지원금, 프로그램 이용자 부담금, 후원금, 외부 프로젝트 지원금, 타 법인 지원금, 정부보조금, 이월금 등을 수입원으로 확보하면서 재정계획을 수립한다.

2) 예산수립

수입과 지출의 균형을 맞추는 단계이며, 프로그램 담당자가 담당 프로그램 실행에 필요한 비용을 산출근거를 가지고 계획, 각 프로그램 예산안을 작성한다. 각 부서의 책임자는 세부 예산을 종합하고, 이를 수합하여 직접 사업비 예산을 종합한다. 한편, 직접 사업비 예산을 수립하면서 인건비를 포함한 사무비와 재산유지비 등의 간접 사업비 예산을 합하여 총예산을 편성한다. 기관장이 전체 예산을 검토한 후 확정한다. 예비비는 이사회의 승인을 획득해야 사용이 가능하다.

3) 예산집행

지출을 관리하는 것으로 예산에 반영된 금액에 대하여 예산집행 내역의 적절성 여부를 판단하여 기관장이 결재한다. 필요시 기관장의 권한을 위임하여 부 · 과장 전결로 예산을 집행하기도 한다.

4) 회계처리

지출결의서와 영수증을 확인한 후, 금전출납부와 각 항목별 계정원장에 기록한다. 예산을 집행할 때에는 사회복지법인 재무회계규칙에 의해서 수입과 지출에 대한 사항을 정리한다. 월 단위로 보고서를 작성하고 기관장의 승인을 받으며 필요시에는 추가경정예산안을 세울 수 있으며, 이는 이사회의 승인을 거쳐야 한다.

5) 결산서 작성

회계연도 말까지의 수입과 지출을 재무회계 규칙에 의거하여 정리한다.

6) 회계감사

회계사와 사회복지사업의 경험이 있는 전문가에 의해 예산이 규정대로 집행되었는지를 감사하게 되며, 회계감사는 법인에서 실시하는 내부감사와 정부 감독기관에 의한 외부감사가 있다. 회계감사는 사회복지조직의 책무성을 지역사회 및 후원자에게 보고할 필요가 있다.

7) 결산보고서 심의 및 승인

이사회에서 결산과 회계감사 결과를 보고하고, 승인을 득한 후에 관련 정부 감독기관에 결산서를 제출한다.

2절 사회복지재정

1. 사회복지재정의 개념

사회복지재정이란 사회복지활동을 위하여 필요한 제경비의 획득, 지출, 관리의 계획적 · 조직적 행위로서 본래는 국가 또는 지방자치단체가 행하는 재정행위를 말하며, 민간사회복지기관의 관리에도 확대 적용하는 경우도 있다.

사회복지재정의 형태는 크게 공공부문의 재원과 민간부문의 재원으로 나눌 수 있다. 공공부문의 재원은 다시 정부의 일반예산(general revenue), 사회보장을 위한 조세, 그리고 조세비용(tax expenditures)의 세 가지로 나눌 수 있으며, 민간부문의 재원은 사용자부담금(user fee), 자발적 기여금(개인, 재단, 기업), 기업복지, 그리고 가족 내, 또는 가족 간 이전(intra, 혹은 interfamily transfer)으로 나눌 수 있다.

우리나라 사회복지재정의 특성은 다음과 같다(김경우 외, 2013: 47-238).

첫째, 여전히 복지재정 수준 자체의 저열성을 극복하지 못하고 있다는 점이다. 1인당 GDP 3만 달러 시대에서 한국은 미국, 호주 등 복지국가에 비하여 낮은 상태를 보여주고 있다.

둘째, 복지재정 결과과정에서 행정 당국의 지배력이 강하다는 점이다. 복지재정에 있어서 비용효과에 집착하거나 홍보효과를 바탕으로 예산 배정에 접근하고 있어서, 실질적인 복지재정구도의 효과는 발현되기 어렵다.

셋째, 정부재정이 순증주의(incrementalism)에 입각하고 있으므로, 선진국형 재정구조를 이루기 위한 복지재정의 증액이나 비중 조정이 원칙적으로 가능성이 낮은 구조이다.

넷째, 지방정부의 세입이 중앙정부에 의존적인 가운데 복지예산에 있어서 중앙정부사업의 대응예산이 근간을 이루고 지방복지예산은 수동적으로 집행된다.

사회복지재정의 관련대상은 다음과 같다.

① **지방이양 대상사업**: 지방 업무에 대한 국고보조, 반복적 집행성격의 시설물 경상운영비 지원사업, 단순한 지방재원 보전성격의 보조사업, 그리고 국고보조의 실익이 낮은 소액보조사업 등이다.

② **국고보조 대상사업**: 국가사무인 경우, 국가적으로 꼭 필요한 사업이나 지방이양 시 축소가 예상되는 사업, 그리고 중앙정부의 정책수립과 밀접히 연계되어 있고, 대내외 환경변화에 국가적으로 대처해야 하는 사업 등이 해당한다.

③ **국가균형발전특별회계 대상사업**: 낙후지역 · 농산어촌 및 지역 SOC 개발관련 사업, 지역의 문화 · 예술 · 관광자원 개발관련 사업, 지역전략산업 · 문화관광클러스터 등 지역혁신 관련사업, 그리고 기타 국가균형발전특별법상 규정된 사업 등이 포함되어 있다.

2. 사회복지 재정의 특성

사회복지조직의 가장 큰 특징 중의 하나는 자원의존성이다. 자원 중에서도 재원에 대한 의존성이 높은 편이어서, 사회복지조직들은 편성되는 예산에 따라 사업을 진행하게 된다. 따라서 사회복지조직의 행정가들은 항상 안정적인 재원확보에 관심을 갖게 된다. 재원 확보의 구조와 과정은 사회복지조직구조, 형태 및 의사결정과정에도 영향을 미친다.

사회복지조직에서 재정관리는 재정자원을 동원하고, 예산을 수립하여, 효율적으로 집행하는 과정으로 구성된다. 재정관리는 일반적으로 기관의 목표달성을 촉진하고, 재원과 기타 관련자원을 법적 및 사회복지윤리성에 근거하여 통제하고, 계획적으로 사용하는 데 관계된다. 사회복지조직에서 재정관리는 예산, 교부금신청, 인건비, 세금 및 여비 지급 등과 관련된 기술적인 문제이다. 재정관리는 사회복지조직의 관리과정을 구성하고 있는 가장 중요한 요소 중의 하나로 사회복지행정에서 필수불가결한 요소이다. 또한, 재정관리는 기획, 인사관리, 지역사회관계와 같은 다른 관리 업무와 연계되어 있다(고수현 외, 2016: 167-188).

비영리조직으로서 사회복지조직들은 영리적인 이윤을 추구할 수 없기 때문에 모금 활동과 같은 외부적 재원확보 노력에 많은 시간과 자원을 투자하게 된다. 이러한 비영리조직의 재원확보 행태는 사회복지조직의 태생적 특성과 재원의 유형에 따라 영향을 받는다. 일반적으로 사회복지조직의 재원은 정부보조금, 기부금, 이용료 수입 등으로 구성된다. 조직의 형성 초기에는 재원확보체계가 다변적이지만, 안정단계에서는 고정적인 재원을 확보하게 된다. 조직의 업무 특성과 재원의 통제 가능성과 예측 가능성 등에 따라 다양한 차이를 보이게 된다. 영리조직 중에서도 사회복지조직은 외부재원의 영향을 많이 받는다.

사회복지조직의 재원과 관계에 관한 주요 특징은 다음과 같다(Hasenfeld, 2009).

첫째, 사회복지조직은 일반적으로 재원의 지속적인 조달과 직접적으로 통제할 수 없다. 사회복지조직은 재정할당 정도를 스스로 결정할 수 없고, 입법기관에서 정해 주어야 한다. 이는 사회복지조직이 예산과 관련된 정책결정과정에 참여할 수 없음을 의미한다. 또한, 영리부문과 비교할 때 사회복지조직은 그들이 제공하는 서비스의 비용을 지불할 수 있는 소비자를 선택할 수 없다. 즉, 수입을 늘릴 수 있는 홍보, 마케팅, 기타 활동을 충분히 시도하기 어렵다.

둘째, 사회복지조직은 매우 다양한 재원을 갖는다. 예를 들어, ① 정부로부터 직접적으로 받거나 계약의 형태로 지원받는 정부보조금, ② 재단지원금, 협찬 후원금, 직접적인 개별 기부, 유증, 종교기관 기부 등의 형태로서의 기부금, ③ 서비스 요금, 대여, 상품판매 등의 수익사업에 관한 이용료, ④ 기타 특별행사나 기증, 투자 등의 수입이 다양하며 이러한 각각의 유형들은 사회복지조직의 특성에 따라 중요성의 비중이 달라진다.

셋째, 이들 다양한 원천으로부터 재원을 확보하기 위해 사회복지조직은 특별한 업무를 수행해야 한다. 즉, 재단에 사업제안서를 쓰거나, 정부와 계약관계를 맺고 기부자에게 후원금을 요청하거나, 모금회 회원단체들과 연대하여 모금행사들에 참여하고, 고객에게 요금을 지불하도록 요청하고, 기부금품을 모집하거나 접수받고, 특별행사를 조직화하는 등의 다양한 재원확보전략을 추진한다. 이러한 특별한 업무는 대부분은 수혜기관과 직·간접적으로 연관되어 있으며, 사회복지조직 입장에서는 재원을 확보하기 위해 의도적인 연계 노력이 있어야 한다. 따라서 사회복지조직의 운영자들은 조직을 유지하기 위해서 조직들 간에 어떻게 상호작용하는지에 대한 이해를 갖고 전략적으로 관리하여야 한다(고수현 외, 2016: 189).

3. 사회복지재정의 유형

사회복지재정의 주체는 정부나 지방자치단체와 민간사회복지단체들이다. 사회복지행정을 구체화하는 재원은 정부 및 지방자치단체가 지출하는 공적자금과 민간자금으로 나뉜다.

1) 공공재정

공적 책임으로 행하는 사회복지행정에 소요되는 비용으로서 대부분은 지방자치단체가 행하고 있다. 국가와 지방자치단체 간의 재정상의 부담 구분은 그 대상이 「지방재정법」에 의하여 정해지며, 나아가서 국고부담이 행해지는 종목이나 그 부담의 비율 등은 사회복지법령에 의하여 행해진다.

2) 민간재정

민간사회복지사업의 지원은 국가 및 지방자치단체의 보조금과 위탁금 등의 공비와 공동모금, 그리고 그밖에 기부금에 의한 배분기부금과 대부금, 공영경기수익금과 기타 수익사업부문의 수익 및 조성 등이다.

이 밖에 사회복지의 재원을 기업과세 강화, 즉 법인세의 증징이나 조세특별조치에 의하여 조달하고 있다(고수현 외, 2016: 185-187). 민간재정은 다음과 같다.

① 민간사회복지관 및 사회복지시설에 대한 장기 저리대부의 대부금

② 민간사회복지기관에 대한 보조로서의 활동보조금

③ 공동모금에 의한 기부금

④ 사회복지서비스 이용자의 소득별 부담금으로서의 수입자부담금 등이 있다.

3절 사회복지법인 재무회계

1. 사회복지법인 예산수립

1) 품목별 예산(LIB: Line-Item Budget)

구입하고자 하는 물품, 서비스 별로 편성하는 예산(투입중심예산)

① 특징: • 전년도 예산이 주요 근거가 됨
• 회계계정별로 구입품목별로 편성
• 통제적 기능이 강함
• 회계자에 유리한 예산임

② 장점: • 지출근거를 명확히 하므로 예산통제에 효과적임
• 회계에 용이함

③ 단점: • 예산의 신축성을 저해할 우려

- 예산 증대의 정당성과 근거희박
- 결과나 목표 달성에 대한 고려 부족
- 사업내용 파악이 어렵고 효율성이 무시됨

2) 성과주의 예산(PB: Performance Budget)

활동을 기능별 또는 사업별로 구분한 후에 이를 다시 세부사업으로 나누고 각 사업의 단위원가와 업무량을 계산하여 편성하는 예산(과정중심예산)

① **특징:** • 단위원가 × 업무량 = 예산
- 장기적 계획을 고려하지 않음
- 효율성을 중시함
- 관리기능이 강함
- 관리자에 유리한 예산임

② **장점:** • 목표와 사업을 분명히 이해할 수 있음
- 자금 분배를 합리적으로 할 수 있음
- 사업별 통제가 가능함
- 사업의 효율성을 기할 수 있음

③ **단점:** • 예산통제가 어려움
- 비용산출의 단위설정과 비용책정이 어려움
- 효과성이 무시됨

3) 계획 예산(PPBS: Planning-Programming-Budgeting)

목표 달성을 위한 장기적 기본계획을 수립하고 기본계획을 연차적으로 실행하기 위하여 사업별로 편성하는 예산(산출중심 예산)

① **특징:** • 장기적 계획과 단기적 예산편성을 구체적인 사업실행계획을 통하여 유기

적으로 연결
- 장기적 계획을 전제로 함
- 목표를 분명히 하고 달성을 강조함
- 계획기능이 강함
- 계획자에 유리한 예산임

② 장점: • 목표와 사업을 분명히 이해
- 자금분배의 합리성
- 장기적 사업계획의 신뢰성
- 사업계획과 예산수립의 괴리를 막음
- 사업의 효과성을 높일 수 있음

③ 단점: • 목표 설정이 어렵고 결과에만 치중, 과정 무시
- 권력과 의사결정이 중앙집중화될 경향이 있음

4) 영기준 예산(ZBB: Zero-Based Budget)

전년도 예산을 전혀 고려하지 않고, 계속사업, 신규사업의 정당성을 매년 새로이 마련하고 우선순위를 정하여 편성하는 예산

① 특징: • 매년 사업목표와 수행능력을 새로 고려
- 목표 달성을 위한 다양한 사업 고려
- 사업의 비교 평에 기초하며 의사결정 기능이 강함
- 소비자에게 유리한 예산임

② 장점: • 예산절약과 사업의 쇄신에 기여
- 관리에 참여를 확대
- 재정운영과 자금배분의 탄력성을 기대할 수 있음
- 자금의 배분을 합리화할 수 있음
- 사업의 효율성과 효과성을 기대할 수 있음

③ 단점: • 효과적 의사소통, 의사결정, 사업평가에 대한 관리자의 훈련이 필요
• 정치적 · 심리적 요인 무시
• 장기계획에 의한 사업수행이 곤란함

2. 사회복지법인 재무 · 회계규칙

〈표 10-1〉 사회복지법인 재무 · 회계규칙 '보건복지부령 제269호'(2012. 8. 7. 개정)

항목	내용
회계 연도	1월 1일부터 12월 31일까지, 출납기한은 다음 연도 2월 말까지 완결
회계의 구분	법인회계, 시설회계, 수익사업회계
정보통신매체에 의한 재무 · 회계처리	법인 및 시설의 재무 · 회계업무의 효율성 및 투명성을 높이기 위하여 법인 및 시설의 재무회계를 처리하기 위한 정보시스템 구축 · 운영
예산총계주의 원칙	세입과 세출은 모두 예산에 계상
예산의 전용	법인의 대표이사 및 시설의 장은 관 · 항 · 목간의 예산을 전용할 수 있음
결산서의 작성제출	다음 연도 3월 31일까지 시장 · 군수 · 구청장에게 제출
수입금의 수납	수입원에 의한 수납, 수입금은 그 다음 날까지 금융기관에 예입
지출의 원칙	지출사무를 관리하는 자 및 그 위임을 받아 지출명령이 있는 것에 한하여 지출
감사	매년 1회 이상 감사를 실시

4절 예산 편성절차

예산 편성은 조직의 목표를 달성하기 위해 필요한 비용을 추정하는 과정이라 할 수 있다. 조직의 예산편성은 사회복지법인 및 사회복지시설 재무 · 회계규칙 제10조와 보건복지부의 업무지침을 근거로 하여 보조금을 지원하는 지방차치단체의 세부지침을 적용하여 수립한다. 예산 편성은 예산수립의 원칙과 예산총계주의 원칙에 따라 회계연도의 모든 수입은 세입으로 하고 모든 지출은 세출로 하되, 법인과 시설에서 발생하거나 발생하리라고 예상되는 모든 세입과 세출은 법인회계 및 시설회계 예산에 계상해야 한다.

사회복지조직의 예산과목은 관, 항, 목으로 구분된다. 관은 기능별로 나누고 관은 다시 항으로 항은 다시 목으로 구분된다. 예를 들어, 보조금수입이라는 관이 다시 보조금 수입과 후원금 수입이라는 항으로 나뉘어져 있고, 이중 보조금수입항은 경상보조금 수입, 사업보조금 수입, 기타 보조금수입으로 각각 나누어지고 있다.

예산서에는 다음의 서류를 첨부해야 한다.

① 예산총칙 ② 세입 · 세출 명세서 ③ 추정대차대조표 ④ 추정수지계산서 ⑤ 임직원 보수 일람표 ⑥ 당해 예산을 의결한 이사회 회의록 또는 해당예산을 보고 받은 시설운영위원회 회의록 사본 등이 있다. 다만, 단식부기로 회계를 처리할 경우에는 위의 ①, ②, ⑤, ⑥호의 서류만 첨부할 수 있으며 국가 · 지방자치단체 · 법인 외의 자가 설치 · 운영하는 시설로서 거주자 정원 또는 일일 평균이용자가 20명 이하인 소규모 시설은 ②, ⑥호의 서루만 첨부할 수 있다.

또한「영유아보육법」제2조에 따른 어린이집은 보건복지부장관이 정하는 바에 따른다.

사회복지조직은 사회복지법인 및 사회복지시설 재무 · 회계규칙 제12조 규정에 따라 준예산을 편성하여 집행할 수 있다. 준예산이란 회계연도 개시 전까지 법인 및 시설의 예산이 성립되지 아니한 때에 법인의 대표자 및 시설의 장은 시장 · 군수 · 구청장에게 그 사유를 보고하고 예산이 성립될 때까지 ① 임직원의 보수 ② 법인 및 시설운영에 직접 사용되는 필수적인 경비 ③ 법령상 지급의무가 있는 경비에 대하여 전년도 예산에 준하여 집행할 수 있는 예산을 말한다. 지방재정법에 의하면 준예산을 사용할 수 있는 기간에 대해 명시하지 않고 있으나, 제도의 취지를 감안할 때 3개월 이내여야 한다고 해석하고 있다. 동법 제46조 제2항에 의하면 준예산은 의결기관의 심의를 거친 예산이기 때문에 별도의 의결을 요하지 않는다고 되어 있어서, 법인의 준예산도 별도의 이사회 의결을 요하지 않는 것으로 해석된다(강용규 외, 2010). 이는 본예산이 성립되면 준예산은 본예산에 의거하여 집행되기 때문이다.

5절 예산의 집행과 결산

예산안은 법인이사회에서 확정되면 조직의 목표를 달성하기 위한 업무 진행을 지원하는 수단으로 변화한다. 예산안은 업무활동을 위한 계획이면서, 계획 실천과정의 지침 기능을 수행하게 된다. 예산 집행은 조직 목표의 효과적 달성과 조직의 존폐까지 영향을 미친다. 또한 수입 · 지출에 관한 관리나 통제뿐만 아니라 회계통제, 산출통제, 관리행위 통제의 의미가 있다.

1. 예산집행의 개념과 원칙

예산집행의 개념은 세입 · 세출 예산안이 담고 있는 정책 목표와 복지프로그램을 달성하는 데 필요한 수입과 지출을 실행하는 일체의 행위를 말한다. 즉, 예산 안에 포함된 사업을 수행하여 과업목표를 달성해야 할 많은 사업계획을 실천에 옮기는 것이 예산의 집행인 것이다. 예산을 집행할 때에는 반드시 사회복지법인 및 사회복지 시설 재무 · 회계규칙을 준수해야 하며, 계약과 관련된 업무를 처리할 경우에는 동 규칙 제30조 2항에 의하여 지방자치단체를 당사자로 하는 계약에 관한 법률을 적용해야 한다.

예산 집행에는 다음과 같은 원칙을 지켜야 한다.(〈표 10-2〉 참고)

① **개별화의 원칙**: 재정 통제 체계는 조직 자체의 제약조건 요구 사항 및 기대 사항에 맞게 구성되어야 한다.

② **강제의 원칙**: 재정 통제 체제는 명시적으로 강제성을 띠는 규정이 있어야 한다. 강제성이 없는 규칙은 효과성이 없으며, 규칙의 동일한 적용을 통하여 공평성과 활동을 공식화할 수 있는 것이다.

③ **예외의 원칙**: 규정에는 반드시 예외 상황을 고려하여야 하고 그러한 상황에 적용되는 다른 규칙도 명시되어야 한다.

④ **보고의 원칙**: 예산 집행에 있어서 보고의 규정이 없으면 재정 관련 행위를 공식적으로 감시하고 통제할 수 없다.

⑤ **개정의 원칙**: 제정된 규정과 원칙도 일정 기간이 경과하면 개정할 수 있어야 한다.

⑥ **효율성의 원칙**: 통제하는 경우라도 비용과 노력을 최소화하여 효율성을 향상시켜야 한다.

⑦ **의미의 원칙**: 재정 통제를 위해서는 모든 사람이 의미 있게 이해할 수 있도록 규칙과 기준 등이 명확하고 쉽게 전달되어야 한다.

⑧ **환류의 원칙**: 예산 집행 과정에서 나타나는 문제점이나 장, 단점들은 개정과 개선의 기초가 되어야 한다.

⑨ **생산성의 원칙**: 재정 통제는 봉사활동이 효과적이 될 수 있는 수단이므로, 이로 인하여 봉사 업무의 생산성에 차질이 발생하지 않도록 유의하여야 한다.

〈표 10-2〉 예산집행 원칙의 의미

원칙	내용
개별화	예산통제는 개별기관 그 자체의 특성에 맞게 고안되어야 한다.
강제성	예산통제 체계는 강제성을 띠는 명시적인 규정이 있어야 한다.
예외성	규칙에는 반드시 예외사항을 고려하여야 하고 그러한 상황에 적용되는 다른 규칙도 명시되어야 한다.
보고	예산통제 체계는 재정 상황을 정기적으로 보고하여야 한다.
개정	규칙은 일정한 기간이 지난 후에는 새로 개정할 수 있어야 한다.
효율성	예산통제는 비용과 노력을 최소화하는 정도에서 이루어질 수 있어야 한다.
의미	효과적인 통제가 되기 위해서는 규칙, 기준, 의사소통 및 계약 등은 관계되는 모든 사람들에게 동일하게 전달되어야 한다.
환류	예산통제 체계에 관한 규칙, 기준, 의사소통, 계약 등을 적용할 때 발생할 수 있는 여러 가지의 부작용 및 장단점 등을 관련자들로부터 수렴하여 개정과 개선의 기초가 되어야 한다.
생산성	서비스 전달이라는 생산성에 장애와 갈등이 발생하지 않도록 봉사업무는 효과적이고 효율적으로 수행되어야 한다.

2. 예산집행 통제의 기제

예산의 수급이 불균형하거나 정책상 예산통제를 통하여 예산의 균형 유지가 필요할 경우에 사용되는 예산집행 통제기제는 다음과 같다.

① **분기별 할당**: 수입예산이 계획대로 들어오지 않거나 특정 기간에 집중적으로 유

입될 수 있으므로 분기별로 수입과 지출을 조정하여 예산의 공백을 방지하고 수입과 지출의 균형을 유지할 필요가 있을 때 사용한다.

② **지출의 사전 승인**: 일정 한도액 이상을 지출할 경우 최고경영자나 중간 관리자의 사전 승인을 받도록 한다. 수입과 지출의 균형유지에 도움이 되며 승인을 미루어 지출을 억제할 수 있다.

③ **지출의 취소**: 예상된 재정원천으로부터 수입이 인가되지 않거나 예상된 수입이 입금되지 않을 때 자금지출을 취소한다.

④ **지불연기**: 지불요청에 대해 의도적으로 적당한 방법을 통해 연기함으로써 수입예산이 입금되기까지 여유를 얻는 것을 말한다. 특히, 예산지불의 연기로 벌칙이나 벌금이 없는 경우 요청자의 양해를 얻어 최대한 연기를 할 수 있다.

⑤ **예산대체**: 회계연도 내에서 계정별 과다지출 되거나 과소지출 되었을 때 과소지출 분에서 과다 지출 분을 대체 충당하여 지출한다.

⑥ **재정현황 정기보고**: 관리 책임자는 월별 분기 반기별 예산현황을 보고 받아 예산균형을 검토해야 한다. 예산보고서의 내용은 수입지출 현황변제비용 인원당비용 기능별 비용, 단위당비용 등이 포함된다.

⑦ **예산의 차용**: 예산의 차용은 은행 또는 협회 등의 특별단체로부터 자금을 차입하는 것을 말한다.

3. 결산

결산이란 한 회계연도 내에 발생한 모든 수입과 지출을 최종적으로 확정적인 계수로 표시하는 절차를 말한다. 세입 · 세출 결산 보고서 또는 수입 · 지출 결산서는 중앙관서의 장이나 법인의 대표이사 시설의 장이 작성하는 예산 집행의 마무리 단계이다. 결산이 필요한 이유는 법인의 경우 이사회의 의도대로 법인이나 시설이 예산을 집행하였는지를 규명하고 흑자나 적자의 크기를 확인하고 결산 결과를 다음 회계년 예산에 반영시키기 위해서이다. 결산서 작성과 제출의 의무는 사회복지법인 및 사회복지시설 재무 · 회계규칙에 규정하고 있다. 법인의 대표자 및 시설의 장은 법인회계와 시설회계의 세입 · 세출 결산 보고서를 작성하여 각각 이사회의 의결 및 시설 운영위원회의 보고를 거친 후 다음 연도 3월 31일까지 시장, 군수, 구청장에게 제출해야 한다. 다만 법인이 설치 · 운영하는 시설인 경우에는 시설운영위원회에 보고한 후 법인 이사회의 의결을 거쳐 제출해야 한다.

결산 보고서를 제출받은 지방자치단체장은 20일 이내에 법인과 시설의 세입 · 세출 결산서를 자치단체의 게시판과 인터넷 홈페이지에 20일 이상 공고하고, 동 내용을 법인의 대표자로 하여금 해당법인 및 시설의 게시판과 인터넷 홈페이지에 20일 이상 공고하도록 하여야 한다. 이때 「신문 등의 진흥에 관한 법률」 제2조 제1호에 따른 신문 또는 「잡지 등 정기간행물의 진흥에 관한 법률」 제2조 1호에 따른 장기간행물에 게재하는 것으로 갈음할 수 있다.

6절 회계 및 회계감사

1. 회계의 개념

금전 거래 등 조직의 재정적 거래를 분류하여 기록하고, 그 결과를 해석하는 표준화되고 요약된 방법 및 목적에 따라 재무회계와 관리회계로 구분한다.

① 재무회계(financial accounting): 내부 및 외부 정보 이용자의 경제적 의사결정에 필요한 재무상태, 경영성과, 현금 흐름의 변동 등의 내용과 일정 기간 동안의 수

입과 지출 사항을 기록하여 보고하는 것이다.

② **관리회계**(managerial accounting): 행정책임자가 행정적인 의사결정을 하는 데 필요한 모든 재정관계 자료를 정리하는 것으로, 미래 상황에 대한 예측을 가능케 하는 예산단위 비용을 계산하여 예산의 실행성과를 분석하는 것이다.

2. 주요 회계활동

회계 활동은 ① 기록업무 ② 정리업무 ③ 재정보고서 작성 및 발행이다.

조직의 수입·지출의 결과에 관련된 사실을 확인하고 검증하여 이를 보고하기 위하여 장부 및 기타 기록을 체계적으로 검사한다.

회계감사는 결산과 더불어 예산과정 중의 마지막 과정으로서, 예산을 정확하게 그리고 효율적으로 집행하기 위해서 필요하다.

사회복지기관의 경우 감사는 지출과 수입에 대한 회계관리의 전반적 검사를 통하여 오류 및 부정행위를 발견하고 그 정확성을 확보하고자 하는 행위를 뜻한다(McLaughlin, 1994).

사회복지법인과 시설에 대한 회계감사는 사회복지법인 재무·회계규칙 42조 1항과 2항 규정에 의해 매년 1회 이상 감사 실시한다.

회계감사는 사회복지조직의 재무·회계의 명확성과 공정성 확보 및 사회복지조직 내·외부로부터의 지지를 얻을 수 있는 기회가 된다(강용규 외, 2010).

3. 회계감사의 유형

회계감사는 결산과 더불어 예산과정 중의 마지막으로 예산을 정확하고 효율적으로 집행하기 위해서 필요하다. 회계(accounting)란 일반적으로 조직의 예산집행에 관한 재정적 활동의 사실들을 기록하여 그 결과를 해석하게 하는 기록과 분류 및 요약기술을 말한다. 회계는 그 목적에 따라 재무회계와 관리회계로 구분한다. 재무회계는 예산편성 및 배정 수입 계약지출 등 당해 회계 연도의 재정과 수입 지출에 관한 사항 및 절차를 말한다. 관리회계는 조직의 행정책임자가 의사 결정을 내리는 데 도움이 되도록 회계행위의 방법에 관한 것으로 관련법에 규정되고 있다. 일반적으로 사회복지조직에서 회계업무는 기록업무, 정리업무, 재정보고서 작성 등이 있다.

사회복지법인 및 사회복지시설 재무 · 회계규칙에서 법인의 대표자와 시설의 장은 법인과 시설의 수입 및 지출에 관한 사무를 관리하는데 수입 및 지출원인 행위에 관한 사무를 각각 소속직원에게 위임할 수 있다. 이때 수입과 지출의 현금출납업무를 담당하는 각각 수입원과 지출원을 두어야 한다. 다만 법인 및 시설의 규모가 소규모인 경우에는 수입원과 지출원을 동일인으로 지정할 수 있다.

사회복지법인과 사회복지시설의 회계는 단식부기에 의한다. 다만 법인회계와 수익사업회계에 있어서 복식부기의 필요성이 있는 경우에는 복식부기에 의할 수 있다. 법인 및 시설에는 ① 현금 출납부 ② 총계정 원장 ③ 재산대장 ④ 비품관리대장을 비치해야 한다.

회계감사(audit)란 조직의 예산 편성, 지출상황, 결산 등을 증빙 자료로 확인하는 것으로서 주요 관심은 재정 기록의 정확성과 표준화된 양식을 얼마나 준수하였는가를 조사하고 지도하는 데 목적이 있다.

회계감사는 그 주체에 따라 내부체계 감사와 외부체계 감사가 있다. 내부체계 감사는 조직 내부에서 실시하는 감사를 의미하며 외부체계 감사는 조직의 외부 회계법인 등과 같이 독립된 기관이나 정부 지자체 등에서 실시하는 감사를 말한다. 일반적으로 외부체계의 감사가 객관성을 유지할 수 있다. 또한, 감사 대상 조직에 따라 법인에 대한 감사와 법인이 운영하는 조직인 시설감사로 구분한다. 감사기능에 따라 자금이 규정된 항목별로 올바르게 사용되었는가를 감사하는 규정준수 회계감사(compliance audit)와 프로그램 운영의 산출여부 또는 효과성과 효율성을 평가하는 운영 회계감사(operational audit)가 있다.

1) 규정준수 회계감사

규정준수 감사는 재무관리가 적절한 절차에 따라 시행되며, 재정이나 다른 보고서들이 적절하게 구비되었는지, 조직에 적용된 각종 규칙과 규제들을 조직이 준수하고 있는지를 확인하는 과정이다. 규정준수 회계감사는 전통적인 품목별 예산형식에서 요구하는 방식이다. 즉, 주어진 자금이 규정된 항목별로 올바르게 사용되었는지를 확인하는 것이다. 신복기 외(2004)는 규정감사의 본래 목적은 개인의 욕심으로 재원이 잘못 사용되는 것을 방지하려는 데 있었으며 공적인 목적과 수단들이 점차 복잡하게 되면서 감시 기능으로 확대된 것이라고 설명하였다. 규정준수 회계감사는 실제로 업무의 효과성과 능률적인 측면에서 경비 지출 여부가 중요한 부분이 아니고, 규칙과 절차 항목의 규정에 맞게 집행되었는가 하는 점에 관심을 두는 것이다. 따라서 지나치게 형식에 집착하여 문제 해결을 어렵게 만들어 관료적인 병폐가 나타나기도 한다.

2) 운영 회계감사

운영 회계감사는 예산과 관련하여 바람직한 프로그램 운영을 나타내어 규정준수 회계감사의 약점을 보완하는 감사이다. 운영 회계감사를 위해서는 기능별 예산이 프로그램 예산과 같은 형식으로 되어야 한다. 이러한 양식에 의해 목표 달성을 하였는지 또는 어느 정도의 산출물이 예산비용과 관련하여 발생하였는지를 판단하게 된다.

사회복지법인과 사회복지시설에 대한 감사는 사회복지법인 및 사회복지시설 재무·회계규칙에 매년 1회 이상 감사를 실시하도록 규정되어 있다. 또한 법인의 대표자는 시설의 장과 수입원이나 지출원이 유고되는 경우에는 그 관장에 속하는 수입, 지출, 재산 물품 및 현금 등의 관리 사항을 감사로 하여금 감사하게 하여야 한다. 이때 전임자가 입회해야 하며 전임자가 입회할 수 없을 경우에는 그 전임자나 법인의 대표자가 관계직원 중에서 지정한 입회인을 입회하게 해야 한다. 감사는 감사보고서를 작성해

법인 이사회에 보고해야 한다. 재산상황 또는 업무집행에 관하여 부정 또는 불비한 점이 발견된 때는 시장, 군수, 구청장에게 보고해야 한다. 감사보고서에는 감사가 서명 또는 날인하여야 한다.

〈표 10-3〉 회계감사의 유형

유형	구분	내용
주체	내부감사	조직의 내부인 중 최고 행정책임자 또는 다른 중간 행정책임자가 행하는 감사
	외부감사	조직외부의 독립된 회계기관, 회계사, 정부의 업무감독 기관에서 행하는 감사
대상 조직	정부기관에 대한 감사	정부의 감독관청 및 감사원이 행하는 감사
	법인에 대한 감사	법인에서 지정한 외부의 회계기관 또는 정부의 감독관청이 행하는 감사
	사회복지조직에 대한 감사	당해 법인, 외부 회계기관 및 감독관청이 행하는 감사
영역	규정준수 회계감사	대부분 기관의 재정적 운영이 적절한 회계절차에 따라 시행되었는지, 재정이나 다른 보고서들이 적절하게 준비되었는지, 기관에 적용된 각종 규칙과 규제들에 기관이 적절하게 따랐는지를 확인하는 것에 목적을 둠
	운영 회계감사	바람직한 프로그램 결과가 성취되었는지의 여부, 목표들은 어느 정도의 경제성과 효율성으로 성취되었는지 등과 같은 문제들에 관심을 둠

CHAPTER 11

정보관리

학습목표

1. 정보관리의 의의와 사회복지 정보관리의 필요성을 이해한다.
2. 정보관리체계의 유형을 이해한다.
3. 정보의 보호와 관리로서 개인정보의 수집과 개인정보의 관리를 이해한다.
4. 문서의 기록관리로서 공공시설정보의 관리, 문서와 기록관리의 표준화 등을 이해한다.

개 요

정보관리는 조직운영에 필요한 정보의 획득, 활용, 저장 등을 총칭한다. 최근의 사회복지에서 정보는 업무효율성, 효과성, 의사소통, 복지의 타당성 확보 등을 위해 필요하다. 정보관리체계는 자료처리응용단계, 정보관리체계, 지식기반시스템, 의사결정지원시스템, 업무수행지원시스템 등을 통하여 수행되어진다.

정보의 보호와 관리는 개인정보의 수집과 관리차원에서 이해하여야 한다. 개인정보는 주민등록번호의 수집금지와 영상정보처리기기의 설치를 금지하여야 한다.

문서의 기록관리에 있어서 정보는 조직정보, 시설정보, 클라이언트 정보 등으로 분류된다.

문서와 기록관리의 표준화를 위해서는 문서의 유형, 문서작성의 일반원칙, 기록관리와 조직에서 생산, 접수, 관리하는 기록과 문서를 어떻게 보관할 것인가에 대한 내부 규정인 파일링시스템에 대한 규정이 있어야 한다.

1절 정보관리의 개념

1. 정보관리의 개념

정보관리(Information Management)란 조직의 효과적 운영에 적합한 정보의 획득, 활용, 저장 등에 관한 원칙을 정하는 활동을 말한다. 즉, 조직에서의 정보관리란 조직의 목표 달성을 위해 필요한 각종 형태의 공식적·비공식적 자료와 정보를 수집, 기록, 분석, 전달, 배포, 보관하는 활동에 대한 체계와 절차를 말한다(신복기 외, 2019).

그리고 정보관리시스템이란 조직의 목표 달성을 위해 개발된 정보자원을 활용해 각종 정보를 산출 및 제공하는 시스템으로 정의한다(심상용, 2017).

정보관리시스템의 정보자원은 시스템 지원, 통합처리, 데이터베이스 처리모형 및 절차로 구성된다(신복기 외, 2019).

시스템 지원에는 컴퓨터와 통신망 등 하드웨어 자원 간 소프트웨어 자원이 포함된다. 통합처리는 소규모의 정보시스템들을 연합해 하나의 정보시스템으로 통합하는 것을 말한다. 데이터베이스는 일정한 장소에 저장되어 있는 파일시스템으로 통합해 나가는 것을 말한다. 처리모형 및 절차는 조직관리를 위한 의사결정 모형을 적용해 정보를 처리하고 개발 및 관리하는 방법을 시행하는 것이다.

2. 사회복지 정보관리의 필요성

사회복지 영역에서 정보화의 필요성과 효과는 다음과 같다(전해황 외, 2016).

1) 업무효율성 증대

정보화를 통해 조직의 업무효율성을 증대시킬 수 있다. 사회복지조직에서 일상적으로 반복되는 사무업무를 컴퓨터를 이용하여 업무절차를 간소화함으로써 예산과 인력을 절약하고 클라이언트에게 신속하게 서비스를 제공할 수 있다.

2) 효과성 증대

사회복지서비스의 효과를 증대시킬 수 있다. 정보화 프로그램의 활용으로 사회복지사는 의사결정에 필요한 자료를 제공받을 수 있으므로 클라이언트에게 적절한 서비스를 제공할 수 있다.

3) 의사소통의 증대

의사소통 및 업무의 지도감독의 강화로 업무의 효율성을 증대시킬 수 있다. 화상회의, 전자결재를 통해 관리자와 일선 사회복지사와의 긴밀하고 정확한 의사소통이 가능해짐으로써 업무가 효율적으로 진행될 수 있다. 또한 중간관리자는 담당 사회복지사가 보고를 하지 않아도 전산 상에서 업무내용을 확인할 수 있으므로 사업의 진척상황을 파악할 수 있다.

4) 복지의 타당성 확보

정보화를 통해 복지의 정확성, 객관성, 타당성을 확보할 수 있다. 왜냐하면 사회복지사는 자신이 수행한 사업내용을 전산에 입력하면 자신의 활동내용을 모든 사람이 보게 된다는 것을 의미하기 때문에 더욱 책임감을 가지고 성실하게 사회복지업무를 수행할 수 있다.

3. 정보관리체계의 유형

1) 자료처리응용단계

자료처리업무는 정보의 수집, 저장, 검색, 조정, 이송 그리고 자료출력을 포함한다. 비서업무와 직원들의 일상 업무를 처리하는 데 소요되는 시간과 비용을 감소시키기 위해서 고안된 것이다. 비교적 단순·반복적인 업무에서 발생되는 자료의 양이 증가함에 따라 기계적인 자료처리 필요성이 높아지고 있다.

2) 정보관리체계

사람의 모집, 절차, 자료와 정보수집기술, 일련의 절차를 통해서 자료와 정보를 향상시키는 기술, 그리고 그 결과를 출력하여 배포하는 것을 말한다. 정보체계는 많은 독립된 자료처리과정을 통합시키고, 단계별로 조직에게 도움을 주며, 보고의 형식으로 만들어 낸다. 이용자 실적을 사업부서별로 월별, 분기별 보고서를 자동 작성하도록 하여 사업현황을 정기적으로 점검할 수 있는 정보를 제공하는 것이다.

일반정보체계의 구성요소는 다음과 같다.

① **기록**: 체계 묘사와 체계가 어떻게 작동하는지에 관한 지시문
② **인력**: 정보를 수집, 저장, 복구, 조작, 소통하는 사람
③ **도구**: 과업을 수행하는 것
④ **정보**: 인력의 봉급이나 작업시간과 같은 것을 나타내는 특성, 수치, 상징
⑤ **방법과 절차**: 과업과 관련된 구조와 과정

3) 지식기반시스템(KBS)

지식기반시스템에는 전문가시스템, 사례기반추론, 자연음성처리 등이 있다(황성철 외, 2005).

① **전문가 시스템**: 사용자가 제공한 사실을 기초로 컴퓨터 안에 저장된 지식을 응용하여 사례에 관한 의사결정을 하는 것이다.

② **사례기반추론**: 수천 개의 클라이언트 사례(인구통계, 서비스, 성과)를 조사하여 저장하고 이들 저장된 사례자료로부터 지식을 얻어 내는 것이다.

③ **자연음성처리**: 언어를 텍스트로 전환하는 것→전환 음성기, 외국어번역테스트기 등이다.

4) 의사결정지원시스템(DSS)

효과성과 의사결정의 특성을 탐구하는 것에 초점을 두고 있으며, 전문가가 복잡한 의사결정을 보다 쉽게 할 수 있도록 지원하기 위해 고안된 것이다. 사용자가 자료를 검색하고, 관리하고, 의사결정에 관한 정보를 얻는 데 도움을 준다.

사용자의 경험과 판단의 대리인이 아니라 단지 데이터이고 모델일 뿐이다. 즉, DSS가 의사결정을 하는 것은 아니고 전문가가 직접 의사결정을 한다.

5) 업무수행지원시스템(PSS)

직접 서비스를 제공하는 사회복지사의 업무성과를 높이는 것에 초점을 두고 있다. 현장에서의 업무수행능력을 향상시키기 위해 개발된 통합정보제공시스템으로 다른 사람으로부터 최소한의 도움을 받아 즉시 그 문제를 해결하거나 업무를 완수할 수 있도록 하는 것이다.

즉각적으로 성과를 증가시키는 데 목적이 있으며 사용자가 업무수행을 위해 특정한 정보가 필요한 경우 이를 즉각적으로 도와주는 것이다.

2절 정보의 보호와 관리

1. 용어의 정의

1) 개념

개인정보의 보호와 관련하여 이해해야 할 용어들은 다음과 같다.

(1) 개인정보

살아 있는 개인에 관한 정보로서 성명, 주민등록번호 및 영상 등을 통하여 개인을 알아볼 수 있는 정보이다.

(2) 정보 주체

처리되는 정보에 의하여 알아볼 수 있는 사람으로서 그 정보의 주체가 되는 사람이다.

(3) 개인정보처리자

업무를 목적으로 개인정보 파일을 운용하기 위하여 스스로 또는 다른 사람을 통하여 개인정보를 처리하는 공공 기관, 법인, 단체 및 개인 등이다.

(4) 영상 정보 처리 기기

일정한 공간에 지속적으로 설치되어 사람 또는 사물의 영상 등을 촬영하거나 이를 유·무선망을 통하여 전송하는 장치로 폐쇄회로 텔레비전(CCTV), 네트워크 카메라 등이다.

2. 개인정보의 수집

사회복지시설의 개인정보 처리자는 ① 정보 주체의 동의를 받은 경우와 ② 법률에 특별한 규정이 있거나 법령상 의무를 준수하기 위하여 불가피한 경우에 한해 개인정보를 수집할 수 있으며 그 수집목적의 범위에서만 이용할 수 있다.

1) 주민등록번호 수집 금지

개인정보 중 주민등록번호는 「개인정보 보호법」 제24조의 2에 의거 법령에서 구체적으로 주민등록번호의 처리를 요구하거나 허용한 경우로 제한하고 있다. 사회복지시설에서 주민등록번호를 수집할 수 있는 경우는 현행 「사회복지사업법」 및 관계 법령에 의거 다음과 같다(국가직무능력표준, 2019).

① **자원봉사자**: 「사회복지사업법」 시행령 제25조의 2.
② **후원자**: 「소득세법」 시행규칙 제101조 제20의 2, 서식45의 2 기부금 영수증
③ **근로자**: 「근로기준법」 시행령 제27조, 국민건강보험법 시행규칙 제4조 2, 4, 5호 서식 6, 8, 9, 소득세법 소득세 원천징수 관련 근거 다수 등이다.

주민등록번호 수집과 관련하여 이를 위반 시 3천만 원 이하의 과태료, 유출이 발생한 경우 최대 5억 원 이하의 과징금을 부과 · 징수토록 하고 있다.

2) 영상 정보 처리 기기의 설치

(1) 설치 허용

영상 정보 처리 기기는 다음의 경우에 한해 설치할 수 있다.

① 법령에서 구체적으로 허용하고 있는 경우
② 범죄의 예방 및 수사를 위하여 필요한 경우
③ 시설 안전 및 화재 예방을 위하여 필요한 경우

(2) 설치 금지

불특정 다수가 이용하는 목욕실, 화장실, 발한실(發汗室), 탈의실 등 개인의 사생활을 현저히 침해할 우려가 있는 장소의 내부를 볼 수 있는 경우는 설치할 수 없다.

(3) 운영 제한

① 영상 정보 처리 기기의 설치 목적과 다른 목적으로 영상 정보 처리 기기를 임의로 조작하거나 다른 곳을 비춰서는 안 되며, 녹음 기능은 사용할 수 없다.
② 개인 정보가 분실 · 도난 · 유출 · 변조 또는 훼손되지 아니하도록 안전성 확보에 필요한 조치를 하여야 한다.
③ 영상 정보 처리 기기 운영 · 관리 방침을 마련하여야 한다.

3. 개인정보의 관리

1) 안전 조치

개인 정보는 분실 · 도난 · 유출 · 변조 또는 훼손되지 않도록 개인정보 처리 방침을 제정하여야 하며, 그에 따라 안전성 확보에 필요한 기술적 · 관리적 및 물리적 조치를 하여야 한다.

2) 개인정보 유출 통지

개인정보의 유출이 발생한 경우, 지체 없이 정보 주체에게 해당 사실을 알려야 한다.

3) 개인정보의 파기

개인정보는 보유 기간의 경과, 처리 목적 달성 등 그 개인정보가 불필요하게 되었을 때에는 지체 없이 복구 또는 재생할 수 없도록 파기하여야 한다.

4. 개인정보의 공개

개인정보는 정보 주체의 동의를 받아 제삼자에게 제공할 수 있다. 이때 다음 사항을 정보 주체에게 알려야 한다.

① 개인정보를 제공받는 자
② 개인정보를 제공받는 자의 개인정보 이용 목적
③ 제공하는 개인 정보의 항목
④ 개인정보를 제공받는 자의 개인정보 보유 및 이용 기간
⑤ 동의를 거부할 권리가 있다는 사실 및 동의 거부에 따른 불이익이 있는 경우에는 그 불이익의 내용

3절 문서의 기록관리

1. 공통 시설 정보의 관리

1) 공통 시설 정보의 종류

시설에서 관리해야 하는 공통 정보는 인사 관리, 경력 관리, 시설의 건물 정보(면적 등), 연혁, 예결산, 사업 실적, 비품 및 차량 관리, 후원 및 자원봉사 관련, 시설 기능 보강 관련, 시설평가 결과, 시설 위탁 관련, 지도 점검 및 감사 이력, 각종 지침 및 매뉴얼, 보험 가입 정보 등 매우 다양하다.

2) 공통 시설 정보의 분류

공통 시설 정보를 다시 정보 체계 유형별로 분류해 보면 다음과 같다(국가직무능력표준, 2019).

(1) 조직 정보 체계

사회복지시설의 행정적 기능을 보조하는 역할을 하는 정보 체계로, 구체적인 서비스의 대상과 지역, 프로그램과 하위 프로그램의 유형, 서비스 자격 기준이 이에 해당한다.

〈시설 현황〉

- 연혁, 인사, 시설 및 비품, 예·결산, 공사, 보험 지역 현황
- 지역의 속성에 따른 구분
- 지역의 강점과 약점
- 클라이언트의 현황, 운영 규정 및 이용 규칙
- 서비스 대상의 구분
- 서비스 자격

(2) 성과 정보 체계(수행 정보 체계)

프로그램 또는 서비스 개입에 따른 효과성의 다양한 측면을 평가하기 위해 요구되는 정보를 다루는 체계이다.

〈프로그램의 성과〉

- 사전·사후 비교
- 만족도 조사 결과
- 실적 관리

(3) 클라이언트 정보 체계

클라이언트에게 제공되는 서비스에 초점을 두는 정보 체계로 개개인에게 제공된 서비스와 달성된 결과에 관한 정보를 다룬다.

〈클라이언트의 개인정보〉

- 성별, 연령, 소득수준 등
- 서비스 제공 기록 및 결과
- 프로그램 일지
- 개별 관찰 기록지
- 사례 관리 기록
- intake sheet - 가계도, 생태도
- 사정 기록지

2. 문서와 기록관리의 표준화

1) 문서

문서와 기록 관리를 이해해야 할 용어들은 다음과 같다.

(1) 문서

글이나 기호 따위로 일정한 의사나 관념 또는 사상을 나타낸 것

① 공문서

(가) 공공 기관이나 단체에서 공식으로 작성한 서류

(나) 행정기관에서 공무상 작성하거나 시행하는 문서(도면 · 사진 · 디스크 · 테이프 · 필름 · 슬라이드 · 전자문서 등의 특수 매체 기록 포함)와 행정기관이 접수한 모든 문서

② 전자 문서

컴퓨터 등 정보처리 능력을 가진 장치에 의하여 전자적인 형태로 작성되거나 송신 · 수신 또는 저장된 문서

(2) 기록

주로 후일에 남길 목적으로 어떤 사실을 적음, 또는 그런 글

① 기록물

공공 기관이 업무와 관련하여 생산하거나 접수한 문서 · 도서 · 대장 · 카드 · 도면 · 시청각물 · 전자 문서 등 모든 형태의 기록 정보 자료와 행정 박물(行政博物)

② 기록물 관리

기록물의 생산 · 분류 · 정리 · 이관(移管) · 수집 · 평가 · 폐기 · 보존 · 공개 · 활용 및 이에 부수되는 모든 업무시설의 의사를 결정하기 위하여 문안을 작성하는 것

2) 문서화

사회복지시설은 업무 절차에 있어 효과적인 기획, 운영 및 관리를 위해 여러 형태의 실질적인 문서인 데이터, 기록 등을 활용할 수 있으며, 이는 구조화된 문서화 절차를 통해 수립, 실행, 유지하여야 한다.

(1) 문서 작성의 일반 원칙

① 문서는 한글로 작성하되, 뜻을 정확하게 전달하기 위하여 필요한 경우에는 괄호 안에 한자나 그 밖의 외국어를 함께 적을 수 있다.

② 문서의 내용은 간결하고 명확하게 표현하고 일반화되지 않은 약어와 전문용어 등의 사용을 피하여 이해하기 쉽게 작성하여야 한다.

③ 문서에는 음성 정보나 영상 정보 등이 수록되거나 연계된 바코드 등을 표기할 수 있다.

④ 문서에 쓰는 숫자는 특별한 사유가 없으면 아라비아숫자로 쓴다.

⑤ 문서에 쓰는 날짜는 숫자로 표기하되, 연 · 월 · 일의 글자는 생략하고 그 자리에 온점을 찍어 표시하며, 시 · 분은 24시각제에 따라 숫자로 표기하되, 시 · 분의 글자는 생략하고 그 사이에 쌍점을 찍어 구분한다. 다만, 특별한 사유가 있으면 다른 방법으로 표시할 수 있다.

(2) 기안의 원칙

문서의 기안은 전자 문서로 함을 원칙으로 한다. 다만, 업무의 성격상 기타 특별한

사정이 있는 경우에는 종이 문서로 기안할 수 있다.

(3) 기안문 작성 시 유의 사항

① **정확성**: 육하원칙에 의거하여 작성하며, 애매한 표현이나 과장된 표현을 피한다.

② **신속성**: 문장은 짧게 끊어서 개조식으로 쓰며, 연역식으로 작성하여 이해가 빠르도록 한다.

③ **용이성**: 읽기 쉽고 알기 쉬운 말을 쓰며, 1건 1매 주의로 한다.

④ **경제성**: 용지, 서식을 통일하며, 문자를 부호화하여 활용한다.

3) 기록 관리

기록은 사회복지시설이 적합한 서비스를 제공하고 있다는 증거로 제공될 수 있도록 작성하고, 유지해야 한다.

기록은 읽기 쉽고 검색이 용이하도록 유지되어야 한다. 기록의 식별, 보관, 보호, 검색, 보유 기간, 폐기 등에 필요한 관리를 정하기 위하여 문서화된 절차를 수립해야 한다.

4) 파일링시스템(filing system)

파일링시스템이란 조직에서 생산, 접수, 관리하는 기록과 문서를 어떻게 보관할 것인가에 대한 내부 규정이다. 사무 작업 시간 중에서 서류의 파일화작업은 그 보관과 검색과 관련하여 중요한 의미를 가진다.

어떠한 서류를 얼마 동안 어떻게 보관하느냐 그리고 어떤 문서를 파기할 것인가는 법률적, 행정적 규범과 내부 운영규정에 의거 결정되는데, 그것을 얼마나 효율적으로 하느냐가 업무 성과에 미치는 영향은 매우 크다.

(1) 문서 처리의 원칙

① 당일 처리의 원칙

문서는 효율적인 업무 수행을 위해 그날 처리하는 것이 바람직하며, 문서 처리에 장시간을 요하는 경우는 처리 기간을 명확히 하여야 한다.

② 책임 처리의 원칙

문서 시행 후 의사 불일치로 인한 업무의 통일성 · 일관성이 결여되지 않도록 사무 분장에 따른 책임을 명확히 해야 한다.

③ 적법성의 원칙

문서는 규정에 따른 형식 및 요건을 갖추고, 권한 있는 자에 의해 작성 · 처리되어야 한다.

(2) 문서 처리 절차

① 발행 전에 문서의 적절성을 승인할 권한이 있는 자에 의하여 서명

② 필요시 문서의 검토 및 갱신과 재승인 서명

③ 발행 번호 또는 발행 일자로 문서의 변경을 식별

④ 문서가 읽기 쉽도록 유지되고, 쉽게 식별됨을 보장

⑤ 적용되는 문서의 해당본이 사용되는 장소에서 검색 또는 접근이 가능함을 보장

⑥ 외부 출처 문서의 식별 및 배포 상태가 관리됨을 보장

⑦ 효력이 상실된 문서의 의도되지 않은 사용을 방지하고, 어떤 목적을 위해 보존할 시는 적절한 방법으로 식별이 가능해야 함

(3) 문서의 결재

① **결재:** 소관 사항에 대해 결정할 권한을 가진 자(시설의 장)가 직접 그 의사를 결정하는 행위

② **전결:** 시설의 장으로부터 사무의 내용에 따라 결재권을 위임받은 자가 행하는 결재

③ **대결:** 결재권자가 휴가 · 출장 · 기타의 사유로 결재할 수 없을 때, 그 직무를 대리하는 자가 행하는 결재

CHAPTER 12

마케팅과 홍보

학습목표

1. 마케팅의 기본개념과 사회복지조직에서의 마케팅 개념에 대해 이해한다.
2. 사회복지조직의 마케팅에 대한 필요성을 인식한다.
3. 마케팅 계획 시 전략적인 방법과 과정에 대해 학습한다.
4. 사회복지조직의 홍보에 대한 필요성을 인식한다.
3. 홍보 전략 및 방법에 대해 학습한다.

개 요

사회복지행정에 있어서 마케팅과 홍보는 매우 중요한 부분으로 자리 잡고 있다. 마케팅은 복지재원의 부족으로 정부 역할의 감소, 민영화 추세, 복지조직 관리의 중요성 등의 경영난을 겪으면서 마케팅기법 도입이 시급해졌으며, 기관을 성장시키기 위한 조직의 목표실현과 효율성을 제고시키는 것이 중요한 이슈가 되었다. 특히 사회복지조직은 한정된 자원에서 안정적인 재원 확보와 조직의 목적을 효과적으로 달성하기 위해서라도 전략적인 마케팅과 홍보가 필요함을 제시하였다.

마케팅의 목적을 달성하기 위한 마케팅 믹스로 상품, 가격, 장소, 촉진자, 생산자, 구매자, 과학적 조사방법의 7P를 제시하였고, 전략적인 마케팅의 과정에 대해 8단계, 즉 조직 및 조직환경분석, 목표설정, 기부시장 분석, 마케팅 도구설정, 잠재적 기부출처 확인 및 마케팅 계획서 작성, 마케팅 실행, 마케팅 평가로 구분하였다.

또한 사회복지조직의 홍보와 일반홍보의 차이점을 이해하고, 효과적인 홍보조건과 홍보수단에 대해 학습하게 된다.

1절 사회복지조직의 마케팅

1. 마케팅의 개념

일반적으로 마케팅(Marketing)이란 교환과정을 통하여 소비자의 욕구를 충족시키는 인간의 모든 활동으로 정의된다. 다시 말해 마케팅은 소비자의 욕구충족을 위한 가치를 창출하는 것을 목적으로 생산자와 소비자의 교환과정에서 수반되는 활동이다. 미국마케팅협회(AMA: American Marketing Association)에서는 마케팅을 '고객, 클라이언트, 협력자, 사회전체에 가치 있는 제공물을 창조하고 소통하고 전달하고 교환하는 활동의 관례 및 절차'로 정의하였다.

1960년대에는 마케팅을 생산자로부터 소비자에게로 제품이나 서비스의 흐름을 지시하는 기업 활동의 수행이라는 미시적인 의미로 규정하였지만, 1980년대 접어들면서부터는 제품과 서비스 이외에 아이디어의 마케팅과 비영리조직의 마케팅을 포함시키는 거시적인 개념으로 확대되기 시작하였다. 즉, 마케팅의 개념은 소비자의 구매 욕구에 초점을 두고 있는 것으로 소비자의 욕구를 충족시킬 수 있는 서비스나 상품을 제공하게 되면 특별한 판촉활동이 없더라도 소비자는 지속적으로 제품을 구매하게 된다는 것이다. 따라서 마케팅은 소비자의 욕구충족에 중점을 두고 통합적인 마케팅 전략을 구사하여 소비자의 만족을 통한 이익을 획득하는 데 그 목적이 있다(원석조, 2017).

그러므로 마케팅은 소비자에게 서비스와 상품을 구입하도록 격려하는 활동으로써 구매 가능성이 있는 소비자의 욕구를 충족시키어 기업의 이익을 극대화하는 프로그램의 활동을 계획하고 조직하는 과정으로 규정할 수 있다.

마케팅의 정의는 다음과 같다(Kotler, 2015).

첫째, 마케팅은 체계적인 과정으로서 분석, 기획, 집행, 통제 등을 포함한다.

둘째, 마케팅의 과정에서의 욕구충족은 정밀하게 짜인 프로그램에 의해 진행된다.

셋째, 마케팅은 가치의 자발적인 교환을 추구한다.

넷째, 마케팅은 모든 사람을 대상으로, 모든 상품에 대해, 모든 시장을 찾아, 비현실적으로 공략하기보다는 정확하게 사정된 표적시장을 대상으로 해야 한다.

다섯째, 마케팅의 목적은 효과적인 시장의 공략을 통해 조직의 생존과 건강한 유지를 돕는 것이다.

여섯째, 마케팅의 성패는 판매자의 입장보다는 표적시장의 욕구에 부응하는 조직의 공략체계에 달려 있다.

일곱째, 마케팅은 마케팅 믹스(Marketing mix)인 상품설계, 가격결정, 홍보 및 장소선정 등의 방법을 혼합적으로 이용하는 개념이다.

2. 사회복지조직의 마케팅

1) 마케팅 개념의 확대

사회복지조직의 마케팅은 이윤 추구보다는 조직의 목표를 얼마나 효과적 · 효율적으로 달성하는지에 주안점을 두어 마케팅을 통해 조직이 얻는 이득은 사회의 이득이 되는 경우가 일반적이다. 또한 마케팅을 통해 교환되는 대상은 비물질적인 것이 대부분이므로 성과를 달성하기 어려운 측면이 있다.

사회복지조직의 상품에 대한 특징은 다음과 같다(생각의 마을, 2019).

(1) 서비스의 무형성

사회복지조직에서 만들어 내는 상품은 직접 보고, 만지고, 냄새를 맡아 볼 수 없기에 마케팅이 어렵다.

(2) 서비스의 다양성

사회복지조직은 다양하고 복합적인 클라이언트의 욕구를 충족시키기 위해 개별화된 맞춤형 서비스를 만들어야 하므로 표준화된 대량 생산은 불가능하다.

(3) 생산과 소비가 동시에 발생하는 동시성

사회복지조직의 상품은 생산과 소비의 과정에 클라이언트의 욕구가 반영되고, 그 욕구를 기반으로 하여 상품이 생산되며, 그 즉시 소비가 이루어진다.

(4) 서비스의 소멸성

사회복지조직의 상품은 형태가 존재하지 않기 때문에 저장할 수 없고 교환이나 반환과 같은 개념 또한 성립되지 않는다.

2) 사회복지조직 마케팅의 특성

환경의 특수성으로 일반기업보다 사회복지조직의 마케팅이 훨씬 어려운 것이 현실이다. 안드리젠과 코틀러(Andreasen & Kotler)는 여러 학자들의 의견을 종합하여 사회복지조직의 마케팅 또는 비영리조직의 마케팅의 특성을 다음과 같이 정리하였다(Andreasen & Kotler, 2003).

첫째, 소비자의 특성, 형태, 대중매체 선호도, 태도 등에서 일반기업 마케팅과는 달리 비영리조직의 마케팅은 활용할 만한 신빙성이 있는 2차적 자료를 거의 가지고 있지 못하다. 간혹 일반 사회과학 연구문헌들에서 도움이 되는 연구들이 있지만, 중요한 마케팅 주제들은 별로 다루어지지 않고 있다.

둘째, 비영리조직의 마케팅에서 소비자가 희생을 감수해야 하는 것은 논란의 여지가 많거나 금기시되는 주제와 관련된 내용이 포함되기 때문에 소비자들로부터 마케팅 의사결정의 근거가 될 수 있는 신뢰성 있는 조사연구의 확보가 매우 어려운 경우가 많다.

셋째, 소비자들은 환경보호나 지구에너지 절약 등과 같이 주로 평소에 무관심했던 주제와 관련하여 어떠한 희생을 요구받는다. 이것은 마케팅의 주체가 많은 비용을 치를 수도 있는 어려운 문제를 안고 있다는 의미가 된다.

넷째, 어떤 상품을 싫어하는 소비자들에게 그것을 좋아하도록 변화시켜야 하는 노력을 해야 한다.

다섯째, 소비자의 욕구나 선호도를 충족시키기 위한 상품 자체를 변경하는 것은 어려우나, 마케팅 믹스의 다른 요소들은 소비자의 욕구와 선호도에 충분히 부응할 수 있다.

여섯째, 비영리조직에서 다루는 주제들은 인간과 밀접하게 관련된 영역에 관여하기 때문에 소비자와의 의사소통에서 많은 양의 정보가 교환되어야 한다.

일곱째, 소비자의 실행으로부터 발생하는 편익이 명확하지 않은 경우가 많다. 예를 들어, 고혈압관리 프로그램의 마케팅을 고려할 때 고혈압은 드러나는 증상이 없는 건강상의 문제인데, 적절한 요법으로 치료를 하더라도 환자에게는 직접 확인할 수 있는 효과가 나타나지 않는다. 특정한 형태를 결정하고 유지하기 위해서는 어떤 긍정적인 강화가 있어야 하는데, 비영리조직에서는 긍정적인 강화나 부정적인 강화의 그 어떤 것도 확인할 수 없는 경우가 많다.

여덟째, 어떤 공여나 희생에 대해서는 그 이익이 다른 사람들에게 발생하고 정작 그러한 공여나 희생을 제공한 당사자는 아무런 그 이익을 얻지 못한다. 예를 들어, 속도제한법을 고려할 때, 운전자는 에너지 절약을 하기 위해 자신의 행동을 변화시켜야 하는데, 그 혜택은 정부가 볼 것이고 다른 모든 사람에게 에너지 가격을 어느 정도 낮출 것이며 미국 석유회사의 협상 지위와 이윤이 증진될 것이다. 그렇다면 많은 운전자들이 새로운 법을 준수하도록 고안된 마케팅 프로그램에 호응하지 않는 것도 어느 정도 이해가 되는 부분이다.

아홉째, 마케팅이 겨냥하고 있는 많은 변화들은 무형의 사회적, 심리적 이득이기 때문에 그러한 공여를 대중매체로 표현하는 데에 어려움이 따르는 경우가 많다. 에너지 보존의 이득을 어떻게 표현하겠는가? 가령 표현할 수 있는 물리적인 대상물이라 할지라도 전달하고자 하는 정확한 이득은 표현해 내지 못할 수 있다.

3) 사회복지조직에서 마케팅의 필요성

마케팅이 출현하게 된 배경은 산업혁명 이후 대량생산으로 인해 공급이 수요를 초과하면서 수요에 대한 창출을 촉진시키기 위한 방안으로 활성화되었다. 같은 시기 사회복지조직 또한 복지재원의 부족으로 정부 역할의 감소, 민영화 추세, 복지조직 관리의 중요성 등의 경영난을 겪으면서 마케팅기법 도입의 필요성이 강하게 제기되었고, 기관을 성장시키기 위해 조직의 목표실현과 효율성을 제고시키는 것이 중요한 이슈가 되었다. 특히 사회복지기관은 한정된 자원에서 안정적인 재원 확보와 조직의 목적을 효과적으로 달성하기 위해서라도 마케팅 도입의 필요성이 더욱 강조될 수밖에 없었다.

이러한 사회적 변화에 따라 사회복지조직에서도 비용효과성과 비용효율성을 증진시킬 방안을 모색하게 되었고, 영리조직에서 사용하던 생존수단을 착안하여 마케팅기법을 도입하게 되었다. 그동안 영리조직에만 국한되었던 마케팅 개념이 비영리조직인 사회복지조직에서도 적용되기 시작한 것이다. 비영리조직의 마케팅에 대한 연구는 1960년대 이후 사회적, 경제적, 정치적인 환경변화로 인해 사회복지조직의 지각 변동이 일어나면서부터 시작되었다. 80년대 이전부터 마케팅에 대한 연구가 활발하게 진행된 서구에 비해, 국내에서의 사회복지조직 마케팅에 대한 논의는 1990년대 이후, 비영리조직의 정부 지원금의 감소로 인해 민간 기부를 통한 안정적 재정확보를 시작으로 마케팅에 대한 접근이 시작되었고, 비영리조직의 양적 팽창으로 인해 한정된 재정 자원에 대한 경쟁이 치열해지면서 마케팅 전략을 통해 경쟁우위를 차지하기 위한 노력이 확대되었다. 즉, 사회복지조직의 팽창현상은 인적 및 물적 자원 획득을 위해 기관 간 경쟁이 치열해지면서 마케팅 전략의 필요성에 대한 인식이 높아진 것이다. 이처럼 사회복지조직의 마케팅 도입에 대한 필요성을 높게 인식하면서부터 실천적인 연구도 활발하게 진행되었다(Bendapudi, Singh, & Bendapudi, 1996).

사회복지조직에서의 마케팅 필요성에 대해 다음과 같이 정리할 수 있다(김익균 외,

2011).

첫째, 사회복지조직은 정부의 보조금이나 기타 단체 기부금으로 운영되기 때문에 서비스 제공에 있어 효율성과 효과성을 달성할 책임이 있으므로 이에 대한 전략적인 마케팅의 도입이 필요하다.

둘째, 클라이언트, 기관의 이용자, 기부자, 지역사회를 고객으로 인식하여 욕구를 세분화하고 관리함에 있어서는 궁극적으로 고객의 만족을 이끌어 내는 마케팅 접근이 필요하다.

셋째, 사회복지조직은 사회복지서비스의 개발을 위해 외부환경의 변화에 민감하게 대처할 마케팅이 필요하다

넷째, 사회복지조직의 목표를 달성하기 위해 재정자원의 효율적인 사용과 관리는 필수적이다. 따라서 전략적인 모금상품의 홍보는 물론이고, 잠재적 후원자의 개발과 이미 후원자인 사람들의 일대일 관리를 통해 모금의 극대화를 가져와야 하다.

개인이나 조직의 목적 달성을 위해 교환을 창출하고 유지할 수 있도록 시장을 관리하는 과정(Kotler, 2005)으로 마케팅을 설명한다면, 사회복지조직에서도 후원자와 사회복지조직 간의 교환과정이 존재하고 있으므로 비영리조직에서도 마케팅 활동을 수행하고 있다고 볼 수 있다. 비영리조직에서의 마케팅 활동은 마케팅에 대한 인식부족으로 마케팅 활동 범위에 제한을 두고 있으나 마케팅이 사회문제 해결에 도움을 줄 수 있기에 마케팅을 기업에만 한정시키지 않고, 공공기관 또는 비영리 단체가 제공하는 서비스를 이용자들이 수용할 수 있도록 설득시키는 방법으로 마케팅기법이 활용되어야 한다. 즉, 사회복지조직은 한정된 자원을 효율적으로 운영하기 위한 사회적 책임성의 문제를 해소하기 위해서라도 사회복지조직의 마케팅 활성화는 더욱 필요하며, 더불어 사회복지조직에서 마케팅을 활성화시키기 위해서 마케팅 활동에 대한 적극적인 의지와 적절한 인력 배치 등을 통한 마케팅 활동 자체가 조직의 일상적인 행동으로 수행되어야 한다(Rosso, 1991).

최근에는 사회복지조직에서도 마케팅 활동을 수행하고 있으며, 비영리조직인 사회복지조직에서 행하는 마케팅을 사회마케팅으로 칭하고 있다. 사회복지마케팅은 비영

리조직 등에서 클라이언트, 후원자, 지역사회가 조직에 대해 더 많은 관심을 가질 수 있도록 행하는 활동으로(Andreasen, 2001; Barker, 1991) 사회복지기관과 후원자의 상호 교환활동의 과정 자체에 가치를 부여하는 것이라 할 수 있다. 이는 단순한 이윤추구보다는 조직의 목표 달성을 강조하는 것이 비영리조직의 마케팅 목적이라 할 수 있다.

비영리조직인 사회복지조직의 마케팅은 영리조직의 마케팅과 많은 공통점이 있어 용어나 전략을 함께 사용할 수는 있으나, 사회복지조직의 상품은 유형이 아니라 무형의 서비스를 제공한다는 점에서 뚜렷하게 구분되고 있다.

사회복지조직의 마케팅 특성을 살펴보면 다음과 같다(정무성, 황정은, 2016).

- 다수의 이해당사자가 존재하고
- 다중의 대중들과 상호작용하면서
- 대중을 위한 마케팅 프로그램을 필요로 하며
- 대중의 평가에 민감하게 반응한다.
- 다중의 목표를 가지고 있고,
- 하나의 목표보다는 중요한 목표들을 동시에 추구하고 있으며,
- 물질적 재화보다 서비스 생산에 관심이 있다.

비영리조직의 마케팅과 영리조직의 마케팅을 비교해 보면 〈표 12-1〉과 같다.

〈표 12-1〉 비영리조직의 마케팅과 영리조직의 마케팅의 비교

기준	비영리조직의 마케팅	영리조직의 마케팅
관심사	상품과 서비스 + 사람, 장소, 조직 등	상품과 서비스
교환	무형(지지, 노력, 시간 등)	화폐의 형태
목표	복합적이고 재정적인 문제들을 능가함	일반적으로 재정적인 것이며 투자에 대한 이익판매 보고의 형태
특징	사회복지조직의 외부욕구 강조	조직의 내부 욕구 강조

기준	비영리조직의 마케팅	영리조직의 마케팅
이익/지불	수혜자, 후원자와 관련 없음	이익이 고객지불과 관련
시장분할	경제적으로 가능성이 없는 시장분할이 기대되거나 요구	현재 또는 잠재적으로 가능성이 있는 시장분할을 위해 노력
고객	두 고객(수혜대상자, 후원자)	단일 고객시장 존재
목적	목표시장과 사회이익을 위해 봉사, 비영리 추구	이윤 추구

출처: 정무성, 황정은(2016: p. 66).

3. 사회복지조직의 구매행동

1) 구매행동의 이해

(1) 구매행동의 요인

마케팅의 가장 중요한 내용은 실질적인 교환행위로서의 구매행동이 일어나도록 하게 하는 것이다. 즉, 구매행동에서의 핵심은 개인이나 단체가 비용(돈, 시간, 노력 봉사, 마약의 중단, 헌혈 등)을 지불하고 어떤 보상(물질, 정신적 만족, 칭찬, 감사, 사회적 인정 등)을 받는 교환행동이 실제로 일어나도록 하는 것으로써 이익(보상), 비용, 자기효능감, 기타 요인 등의 요인으로 인해 작용한다.

(2) 구매행동의 구분

① 고관여 구매행동

처음 구매할 때, 가격이 높을 때, 구매 행동이 자신의 품위 및 이미지를 반영할 때 이루어진다.

② 저관여 구매행동

구매 경험이 많을 때, 가격이 낮을 때, 구매 자체가 자신의 품위 및 이미지를 반영하지 않을 때 적용된다.

사회복지조직의 구매행동은 고관여 구매행동의 성격을 갖는 경우가 많다.

2) 구매행동의 단계

(1) 사전 숙고단계

고객이나 소비자가 특정한 구매행동에 대한 욕구를 인식하지 못하거나 욕구가 나타나지 않은 상태

(2) 숙고단계

① **초기 숙고단계**: 교환의 필요성을 인식한 사람이 구매행동의 이익과 비용에 관심의 초점을 두는 단계

② **후기 숙고단계**: 이익을 인식한 사람이 그에 수반되는 비용에 대해 깊이 생각하는 단계

(3) 준비 및 행동단계

최종 대안을 선택한 후 구매행동을 결정하고 실제로 구매행동을 하는 단계

(4) 유지단계

구매자의 구매행동이 계속 유지되는 단계

4. 마케팅 믹스

마케팅 믹스(Marketing mix)는 마케팅의 주요 수단으로서 표적시장 선정 이후 마케팅 목적을 달성하기 위하여 활용되는 모든 수단을 의미하며 마케팅 함수라고도 한다. 보편적으로 표적시장에서 소비자들의 욕구를 충족시키면서 마케팅 목표를 효율적으로 달성하기 위해 마케팅 관리자가 사용하는 통제 가능한 마케팅 수단 또는 도구들의 집합과 그에 따른 자원의 할당방식을 말한다. 그렇다면 사회복지조직에서의 마케팅 믹스란 표적 후원자들의 특성에 따라 후원개발의 변수들을 조절하고 결합시키어 각 영역에 자원을 할당하는 방식이라 하겠다. 이러한 마케팅의 개념을 토대로 효율적인 마케팅을 위한 요소로 4P, 즉 상품(product), 가격(price), 장소(place), 촉진(promotion)으로 구성하는 것이 일반적이다.

파인(fine, 1992)은 비영리기관에서 4P만을 가지고 성공적인 마케팅 전략을 도출해 내는 것은 무리가 있다고 주장하면서 3P를 추가적으로 포함하여 7P를 중심으로는 하는 전략을 주장하였다. 즉, 기존의 4P에, 마케팅 주체인 생산자(producer), 마케팅 할 대상자인 구매자(purchaser), 과학적인 조사방법(probing)이 추가된 것이다.

1) 상품

상품(product)이란 인간이 욕구, 욕망을 충족시켜 줄 수 있는 것으로써 주의대상이 되거나 소비를 위해 시장에 제공되는 것을 말한다(Kotler, 1991). 즉, 소비자의 욕구를 충족시키고 기업의 목적을 달성시켜 주는 현실적 수단이자 소비자와 기업을 연계시켜 주는 필수적인 요소인 것이다.

좋은 상품은 마케팅의 핵심이 되며, 기업이 지속적으로 성장하기 위해 다양한 기능을 가진 상품들이 효과적으로 결합되어 지속적인 수정 과정을 통하여 새로운 상품개발이 이루어져야 한다. 따라서 상품을 개발할 때에는 우선 그 상품이 충족시켜야 할 특정 소비자의 욕구를 파악하여 상품을 설계해야 하며, 상품의 확장방향을 모색하는 데 있어서도 실천적인 욕구조사를 통해 소비자의 욕구를 가장 잘 충족시킬 수 있는 상품을 기획하고 생산 및 관리해야 한다.

비영리조직은 두 가지 형태의 제품정책을 가진다. 첫째는 기부자(donator)들에 대한 것이고, 둘째는 고객(client)들에 관한 것이다. 예를 들어, 사회복지공동모금회의 사랑의 열매는 기부문화를 확신시키기 위한 상품 전략의 예이며, 심장병어린이재단을 설립하여 심장병을 앓고 있는 생활이 어려운 어린이들을 치료해 주는 상품 전략은 심장병으로 고생하는 어린이들에게 전개할 정책을 결정하는 것의 예라고 할 수 있다.

2) 가격

가격(price)이란 서비스를 구매하거나 소비하면서 고객들이 지불하는 돈과 시간, 기타의 노력 등을 말한다. 또한 소비자가 소유하거나 사용하게 되는 상품이나 서비스가 제공하는 이점과 혜택을 교환하는 대가로서 소비자가 지불하는 가치의 총합이라 할 수 있다.

사회복지조직의 가격은 서비스와 프로그램 이용에 대한 가격으로 수익사업의 이용료와 모금 프로그램을 이용한 후원금의 가격으로 마케팅 요소들 중 수익을 산출해 내는 유일한 요소이므로 가격은 시장에서의 상품의 교환 가치와 더불어 소비자들이 특정한 상품을 구입함으로써 얻게 되는 효용에 부여된 가치라고 할 수 있다. 여기에서의 가격은 객관적인 가격이 아닌 소비자 각자가 지각하는 가격수준인 준거 가격을 의미한다.

3) 장소

장소(place)는 소비자들이 언제, 어디서, 어떻게 서비스를 제공할 것인지에 대한 내용으로 소비자들이 원하는 시기에 편리한 장소에서 서비스를 받도록 설치된 장소를 의미하며, 경쟁력과 밀접한 관련성이 있는 영역이다. 비영리조직은 고객들을 찾아 적극적으로 활동해야 하며, 비영리조직이 제공하는 상품과 서비스에 쉽게 접근할 수 있는 방법 또한 모색해야 한다. 즉, 장소가 선정되기 이전 이용가능성과 접근가능성, 편리성 모두를 고려하여 대중교통수단, 주차시설 등의 요인들이 검토되어야 한다.

4) 촉진

촉진(promotion)은 서비스가 필요한 대상임에도 불구하고 아직 서비스를 이용 받지 못하고 있는 고객에게 서비스에 대해 알리는 것이며, 나아가 인터넷, 인쇄물, 방송매체, 로비활동 등을 통한 기부금 확보 활동을 하는 것이다.

5) 생산자

마케팅의 주체자인 생산자(producer)는 구매자와 교환하게 될 상품을 창출하고 이를 생산해 내는 역할을 한다. 또한 사회복지조직의 목표에 대한 가치를 확산시키어 후원자 개발에 힘써야 하고 지역사회로부터의 신뢰를 얻음과 동시에 구매자들의 중요한 옹호자가 되어야 한다.

6) 구매자

마케팅의 대상이 되는 구매자(purchaser)는 잠재적 이용자이거나 잠재적 후원자들이다. 따라서 마케팅의 초기단계에서부터 반드시 파악되어야 하는 부분이며, 구매자들의 확보를 위해 효율적인 관리가 필요하다.

7) 과학적 조사방법

과학적인 조사방법(probing)은 마케팅 담당자들이 사용하는 가장 중요한 수단이지만 과사용하지 않도록 섬세하고 주의 깊게 활용되어야 한다.

5. 전략적 마케팅 과정

사회복지조직의 마케팅 전략은 체계적으로 수립되어야 하며, 체계적인 마케팅의 과정은 다음과 같다(Rosso, 1991).

1) 조직 및 조직환경 분석

- 지역사회의 어떠한 사회문제와 지역사회 욕구를 중심으로 활동을 하는지?
- 사회문제와 욕구에 대처하기 위한 조직의 주요 서비스와 프로그램은 무엇인지?
- 조직에 후원하는 자는 누구인지?
- 왜 이 조직에게 후원하는지?
- 후원자들에게는 어떠한 혜택이 주어지는지?
- 향후 사회복지정책과 경제전망은 어떠한지?

첫 번째 단계는 마케팅을 위한 준비 상태를 확인하는 과정으로 기관 및 기관이 속한 환경에 대한 분석을 실시한다. 우선 조직의 목표와 프로그램, 자원 등을 분석하고 조직을 둘러싸고 있는 환경을 분석하게 되는데, 환경 분석에는 조직의 기회와 위협적인 요소를 파악하는 외부환경 분석과 조직의 장단점을 분석하는 내부환경 분석으로 나누어지며 주로 SWOP 기법을 활용한다.

- 강점: 조직의 목표달성에 도움이 되는 조직의 역량
- 약점: 조직의 목표달성 능력을 방해하는 조직내의 한계
- 기회: 조직이 유익하게 활용할 수 있는 환경적 요인들
- 위협: 조직의 성과를 어렵게 하는 환경적 요인들

<table>
<tr><th colspan="2" rowspan="2">구분</th><th colspan="2">내부환경</th></tr>
<tr><th>강점(S)</th><th>약점(W)</th></tr>
<tr><td rowspan="2">외부환경</td><td>기회(O)</td><td>SO
가장 유리, 긍정적</td><td>WO</td></tr>
<tr><td>위협(T)</td><td>ST</td><td>WT
가장 불리, 부정적</td></tr>
</table>

사회복지기관은 마케팅 환경의 분석을 통해 매력적인 기회와 환경으로부터의 위협을 파악하여 조직이 강점과 환경의 매력적인 기회를 연결시킴과 동시에 약점을 극복하거나 위협을 최소화하는 것이 이 단계에서의 목적이다.

2) 목표설정

사회복지조직의 설립 목적과 일반적 목표가 반영된 목적 달성을 위한 구체적인 수단이 목표이며, 정확한 문제의 진술, 표적 집단의 성격과 규모, 조직의 정책, 자원 동원 등의 변수들에 의하여 범위와 방향성이 결정된다. 일반적으로는 장기적으로 달성된 결과인 상위목표와 1년 이내의 단기적 목표를 의미하는 하위목표로 구분될 수 있다. 대개 한 개의 상위목표 아래 여러 개의 하위목표가 포함되며, 하위목표는 구체적, 측정가능, 달성가능, 결과지향적, 과정과 달성여부 확인 가능, 시간의 한계가 명확히 제시되어야 한다는 특징이 있다.

조직의 목적을 염두해 둔 사회복지조직의 마케팅의 목적은 다음과 같다(한신애 외, 2018).

첫째, 프로그램을 알리고 자원봉사자를 모집하는 것은 참여하는 개인의 발전을 촉진하기 위해서이다.

둘째, 입법화를 위한 캠페인이나 탄원 등은 사회적인 아이디어를 제시하고 설득하기 위해서이다.

셋째, 주민에게 이익이 되는 정보와 실천을 전파하는 것은 어떤 실천을 촉구하기 위해서이다.

넷째, 자신과 사회에 득이 되도록 개개인의 행동의 변화를 유도하기 위해서이다.

3) 기부시장 분석

시장이란 욕구를 가진 클라이언트가 서비스를 구매하려는 장소를 말하며, 시장분석에서는 상품이나 서비스에 대한 클라이언트의 관심과 욕구 여부 그리고 그 상품이나 서비스를 구매할 능력과 의사 여부를 파악해야 한다.

시장분석은 마케팅 전략과 계획 수립 시 구매자 행동에 대한 이해에 근거하여 시장을 세분화(Segmentation)하고, 이에 따른 표적시장의 선정(Targeting)과 표적시장에 적절하게 상품을 포지셔닝(Positioning)해야 하며, 이러한 활동을 STP전략이라고 한다. STP 전략의 단계로는,

첫째, 세분화단계, 세분화할 변수의 규명과 시장의 세분화

둘째, 시장표적화단계, 세분화된 시장의 매력도 평가와 표적시장의 선정

셋째, 시장위치화된계, 세분화된 표적 시장에 대한 위치와 규명 가능한 개념으로 정리, 선정된 위치와 개념에 대한 의사소통, 개발, 선택 등의 절차를 거치게 된다.

시장세분화는 비슷한 욕구와 특성으로 일정한 기준에 의해 동질적인 세분시장으로 구분하여 구매자를 분류하는 과정으로, 다양한 구매자의 욕구를 충족할 수 없기에 전체 시장을 대상으로 욕구가 유사한 고객집단으로 구분하여 각각의 집단별로 차별적인 접근을 시도하기 위해 시장을 세분화한다.

표적시장 선정이란 시장이 세분화된 곳의 매력적인 요소인 후원 가능성을 발견하여 조직의 공략이 가능하다고 선택한 시장을 표적시장이라 선정하는 것이다.

시장 포지셔닝이란 세분화되어 표적이 된 각각의 집단에 속한 고객들의 욕구를 만족시켜 주고 있음을 확신시켜 주는 것을 말한다.

〈전략적 사업단위가 드러날 수 있도록 사업 포트폴리오를 작성하는 단계〉

사업 포트폴리오란 조직을 구성하는 사업단위와 제품의 집합체, 즉 수행하고 있거나 앞으로 수행할 수 있는 사업 종류의 목록 또는 그 사업 수행 단위의 목록 의미

4) 마케팅 도구 설정

(1) 다이렉트 마케팅

다이렉트 마케팅(DM: Direct Marketing)은 잠재적 후원자에게 서비스의 내용을 담은 안내 문서를 첨부하여 발송하는 것으로 대상자의 목록을 확보하여 사용하면 마케팅 효과를 더욱 쉽게 발휘할 수 있다.

(2) 고객관리 마케팅

고객관리 마케팅(CRM: Customer Relationship Management)은 고객이나 잠재적 후원자와의 관계를 적극적으로 관리해 나가는 기법으로 고객과의 지속적인 관계를 유지하면서 '한번 고객은 영원한 고객', '고객을 위한 맞춤형 마케팅'을 강조한다.

(3) 공익연계 마케팅

공익연계 마케팅(CRM: Cause-Related Marketing)은 영리조직과 비영리조직이 연합하여 영리조직은 긍정적 이미지를 창출하고, 비영리조직은 재원을 확보함으로써 상호 간에 이익을 취하는 기법으로 사회공헌과 맥락이 유사하지만 사회공헌은 사회적 책임을 다하는 조직의 역할을 강조하는 한편, 공익연계 마케팅은 공익적 이슈를 영리조직의 마케팅과 엽한한다는 성격이 강하다는 점에서 차이가 있다.

(4) 데이터베이스 마케팅

데이터베이스 마케팅(DM: Database Marketing)은 클라이언트와 자원봉사자의 개별정

보, 즉 주소, 프로그램 이용현황, 생활 스타일, 태도나 반응 등을 데이터베이스화하여 관리함으로써 마케팅하는 기법이다.

(5) 인터넷 마케팅

인터넷 마케팅(Internet Marketing)은 인터넷을 활용하여 전자우편이나 배너광고, SNS, 홈페이지 등을 통해 조직의 사업을 공개하는 것이며, 모금이나 참여를 유도하기도 한다. 무엇보다 인터넷을 통한 마케팅 활동은 대중에게 널리 알리는 데에 매우 유용하며, 메일링 서비스를 통하여 개별적인 관리가 가능하기도 한다.

(6) 사회마케팅

사회마케팅(social Marketing)은 정부나 지방자치단체, 시민과 지역사회를 위한 행동변화를 위해 활용되는 마케팅으로, 주로 환경과 사회복지 등의 공익을 실현하기 위한 조직적이고 집단적인 활동이다.

(7) 전화 및 자동응답시스템(ARS)

ARS 마케팅은 적은 비용으로 고객에게 상품이나 서비스를 제공하는 방법으로 고객이 ARS 시스템을 통하여 전화를 걸면 통화당 1,000~3,000원의 금액이 전화요금에 부과되는 방식으로 기부하는 모금방법이다.

(8) 이벤트 행사

특정한 장소와 한정된 기간으로 사전에 계획하여 서비스에 대한 정보를 알리는 방법으로 바자회, 자선음악회 등을 개최한 후 수익금을 후원하는 것이다.

5) 잠재적 기부출처 확인 및 마케팅 계획서 작성

기부시장 분석의 결과를 토대로, 조직에 대한 관심, 기부의 능력정도, 조직의 직원 및 자원봉사자에 의한 접근가능성 등을 분석하여 잠재적 기부자를 선정하고 기부가능성을 분석하는 과정이다. 조직 내에는 이러한 작업을 전담할 특별위원회를 조직하는 것이 바람직하며, 후원자원을 개발할 때에는 다음의 원칙을 준수해야 한다(고선정 · 김성희, 2004).

첫째, 조직의 사명에 대한 명확한 인식을 내재화하여야 한다.

둘째, 후원자의 도움을 통한 클라이언트 변화를 명확하게 제시해야 한다.

셋째, 잠재적 후원자에 대해 빈번한 접촉을 시도해야 한다.

넷째, 프로그램 계획이 우수해야 한다.

사회복지조직의 마케팅 상품은 결과적으로 서비스의 내용이며, 이것을 통하여 후원자의 마음을 움직일 수 있기 때문에 전략적인 프로그램을 계획하는 것이 매우 중요하다. 마케팅의 계획에는 조직이 전반적인 목표를 달성할 수 있게 해 주는 표적시장, 포지셔닝, 마케팅 믹스, 마케팅 예산이 포함된다. 마케팅 전략계획에서는 첫째, 각각의 전략이 기회와 위협 및 기타 중요한 문제들에 어떻게 대응할 것인지 계획의 주체를 설명해야 한다. 둘째, 마케팅 예산의 지원을 받는 과업들에 따라서 마케팅을 집행할 방법을 상세하게 밝혀야 한다. 셋째, 진행과정을 청취하고 마케팅 투자에 대한 효과를 측정해야 하며, 넷째, 잠재적 기부자들이 기부를 통해 얻을 수 있는 보상을 보다 명확하게 전달하는 방안도 제시되어야 한다.

6) 자원봉사자 활용

자원봉사자를 확보하는 것 또한 마케팅의 과업이다. 무엇보다도 조직의 경비를 절감할 수 있게 해 주며, 사회적으로 자신들이 중요하게 생각하는 사회적 명분에 시간과 노력을 제공하는 통로의 역할을 하게 된다. 따라서 자원봉사자를 마케팅에 참여시키기 위한 조직의 지속적인 노력은 마케팅의 결과에 상당한 영향을 미칠 수 있다.

7) 마케팅 실행

마케팅의 실행은 실제로 기부를 요청하는 과정으로서 마케팅의 전 과정에서 가장 핵심적인 단계이다. 하지만 지속적인 관리 부족으로 매년 후원자의 개발에 시간과 비용을 낭비하고 있다. 성공적인 마케팅 실행을 위해서는 조직의 마케팅 전략이 조직의 문화와 조직 구성원들이 지닌 신념과 가치 등에 상호적합성을 지녀야 한다.

또한 마케팅 실행에서 가장 효과적인 방법은 잠재적 기부자와의 직접적인 대면이다. 물론 잠재적 기부자의 실제 기부행동 시점이 마케팅 종료 시점은 아니지만, 실제 기부행동 이후에도 기부자와 지속적인 의사소통이 필요하며, 기부금 사용에 대한 정보를 정기적으로 제공해야 한다.

8) 마케팅 평가

마케팅 평가는 마케팅 활동의 전 과정과 그로부터 얻은 성과를 분석하고 사정하여 기부행동의 발현에 대한 종합적인 평가를 내리어 새로운 외부환경에 대한 분석과 연계하는 것이다. 따라서 마케팅 평가의 과정은 마케팅의 종료가 아닌 새로운 출발인 것이다.

- 포괄적 평가: 전반적인 문제를 평가한다.
- 단계적 평가: 마케팅 외부환경, 내부 마케팅 시스템, 구체적인 마케팅 활동 순으로 진단하여, 마케팅 효율을 재고시키기 위한 장기적, 단기적 방안을 제시한다.
- 객관적 평가: 마케팅 부서가 아닌 다른 조직에서 행해지는 것을 의미한다.
- 주기적 평가: 문제의 발현과는 상관없이 주기적으로 실시하는 것을 의미한다.

2절 홍보의 전략과 방법

1. 홍보의 개념과 기능

홍보에 대하여 영국의 웹스터 사전(Webster's Dictionary)에서는 "그 단체나 개인이 사업 활동과 방침 등을 사회적 공중에게 알리고 주체와의 관계에서 양호한 여론을 만들어 내도록 노력하는 기능을 홍보라 한다."라고 정의하였고, 보르버튼은 "기업홍보란, 기업이 그 기업자신 또는 제품·서비스 등에 대한 명성을 쌓고 유지해 가는 것을 전문적인 커뮤니케이션 기술에 의해 돕는 경영기능이다."라고 정의하였다. 한국홍보학회는 지난 1997년 2월 "홍보와 PR의 용어를 같은 개념으로 사용"하는 것으로 용어사용에 대한 기준을 제시한 바 있다.

일반적으로 기업홍보는 회사의 메모, 서신, 보고서, 웹사이트, 이메일, 연설 또는 보도자료 등 그것이 어떤 형태인가에 상관없이 기업의 모든 의사소통의 결과물이라고 정의된다. 기업은 이러한 메시지가 모두 누적된 결과를 대·내외 구성원들에게 전달하는 것이다. 다양하게 얽힌 이해관계로 인해 같은 사안에 대한 많은 정보, 의견, 대안, 정책 등이 표출되고 서로 다른 입장에 따라 사회갈등과 대립이 생겨난다. 이를 관리하는 의사소통의 경쟁력은 '참여'와 '대화'를 위한 선결조건이다. 이와 같이 홍보는 사회의 여러 단체들과 그 공중을 연결하는 전달 수단으로 인식하고 있다. 즉, 홍보는 각 단체와 공중 상호간의 생산적 관계를 형성하고 발전시키며 확대하기 위하여 사용하는 수송수단이고 방법이다.

톰센(Thomsen)이 홍보를 "조직과 개인들 간의 관계를 형성하고 상호확대하여 가는 관리"라고 하는 뜻도 경영과 복지 향상의 운영으로서의 홍보 영역확대 관계로 이해하고 있는 것이다. 홍보를 연구하는 사람들은 산업−교육−문화사업의 모든 현장에서 홍보의 영역확대 관계성을 매우 중요하게 여긴다. 이러한 홍보의 기능에는 4가지 기능이 있으며, 어드바이스(Advice), 커뮤니케이션 서비스(Communication Service), 퍼블릭리서치(Public Research), PR 액션 프로그램(PR Action Program)이 이에 해당한다. 이와 같은 여러 활동을 전부 한 곳에서 담당하기는 힘들겠지만, 홍보의 기능이 최대로 발휘되기 위해서는 전략도출 및 집행, 기업의 정체성(Company Identity), 이미지(Image), 명성(Reputation), 기업광고(Corporate Advertising)와 특정입장 지지(Advocacy), 소비자관계, 종업원 커뮤니케이션, 투자자 관계, 정부 관계, 지역 사회관계, 미디어관계, 위기관리, 새로운 소통 기술의 관리(Argenti & Forman, 2002)라는 활동들이 포함되어야 한다.

2. 사회복지조직의 홍보

홍보는 그 정의에서 "그 자신과 제품, 서비스 등에 대해 사회로부터 호의와 신뢰를 획득하고 유지하기 위해 전문적인 커뮤니케이션 기술로 표현, 전달해 가는 기능이다(현대경영연구소, 1996)." 이는 홍보라는 개념이 일반적인 의미로 사용된 것으로 협의의 홍보(언론활동), 광고, 선전을 포함하는 것이다. 사회복지기관의 홍보는 기관 자신의 이미지를 알리는 역할과 더불어 자원동원뿐만 아니라 사회복지조직의 공익적 목적과 사업을 효과적으로 홍보하고 사회복지조직의 신뢰성을 쌓는 것을 목적으로 한다. 사회복지조직의 홍보 목적과 필요성에 대하여 다음과 같이 정리할 수 있다(박성호, 2008).

첫째, 홍보는 정보를 제공한다. 국민이 사회복지조직의 활동과 정책에 대해 모른다는 것은 조직의 정책에 대한 거부나 부정으로 귀착될 수도 있다.

둘째, 홍보는 신뢰를 확보한다. 사회복지조직과 같은 공익사업은 국민의 신뢰 속에서 원활히 수행될 수 있다.

셋째, 홍보는 권위를 획득한다. 사회복지조직은 국민에게 인정받고 권위를 얻을 때 비로소 사회복지조직의 결정에 동의하고 이를 따를 수 있다고 보았다.

넷째, 홍보는 사회통합의 기능이 있다. 사회의 복잡하고 다양한 집단 의견을 통합하고 사회적 이익을 실현하기 위해서는 사회적 통합이 요구된다고 할 것이다.

다섯째, 홍보는 국민의식을 관리한다. 비판적 의식이나 거부감을 완화시키기 위해서도 사회복지조직의 홍보는 필요하다.

여섯째, 대국민 설득기능이다. 사회복지조직의 정책을 잘못 이해하거나 정책을 거부할 경우 정책목표가 달성될 수 없고, 특히 더욱 다양한 주장과 의견이 표출되는 민주주의 체제로 사회가 변화할수록 사회복지조직에 대한 공중의 이해와 설득이 더욱 중요한 과제로 떠오르게 될 것이다.

일곱째, 참여의 통로기능이다. 일반 대중들이 사회복지조직의 정책에 참여하는 쌍방적 홍보는 공중들에게 사회복지조직의 정책에 참여할 수 있는 기회를 제공한다.

여덟째, 사회복지조직의 이미지 제고이다. 즉, 그 조직이 무슨 일을 하고 있고 그러한 기능이 공익에 얼마나 유익한가를 알림으로써 그 조직은 사회의 지지를 획득하는 것이다.

3. 사회복지조직의 효과적인 홍보조건과 홍보수단

홍보가 잘 이루어지기 위해서 사회복지조직에서는 다음과 같은 기본적인 조건들이 갖추어져야 한다(이용교, 2001).

첫째, 사회복지조직의 신뢰성을 확보해야 한다. 조직의 목표와 실제 활동이 동일해야 하며 예산활동을 비롯한 조직의 모든 운영이 투명해야 한다.

둘째, 사회복지조직의 존재 가치를 인정받아야 한다. 프로그램뿐만 아니라 조직의 운영에 대해 전반적인 동의와 공감이 이루어져야 한다.

셋째, 사회복지조직의 홍보를 전담할 전문성을 갖춘 인력이 확보되어야 한다.

넷째, 홍보 전담인력뿐만 아니라 사회복지조직 내 모든 구성원들이 홍보마인드를 반드시 지녀야 한다.

다섯째, 지역사회와의 관계 형성에 노력해야 한다. 이를 위해서는 기관의 시설을 지역사회에 개방하는 것 또한 지역사회와의 관계를 적극적으로 형성하는 방법이다.

여섯째, 대중매체의 핵심적인 인물들과 긴밀한 관계를 유지하고, 조직과 관련된 정보와 자료는 반드시 수집하여 보관하도록 한다.

이를 토대로 사회복지기관은 다양한 홍보수단을 통하여 홍보를 실시하고 있다. 즉, 오프라인에서는 기관의 규모에 따라 TV, 전단지, 책자, 라디오 방송 등이 있고, 온라인에서는 전화, 인터넷 등 다양한 홍보매체들이 있다.

홍보 효과를 극대화시키기 위해서는, 첫째, 신문과 텔레비전을 더욱더 적극적으로 활용해야 하고, 둘째, 인터넷/PC통신 등 미디어에 대한 이해 및 활용도를 증대시켜야 하며, 셋째, 상대적으로 소홀했던 여성층을 대상으로 한 홍보수단 및 방법의 개발이 필요하고, 넷째, 홍보당국의 각종 언론매체에 대한 인식의 변화가 요구되고, 다섯째, 일방적인 정보의 전달이 아니라 국민들의 의견을 듣고 이를 정책에 반영(feed back)하는 쌍방향 커뮤니케이션(Two-way communication)의 강화가 필요하다.

CHAPTER 13

사회복지행정의 평가와 책임성

학습목표

1. 사회복지행정 평가의 개념을 이해한다.
2. 사회복지행정 평가의 유형을 설명한다.
3. 사회복지행정 평가의 개선방안을 실천한다.
4. 사회복지행정의 책임성을 개선한다.
5. 사회복지행정의 변화전략을 계획한다.

개 요

사회복지기관은 공적자원의 투입과 공공재 성격을 갖는 만큼 조직의 운영에 대한 포괄적인 책임성(accountability)과 효율성(efficiency)을 검증받고 있다. 사회복지행정의 평가와 책임성은 향후 기관조직이 지속적인 사회적 지지를 받을 수 있는지를 대내 · 외적으로 공인받는 성격을 가지고 있다. 이에 사회복지기관의 운영에 있어서 평가와 책임성은 사회복지행정에 있어서 매우 중요하다고 본다.

1절 사회복지행정 평가의 개념

1. 평가의 정의

평가(evaluation)라는 말은 평가조사(evaluation research)를 줄인 말로서 평가조사는 사회조사(social research)의 한 유형을 의미하고 있다. 평가조사나 평가는 단순히 사회복지분야에서 사용되는 용어라기보다는 사회과학적 용어로서 공공분야, 환경분야, 교통 분야, 보건분야, 교육분야 등에서 다양하게 사용되고 있다. 여기서 평가대상 혹은 평가적용의 차이가 있다는 것은 분명하지만 평가방법의 공통점은 대단히 많다. 평가방법의 유사성은 평가조사가 사회조사의 한 유형이므로 사회조사로서 기본속성을 유지하는 한 평가방법의 유사성을 피할 수가 없다. 따라서 평가 조사를 사회조사의 한 분야로서 실제성을 강조한 응용사회조사(applied social research)로 표현하기도 한다.

일반적으로 평가는 일상의 삶 속에서도 적용되고 있으며, 인간은 누구나 끊임없이 평가받는 상황에 놓이게 되고 동시에 누군가를 평가하며 살고 있다. 이에 평가의 의미는 '좋고 나쁨의 가치판단 행위' 혹은 '보다 바람직한 상황을 만들고자 하는 진단 및 수정 행위'라고 할 수 있다(황성철 외, 2014).

사회복지영역에서 평가는 한 기관의 전체 또는 선별된 프로그램의 효율성, 효과성 및 적절성을 철저하게 비평적으로 검토하는 과정이라고 강조하고 있다. 그리고 평가는 어떤 것에 대한 심판이며, 유용성, 장점, 가치 등을 결정하는 과정을 의미하고 있다.

따라서 평가는 전문적 활동에 대한 서술, 전문적 활동의 결과에 대한 조사, 새로운 치료개입 형태에 관한 실험, 효과적인 개입방법 등을 개발하기 위하여 설계된 조사를 의미하고 있다. 특히 평가는 변화의 과정과 변화의 성과 모두를 측정하기 위해 객관적인 조사방법을 적용하고 있다. 이에 프로그램 평가는 프로그램의 범위와 목표달성의 과정에서 프로그램의 노력성(effort), 효과성(effectiveness), 효율성(efficiency), 적합성

(compatibility) 등에 대한 합리적 판단을 내리는 것이라 할 수 있다. 그리고 사회복지행정에서 프로그램의 평가가 행정의 기본이 된다.

2. 평가의 목적

사회복지 평가의 목적은 세 가지로 구분하여 제시하고 있다. 첫째, 평가는 정보를 제공할 목적이 있다. 즉, 프로그램 과정상의 환류를 통한 프로그램의 유지와 축소, 확대와 중단 여부 등을 판단하는 근거를 제시한다. 둘째, 평가는 기관운영에서 책임성을 부여하는 목적이 있다. 즉, 평가는 프로그램 담당자들의 활동에 사회적 책임을 부여하는 기제가 된다. 셋째, 평가는 이론형성에 기여하는 목적이 있다. 즉, 보조적 목적으로 프로그램 안에 내재된 변수 간의 인과관계를 검토하고 확인한다.

3. 사회복지프로그램의 평가에 대한 목적

사회복지프로그램의 평가에 대한 목적은 첫째, 행정상의 의사결정에 도움을 받기 위한 합리적 의사결정이다. 프로그램평가는 기관이 수행하는 활동에 관한 정보와 이러한 활동이 클라이언트에게 미치는 효과에 관한 자료를 제공한다. 조직활동에 관한 정보는 의사결정자가 자원할당과 직원의 역할 그리고 서비스제공 내용과 여부 등에 관한 중요한 이슈를 다룰 수 있도록 도움을 제공한다. 그리고 평가는 보다 합리적인 의사결정을 통하여 조직에 필요한 중요한 정보와 자료를 제공하는 목적을 실행한다.

둘째, 사회복지기관에서 운영하고 있는 프로그램 개선이다. 프로그램평가의 주요한 목적은 무엇보다도 기획이나 설계단계에서 준비된 기준에 비추어 진행 중인 프로그램을 비교하는 데 있다. 이에 평가는 프로그램의 질을 개선시킬 수 있는 하나의 도구가 된다. 물론 프로그램평가는 기관의 발전적 방향을 반드시 제시해 주는 것은 아니지만, 체계적으로 평가를 활용하게 된다면 기획과 운영과정상의 괴리 혹은 차이를 보여 주게 된다. 따라서 프로그램평가를 통하여 프로그램의 질을 개선하고 보다 발전적인 프로그램을 개발하는 데 있다.

셋째, 프로그램결과에 대한 책임성의 수행이다. 프로그램실행의 책임성은 특정 업무에 대한 책임과 집단이나 개인에 대한 책임의 의미를 포함하고 있다. 따라서 프로그램평가의 활동은 기관이 실행하는 프로그램에 대한 책임성을 강화시키는 데 있다.

넷째, 기관프로그램에 대한 외부 지원의 확보이다. 프로그램평가는 기관의 효과성을 입증해 주고, 이를 알리는 역할을 하기 때문에 기관의 입지를 강화시킨다. 그리고 프로그램평가는 지역사회나 정부로부터 지원을 받거나 지지를 획득할 수 있는 정보를 제공하고 있다.

다섯째, 사회복지서비스 제공방법에 관한 지식개발이다. 프로그램평가는 기관의 활동내용이나 그 여부에 대한 일상적인 평가의 의미도 가지고 있지만, 기관의 성과에 대한 평가라는 의미로서 이해된다. 그리고 프로그램평가에 사용되는 방법들은 기관의 개입활동과 계획한 성과 간의 관계에 대한 지식을 개발하는 데 활용되고 있다.

종합해 보면 사회복지프로그램 평가의 목적은 프로그램평가 자체가 목적이 되는 것이 아니라, 목적달성을 위한 하나의 수단으로 활용되어야 한다. 즉, 프로그램평가를 통하여 환류된 정보들이 이후에 프로그램 개선이나 기관의 발전에 응용되어야 하며, 구성원들이 보다 전문성을 증대시킬 수 있어야 한다.

4. 평가의 중요성

사회복지프로그램의 평가를 왜 수행해야 하는지의 네 가지로 이유를 제시하면 다음과 같다. ① 신념체계를 정립하기 위함이다. ② 책임성을 증진시키기 위함이다. ③ 지식기반을 구축하기 위함이다. ④ 소비자중심주의를 증진시키기 위함이다. 그리고 사회복지기관에서 프로그램평가가 왜 중요한지를 제시하면 다음과 같다.

① 프로그램결과의 책임성에 대한 사회적 요구가 제기되기 때문에 평가가 중요하다.
② 사회복지기관의 프로그램 정체성을 확립하는 데 평가가 중요하다.
③ 프로그램실행을 효과적이고 효율적으로 수행하기 위해 평가가 중요하다.
④ 사회복지기관의 전문성을 형성하는 데 평가가 중요하다.
⑤ 프로그램운영이 수급자 중심적이 되도록 하는 데 평가가 중요하다.
⑥ 프로그램의 운영방향을 일관성 있게 설정해 주는 데 평가가 중요하다.
⑦ 사회복지프로그램과 관련해서 객관적인 이론을 정립하는 데 평가가 중요하다.

2절 사회복지행정 평가의 유형

1. 평가시점에 따른 분류

1) 형성평가

형성평가(formative evaluation)는 하나의 과정평가이며 프로그램진행이 원활하며 성공적인 실천을 위한 목적으로 실시되는 것이다. 형성평가는 귀납적 방법에 기초하여 항상 변화하는 프로그램의 전달과 기관의 운영상황 그리고 클라이언트의 변동욕구 등을 결정하기 위하여 인식하는 데 초점이 있다. 그리고 형성평가는 모니터링(monitoring)의 테크닉과 환류(feedback)를 중요시하기 때문에 융통성이 많은 것이 특징이다(신복기 외,

2019). 따라서 형성평가를 두 가지로 구분하여 제시하면 다음과 같다(황성철 외, 2014).

(1) 운영과정평가

원래 운영계획대로 활동이 잘 이루어졌는가, 계획된 양 · 질의 자원이 계획된 시간에 투입되었는가, 원래 의도한 프로그램 대상 집단을 상대로 실시되었는가, 관련된 법규나 규정을 준수하였는가 등이다.

(2) 운영관계평가

어떠한 경로를 통해 프로그램 효과가 발생하게 되었는가, 프로그램 효과가 발생하지 않는 경우 어떤 경로에 잘못이 있었는가, 프로그램 효과에 강한 영향을 미치는 경로는 없는가 등이다.

2) 총괄평가

총괄평가(summative evaluation)는 일종의 결과평가로서 프로그램이 달성하고자 했던 목표를 얼마나 잘 성취했는가의 평가를 말한다. 총괄평가는 프로그램의 결과와 효과를 평가하고 프로그램 실행이 종결된 후에 실시하고 있다. 특히 총괄평가는 모든 구성원들이 기관의 사명, 목표 등을 충분히 숙지하고 있다는 것을 전제로 하고 있다. 그리고 총괄평가는 프로그램의 종결 후 프로그램 투입에 대한 총체적인 판단을 내리기 위해 행하여지는 평가를 의미하고 있다(신복기 외, 2019). 따라서 총괄평가를 두 가지로 구분하여 제시하면 다음과 같다.

(1) 효과성평가(effectiveness evaluation)

과연 의도했던 프로그램 효과가 발생하였는가, 프로그램 목표와 대비하여 어느 정도 효과가 발생하였는가, 프로그램 효과는 원래 사회문제를 해결하는 데 충분한가 등이다.

(2) 효율성평가(efficiency evaluation)

프로그램의 직접적 비용은 얼마인가, 사회적 충격에 대한 사회적 비용은 얼마인가, 프로그램 효과는 비용을 상쇄시킬 만큼 큰 것인가 등이다.

2. 접근방법에 따른 분류

1) 양적 평가

양적 평가는 수량화된 자료나 증거를 가지고 평가대상을 기술하고 분석하는 평가방법이다. 양적 평가는 경험주의와 실증주의의 전통적 방식을 따르고 있다. 양적 평가에 있어서 중요한 것은 평가가 인간판단의 주관성을 극복할 수 있는 수단이기 때문에 통일된 기준을 가지고 있어야 한다. 체계적인 절차를 통해서 객관적이고 타당하고 신뢰성 있는 결과를 수치로 나타낼 필요가 있을 때 사용한다. 즉, 평가의 내용을 양적으로 표현하여 누구나 알아볼 수 있는 형태로 제시하기 위한 목적도 가지고 있다. 따라서 양적 평가는 수량화가 필수적이며, 평가한 내용을 일반화하여 다른 프로그램평가에서 활용할 수 있도록 해야 한다.

2) 질적 평가

질적 평가는 양적평가와 달리 평가의 주관적 측면을 고려한 평가방법이다. 즉, 평가는 숫자로 표현하기 어렵거나 수량화하기 어려운 정의적 영역에 대한 평가를 위하여 활용하는 평가방법이다. 이에 질적 평가는 이론적으로 현상학적 혹은 해석학적 인식론을 기초로 하고 있다. 그러나 질적 평가의 단점은 주관성을 완전히 배제하기 어렵다는 점이다. 따라서 질적 평가는 주관성을 어떻게 효과적으로 활용하느냐가 평가의 관건이 될 수 있다(김성철, 2019).

3. 평가주체에 따른 분류

1) 내부평가

내부평가는 자체평가로서 프로그램을 기획하거나 운영을 담당하는 사람이나 조직 내의 다른 구성원이 실시하는 평가를 말한다. 따라서 내부평가는 주로 평가를 통해 얻은 정보를 조직 내에 환류하여 조직운영이나 프로그램을 개선하고자 할 때 활용하고 있다.

2) 외부평가

외부평가는 프로그램을 수행하는 조직체가 아닌 대학교수, 연구기관 등 외부의 제삼자가 행하는 평가를 말한다. 따라서 외부평가는 내부평가와 마찬가지로 조직운영이나 프로그램 개선을 목표로 하고 있다. 그러나 평가결과가 제한적으로 외부에 공표되거나 다른 기관과의 비교자료로 활용되는 등 평가결과의 활용방법에 있어서는 내부평가와 차이가 있다(황성철 외, 2014).

4. 평가대상에 따른 분류

1) 프로그램평가

프로그램평가는 프로그램의 효과성, 효율성, 만족도 등에 주된 관심을 가지고 평가하는 것을 말한다. 여기서 평가자는 프로그램에 대한 충분한 이해와 견해를 가지고 있는 전문가여야 프로그램을 평가할 수 있다.

2) 기관평가

기관평가는 평가대상이 기관일 경우 평가하는 것을 말한다. 즉, 기관조직이 효과적으로 목표달성을 할 수 있는 조직으로 되어 있는지 등에 관한 기관체제에 초점을 두고 평가를 하고 있다.

3절 사회복지행정 평가의 개선방안

1. 사회복지평가의 활용방안

1) 평가활용의 유형

(1) 조정과 지원

사회복지평가의 결과에 대한 파악이 끝나면 평가가 주는 현실적 의미가 사장되게 해서는 아무 소용이 없다. 그러므로 평가의 결과가 현실정책에 반영되도록 해야 한다. 이것이 바로 현실적용의 단계이다. 현실적용은 조정과 지원으로 논의할 수 있다(김성철 외, 2011). 따라서 긍정적 효과가 있는 프로그램에 대해서는 계속적 지원을 보내고, 긍정적 효과가 나타나지 않는 프로그램에 대해서는 조정 작업을 거쳐 새로운 프로그램이 재형성되도록 해야 한다.

(2) 보상과 유인책

사회복지평가는 프로그램을 담당한 개인에 대한 이익 혹은 불이익과 연결될 수 있을 뿐만 아니라, 조직 전체에 대한 보상과 유인책으로 사용할 수 있다(김성철 외, 2011).

미국은 후자를 많이 사용하고 있다.[1] 평가결과를 보상과 유인책으로 활용하는 것은 상당한 효과를 거두고 있다. 왜냐하면 정치인에게 있어서 평가결과가 기준치 이상을 준수하지 못했다는 것은 곧 실정을 의미하는 것이고 차기 선거에서 엄청난 불이익을 당할 수 있기 때문이다.

(3) 도구적 이용과 관념적 이용

리치(R. Rich)는 평가를 활용하는 방식을 도구적 이용과 관념적 이용으로 정리하고 있다(김성철, 2019). 도구적 이용은 평가의 결과를 의사결정이나 문제해결을 위해 사용할 경우를 말한다. 관념적 이용은 사물이나 사건에 대한 관념이나 사고를 바꾸어 놓는데 사용되는 경우를 말한다.

2) 평가결과의 활용방안

(1) 개선목적에 활용

평가는 프로그램의 개선목적에 활용되도록 관심을 가져야 한다. 외부평가에서 도출된 정보에 대해 조직내부에서 의문이 제기될 수 있다. 외부기관에 의해 수행되는 공식적 평가과정에서도 내부자와 외부자 간에 시각차이가 크게 나타나기 쉽다. 특히 사회복지프로그램처럼 목표나 과정, 기술 등에 대한 합의점 도출이 쉽지 않은 경우, 평가에 주관적인 판단요소들이 개입될 가능성이 한층 높다. 외부평가자에 대한 불신 때문에 내부 관리자들은 타당도와 신뢰도가 의문시되는 비공식적인 내부평가를 선호하는 경향이 있다. 따라서 사회복지프로그램의 관리자는 평가에 대한 선호적 판단보다 평가의 과정과 결과를 조직이나 프로그램의 개선목적에 어떻게 적절히 활용할 것인지에 관심을 가져야 한다.

1) 근로연계복지(workfare)를 주도하고 있는 미국은 연방정부의 포괄교부금방식으로 주정부의 일자리장착 프로그램을 독려하고 있다. 주정부가 일자리장착에 성공을 하면 연방정부는 포괄교부금을 증액시켜 주는 방식이다. 반대로 성과를 내지 못하면 교부금은 대폭 삭감된다.

(2) 기준행동의 준수

평가는 지향하는 목적에 맞게 명확한 기준행동을 준수해야 한다. 궁극적으로 프로그램에 대한 평가가 지향하는 목적은 클라이언트의 복지서비스 제공에 있다. 그러나 평가가 본래의 목적을 상실하고 방법 자체에 충실하게 되는 경향이 나타날 수 있다. 따라서 사회복지행정의 관리자는 평가기준을 제시하는 것이 프로그램 전체 유효성에 상당한 영향을 미친다는 것을 이해하고 대처해야 한다. 비록 외부평가로부터 특정한 기준들이 강요되더라도 외부의 기준강요가 프로그램에 영향을 주는 것을 최대한 관리해야 한다.

2. 사회복지평가의 개선방안

1) 평가의 어려움

① 행정의 목표와 기준이 불특정성을 지니고 있으며 객관적 평가에 어렵다.
② 어떤 원인행위에 의해 결과가 발생하였는지 규명하기가 어렵다.
③ 평가 자료와 정보를 수집하기가 어렵다.
④ 서비스의 질적 평가를 하기가 어렵다.
⑤ 한정된 시간에 평가를 해야 하기에 어렵다.

따라서 프로그램의 성과를 평가하기 전에 평가를 객관적으로 할 수 있을 것인지, 평가를 할 만큼 투자가치가 있는 것인지 등을 평가 이전에 충분히 검토해야 한다.

2) 평가의 개선방안

① 계량화할 수 없는 부분을 평가에 점진적으로 포함시켜야 한다.

② 외부평가와 내부평가를 병행하여 책임성을 부여해야 한다.

③ 지역적 특성을 고려한 평가기준을 활용해야 한다.

④ 평가결과를 지역주민에게도 공개해야 한다.

⑤ 평가결과를 재위탁선정에 적극 반영해야 한다.

4절 사회복지행정의 책임성

1. 책임성의 의미

책임성은 수행의 결과에 대한 책임감과 함께 투입단계에서부터 산출단계까지의 과정에 있어서의 정당성도 갖추어야 함을 의미한다. 권한의 원칙이나 영향력 등의 정당성까지도 고려해야 한다. 특정 업무수행에 대한 책임과 어떤 집단이나 개인에 대해 책임을 진다는 의미이다.

서구복지국가에서는 복지국가의 위기를 거치면서 대부분의 조직에서 책임성(accountability)의 문제가 제기되었다. 즉, 업무의 비효율성, 약한 경쟁력, 도덕적 해이, 공금의 유용 등에 관한 내용이었다. 이는 조직운영의 비효과성, 질적 저하, 팀워크의 해체, 근시안적 기획, 낭비적 요소, 노동 불균형 등을 초래하는 것으로 지적되었다(김성철, 2018). 사회복지조직에서 책임성 위기에 대한 논의가 계속되고 있는 것은 기관운영과 관련된 사회복지행정의 미숙에 기인하고 있다.

책임성의 문제를 해결하기 위해서 행정적인 차원에서는 수행성과(performance), 법규의 준수성(compliance), 직원의 자질 등에 대한 정확한 통제와 관리가 요구되었다. 따라서 조직관리를 통해 행정효과성을 높이는 경우 책임성에 관한 논란의 소지는 줄어들고 조직의 성과도 높아지게 된다는 것이다. 그리고 사회복지조직에 대한 사회적 신뢰를 높이게 되고, 조직에 소속되어 있는 사회복지사들의 전문직에 대한 위신을 높여 주어 사회적인 후원이나 지지도를 향상시키게 될 것이다(김성철, 2019).

책임성은 사회복지 프로그램이 주어진 자원을 가지고 어떤 구체적인 목적을 얼마나 효과적 또는 효율적으로 달성했는가 하는 것을 객관적으로 증명할 것을 요구하고 있다. 책임성의 확보는 효율적이며 공정하고 윤리적인 활동을 가능케 하는 데 필수적인 요소이다. 또한 사회복지활동에서의 책임성 추구는 이용자, 그 가족, 그리고 국민들에게 신뢰를 가져오게 한다. 책임성의 개념은 두 가지 의미로 사용하고 있다.

① 특정한 업무수행에 책임을 진다는 의미로서 '무엇을 책임지는'(responsible for) 것을 뜻한다.
② 어떤 집단이나 개인에 대해 책임을 진다는 의미로서 '누구에게 말할 수 있는'(accountable to) 것을 의미한다.

따라서 사회복지행정의 책임성(accountability)이란 누구에게 무엇에 대해 설명할 수 있음을 의미하고 있다.

2. 책임성의 요구

선진복지국가에서 사회복지분야의 책임성 위기가 제기된 가장 직접적인 요인은 사회복지비용의 증가에 있다. 사회문제를 해결하기 위한 비용이 엄청나게 증가하면서 시민들의 세금부담이 늘어나고, 정치인들은 유권자들을 의식하여 사회복지비를 삭감하려 시도하게 되었다. 이에 사회복지기관들에게 프로그램의 효과성을 보여 주는 증거를 제시할 것을 요구하게 되었다.

미국에서는 사회복지전달체계에 있어서 서비스계약구매방식(Purchase of Service Contracting: POSC)이 일반화되고 있는데, 이는 민간의 계약기관이 서비스를 제공하고 그 비용은 정부가 부담하는 방식이다. 이러한 방식은 기관들로 하여금 서비스의 결과에는 관심을 갖지 않고 서비스제공 과정에만 치중하는 행태를 낳게 되었다. 결과적으로 정부보조금을 더 받기 위해 시설 수용기간이 길어지고, 서비스수혜의 수가 늘어나게 되었다. 이로 인해 책임성에 관한 논란이 제기되었다. 따라서 POSC방식의 책임성은 '과정(process)지향적 책임성'과 '성과(performance)지향적 책임성'으로 구분하고 있다.

1) 과정지향적 책임성

사회복지전달체계에 있어서 ① 수혜자격이 있는 클라이언트에게만 서비스가 전달되었는가, ② 계약된 서비스가 제대로 제공되었는가, ③ 서비스전달에 있어 사전에 계획된 방식을 준수하고 있는가, ④ 서비스의 질이 특정수준을 유지하고 있는가, ⑤ 서비스제공의 내용들이 정확하게 기록되고 보관되고 있는가 등의 문제를 다루고 있다.

2) 성과지향적 책임성

서비스제공의 최종 산출물을 파악하는 것으로서 ① 제공된 서비스의 총량, ② 서비스의 단위비용, ③ 클라이언트의 서비스 종결률, ④ 서비스 종결 시 클라이언트의 상태변화, ⑤ 추후 시점에서의 클라이언트의 상태변화 등을 포함하고 있다. 따라서 최근 사회복지 책임성이 강조된 배경을 살펴보면 다음과 같다

① 사회복지 공급주체의 다원화로 기존 사회복지기관의 비효과적인 행태를 문제 삼는 세력들이 등장하였다. 즉, 사회복지기관 이외의 종교기관과 시민단체들을 중심으로 한 민간조직들의 사회복지활동 참여가 확대되었다. 이는 한국사회의 사

회복지 총량을 확대시키는 데 큰 기여를 한 것으로 여겨지며, 한편으로 제한된 예산과 대상을 놓고 서로 경쟁하는 관계 속에서 기존의 기득권을 확보하고 있는 사회복지기관들의 행태를 문제 삼는 사례가 늘어나고 있다.

② 사회복지서비스의 민영화 경향이다. 사회복지계에도 민간위탁이 더욱 많아지고 있는데, 위탁을 받은 법인들은 사업방향의 결정에 있어서 지역주민들의 욕구를 반영하거나 참여를 유도하는 노력보다는 정부의 결정에 더 많은 영향을 받는 경향이 있다. 즉, 사업행태가 타율적이고 정부의존적인 경우가 많다. 민간사회복지시설들의 경우 재정규모가 영세함에도 불구하고 사업들 간의 중복, 경합 등으로 인적·물적 자원의 낭비를 초래하는 경우가 많다.

③ 「사회복지사업법」의 개정에 따라 민간사회복지기관, 시설들이 최소한 3년에 1회 이상 평가를 통해 책임성을 입증하도록 제도화한 것이다.

3. 책임성의 관리

1) 행정관리자의 역할

페퍼와 사란식(J. Pfeffer, & G. Salancik)은 사회복지행정의 관리자가 책임성 역할을 수행하는 방식으로 세 가지 유형을 제시하고 있다(김성철, 2019).

첫째, 상징적(symbolic) 역할로서, 관리자가 조직의 성과에 아무런 영향을 주지 않는 것이다. 행정활동은 단지 상징적일 뿐이며, 외부 요소들에 대해 조직이 책임성을 수행하고 있다는 인상을 심어 주는 역할만 수행한다.

둘째, 반응적(reactive) 역할로서, 외부의 요구들에 수동적으로 반응하는 것이다. 외부에서 규정한 의무나 절차들만을 충실하게 수행하며, 자신과 조직의 안전을 최우선으로 하는 전형적인 관료의 역할을 수행한다.

셋째, 재량적(discretionary) 역할로서, 관리자가 보다 적극적으로 외부환경과의 타협 내지는 개척까지를 모색하는 역할이다. 이상의 세 가지 유형 중에서 사회복지행정의 관리자는 재량적 역할을 취하는 것이 필요하다.

2) 사회복지사와 관리자의 역할

사회복지사는 기관에게 직접적 서비스에 대한 책임을 지고 관리측은 사회복지사들이 서비스기능을 수행할 수 있도록 지원해 주어야 하는 것이다.

4. 사회복지조직의 책임성에 영향을 미치는 요인

사회복지행정 책임성의 특성은 일정한 행동을 해야 할 전제로 하며, 일정한 재량의 여지가 있는 경우에만 발생한다. 그리고 객관적 기준과 결과에 따라야 함을 전제로 하여야 하며, 통제 및 참여를 통하여 확보될 수 있다.

1) 사회복지행정 책임성의 기준

사회복지행정 책임성의 기준으로는 명문화된 기준을 들 수 있으며, 사회복지행정 이념이 전제되어야 하며, 공익이 기준으로 고려되어야 한다. 그리고 중요한 것은 고객의 요구를 반영하여야 한다.

2) 책임성에 영향을 미치는 내적 요인

책임성에 영향을 미치는 내적 요인으로는 서비스의 다양성, 기술의 복잡성, 목표의 불확실성, 사회복지조직 내부적인 대책으로 프로그램의 기획 및 의사결정과정이 강조되고 있다.

3) 책임성에 영향을 미치는 외적 요인

책임성에 영향을 미치는 외적 요인으로는 사회복지 공급주체의 다원화로 기존 사회복지기관의 비효과적인 형태를 문제 삼는 세력들이 등장한다.

사회복지서비스의 민영화 경영도 외적요인이며, 「사회복지사업법」의 개정에 따라 민간 사회복지기관 및 시설들이 최소한 3년에 1회 이상 평가를 통해 책임성을 입증하도록 제도화한 것도 책임성에 영향을 미치는 외적 요인이다.

5. 사회복지행정 책임성 확보방안

1) 사회복지 행정통제의 개념

행정통제는 행정책임을 확보하기 위한 사전적 또는 제어기제로서 행정조직의 하부구조나 참여자들이 조직의 목표의 규범으로부터 이탈되지 않도록 제재와 보상을 주는 모든 활동이다.

사회복지 행정통제는 사회복지 행정관리자 개인 또는 체계의 일탈에 대한 감시와 처벌을 통해 목표하는 바를 달성하느냐를 추궁한다는 측면에서 행정통제는 행정책임과 직접적인 관계가 있으며 대상자에 대한 신뢰성 확보와 직접적인 관계가 있다.

2) 책임성의 내부관리

책임성의 관리는 ① 특정 상황에서 업무자가 취해야 할 반응은 어떤 것이어야 하는지를 파악한다. ② 업무자의 활동을 모니터링하고 모니터링된 현존 활동을 조직이 원하는 반응과 비교하여 사정한다. ③ 조직은 서비스제공자의 바람직한 행동을 유도하기 위해 다양한 유인적 동기와 제재수단을 갖춘다.

3) 사회복지행정의 통제방법

서비스 제공자의 활동을 통제하는 목적은 조직이 외부의 책임성요구에 부응하는 데 있다. 사회복지행정의 관리자가 사회복지사의 전문적 서비스 활동에 관여하는 것은 관리자의 외부 책임성에 기인하고 있다. 관리자는 자신의 행동 측면들에 대해서 통제할 수 있기 때문에 조직 내의 다양한 서비스제공자들(사회복지사, 심리상담가, 물리치료사, 재활교사, 특수교사, 영양사, 간호사, 자원봉사자 등)의 행동을 적절히 이해할 수 있어야 한다(김성철, 2019).

사회복지행정의 통제에 대한 접근방법으로는 양적인 측정방법을 통한 작업량의 통제, 활동과 형태의 양적 · 질적 보고를 통한 통제, 적극적인 참여를 통한 통제, 조직과 구성원 개인의 일체화를 통한 통제 등으로 나눌 수 있다.

(1) 제도적 통제

제도적 통제시스템의 장점으로 정책 및 기획통제, 운영통제, 요소별 통제, 감찰적 통제이다.

(2) 자율적 통제

자율적 통제는 행정관리자 스스로 직업윤리를 확립하고 그 기준에 의하여 자기를 규제하는 방법이다. 자율적 통제의 장점은 참여적 통제를 통하여 자율적 통제를 확보하며, 내면적 통제를 통하여 자율적 통제를 확보하는 것이다.

(3) 사회복지 행정통제의 효율화 방안

사회복지 행정통제의 효율화 방안으로, 행정정보 공개를 통한 조직의 개방성을 유도하여야 한다. 그리고 사회복지 정책과정에 시민참여의 기회를 확대하여야 한다. 전문직의 전문성 향상과 권한을 강화하여야 하며, 외부통제와 내부통제의 균형이 이루어져야 하고, 사회복지행정 평가제도가 확립되어야 한다.

6. 책임성의 유형

로시와 프리먼(Rossi & Freeman)은 책임성의 유형을 여섯 가지로 제시하였고, 허들리와 미첼(Hadley & Mitchell)은 윤리적 책임성, 이미지 책임성, 욕구 책임성 등을 제시하였다. 따라서 책임성의 유형 아홉 가지를 제시하면 다음과 같다.

1) 적용대상의 책임성(coverage accountability)

사회복지서비스를 제공하고자 하는 대상들은 누구이며, 어떠한 특성을 가진 대상자를 선택할 것인지 그리고 그들에게 제공되는 서비스의 내용은 무엇인가 등의 대상자 적용에 관한 책임성을 의미한다.

2) 서비스전달의 책임성(service delivery accountability)

사회복지서비스가 계획에 따라서 진행되도록 하며, 자격이 있는 종사자에 의해서 서비스가 제대로 전달되도록 책임을 가지는 것을 의미한다.

3) 영향의 책임성(impact accountability)

서비스를 받은 대상들이 처음 의도한대로 바람직한 변화의 발생여부에 대한 책임을 의미한다.

4) 효율의 책임성(efficiency accountability)

제공된 서비스에 대한 비용의 효율성은 제대로 이루어졌는지에 대한 책임을 의미한다.

5) 재정의 책임성(fiscal accountability)

재무회계와 관련한 집행 및 보고에서 재정의 투명성에 대한 책임성을 의미한다.

6) 법률의 책임성(legal accountability)

모든 서비스는 법에서 요구하는 책임성이나 계약에 의한 조건들을 지켜야 한다. 즉, 개인의 비밀보장, 서비스제공에서 동등한 기회 부여 등이다.

7) 윤리의 책임성(ethical accountability)

법에서 요구하는 책임성이나 계약에 의한 조건들에 없는 경우에는 윤리적인 책임성이 요구된다. 즉, 사회복지사의 윤리강령에 나타나 있는 내용들이 여기에 포함될 수 있다.

8) 이미지의 책임성(image accountability)

SRV(Social Role Valorization)이론에 의하면 이용자에 대한 사회적 이미지가 매우 중요하다. 이는 그들에 대한 사회적 이미지에 따라서 사회로부터 부당한 가치평가절하를 받을 수가 있기 때문이다.

9) 욕구의 책임성(need accountability)

이용자의 욕구에 부응한다는 것은 가장 중요한 목표가 된다. 즉, 이용자 중심으로 서비스를 제공하기 위해서는 욕구에 대한 책임성이 요구된다.

5절 사회복지행정의 변화전략

1. 변화의 유발요인

1) 외부요인

조직을 둘러싼 환경적 요인의 변화로서, 공공정책이나 행정규제, 법원의 명령, 예산 삭감, 인구추세, 사회적 가치의 변화, 새로운 기술의 출현 등이 해당된다. 그리고 클라이언트를 포함한 각종 외부자원과 영향세력의 변화가 조직의 변화를 유발하는 요인이 되고 있다.

2) 내부요인

일선 업무자들이 보다 많은 재량권과 자율성을 요구하거나, 전문직들이 클라이언트 관점에서 서비스 환경의 개선을 요구하는 쟁점이 발생하고 있다. 이에 조직은 변화에 대응하는 시도가 필요하다. 관리자는 자신이 변화를 요구하는 경우에 내부변화 요인이 된다. 즉, 관리자가 조직의 사기저하, 의사소통문제, 대인들 간의 갈등, 업무들 간의 비효과적인 조정 등의 문제를 감지하고 조직차원의 변화를 시도할 수도 있다.

2. 변화의 유발과정

변화의 유발과정은 다음의 두 가지를 제시할 수 있다.

1) 문제 확인과 분석

변화과정은 문제에 대한 인식에서부터 시작되고 있다. 조직 내부 및 외부에서 발생하는 다양한 원인에 의해 현존 수준의 업무수행과 바람직한 업무수행 간의 격차가 발생하고 있음을 확인할 수 있다. 문제 확인 이후에는 문제분석이 이루어진다. 문제분석은 확인된 격차를 유발하는 장애요소들을 찾아내는 데 있다. 문제분석은 비공식적으로 기존 자료나 개인적인 관찰을 활용하여 관리자 차원에서 수행할 수도 있다.

2) 변화의 수용과 저항

조직 내에서 문제해결을 시도할 경우에 변화의 당사자들이 이에 저항할 것인지, 수용할 것인지를 사전에 평가해야 한다. 조직의 변화가 도입될 때 나타나는 수용과 저항의 원인은 과거의 경험, 투자회수비용, 사회적 관계, 자원의 분배, 의사소통 등이 있다.

3. 변화의 전략선택

관리자가 조직의 변화를 유도하기 위해 선택하는 전략은 대부분 리더십과 관련이 되어 있다. 조직구성원에게 변화의 필요성을 인식하고 수용하게 하려면 주어진 상황에 가장 적절한 리더십의 선택이 필요하다. 조직변화를 위한 리더십 전략의 선택에서 고려해야 할 사항은 다음과 같다.

1) 세력분포

변화를 추진하는 세력이 억제세력보다 강한 상황이면 리더십 선택은 보다 자유롭다. 이러한 경우에는 다양한 리더십 스타일을 사용할 수 있다. 그러나 억제하는 힘이 더 강하게 되면, 참여적 리더십 스타일이 더 효과적이다. 이는 저항을 극복하고 헌신하도록 만들기 위해서 참여적 리더십이 효과적이다.

2) 시간여유

변화를 위한 주어진 시간이 촉박한 상황이면 지시적 리더십을 사용할 수밖에 없다. 이는 시간적 촉박함으로 하급자들의 의견을 개진할 여유가 없기 때문이다.

3) 문제본질

관리자가 분별력 있는 결정을 내리는 데 충분한 정보를 가지고 있는 상황이라면 하급자들의 지나친 참여는 불필요하다. 한편 문제가 불명확할 경우에는 하급자들을 참여시키는 리더십 스타일을 통하여 변화에 필요한 정보를 제공받는 것이 효과적이다.

4) 실천경험

어떤 리더십 스타일로 조직이 운영되어 왔는지에 대한 직원들의 생각이 상황변수가 된다. 통상적으로 지시적 스타일로 운영되다가 변화의 시점에서 갑자기 참여적 스타일로 전환하는 것은 오히려 의심을 유발할 수 있다. 한편 참여적 스타일로 운영되던 조직이 갑자기 지시적 스타일로 전환하면 자율성과 협조를 깨기 위한 것으로 의심받을 수 있다.

5) 파워활용

관리자는 보상이나 제재의 파워를 가지지 못하면 하급자들의 변화를 통제하기 어렵다. 지시적 스타일에 계속 의존하는 관리자들은 하급자들의 소외를 유발시킬 수 있으며, 수동적인 저항, 의례적인 순응, 비관주의 등이 나타나게 된다.

6) 실행과정

변화의 실행을 위해 직원들의 자발적이고 분별력 있는 협조가 필요할 경우에 참여적 스타일이 선호되고 있다. 그것이 직원들로부터 변화에 대한 헌신적 참여와 주체의식을 불러일으킬 수 있기 때문이다.

종합해 보면 변화전략들이 선택될 때에는 상황변수들이 어떤 것들이 있는지를 고려하여 판단해야 한다. 사회복지행정에서 참여적 리더십 전략을 중요시하는 경향이 있지만, 그것이 유일한 리더십이 아니며 일종의 수단으로 간주하고 있다.

사회복지행정의 평가와 책임성에 대하여 제안하면 다음과 같다.

(1) 사회복지행정의 평가 방법

① **성과지표 및 데이터 분석:** 사회복지프로그램의 목표와 성과를 정량적으로 측정할 수 있는 성과지표를 개발하고 이를 꾸준히 모니터링한다. 이러한 데이터를 토대로 프로그램의 효과를 정량화하고 개선 방향을 찾을 수 있다.

② **사용자 피드백과 만족도 조사:** 사회복지서비스를 이용하는 사용자들로부터 직접적인 피드백을 수집하여 서비스의 만족도와 개선점을 파악한다. 이를 통해 서비스의 질을 높이고 수혜자들의 의견을 반영할 수 있다.

③ **프로그램 평가 및 검증:** 외부 전문가나 제3의 기관을 통해 프로그램의 효과성과 투명성을 평가하고 검증한다. 독립된 평가 결과를 통해 정확한 평가를 실시할 수 있다.

④ **비교 연구와 벤치마킹:** 유사한 사회복지프로그램과의 비교를 통해 본 프로그램의 장단점을 파악하고 벤치마킹을 통해 다른 지역이나 국가의 사례에서 얻은 노하우를 적용할 수 있다.

(2) 사회복지행정의 책임성 강화 방법

① **투명한 정보 제공:** 사회복지프로그램의 목표, 예산, 운영 방식 등에 대한 정보를

공개적으로 제공하여 시민들이 프로그램의 운영 상황을 파악할 수 있도록 한다.

② **윤리적 가이드라인 준수**: 사회복지행정 종사자들에게 윤리적인 행동과 행동 규범을 정의하는 가이드라인을 제공하고 이를 준수하도록 유도한다.

③ **계정능력강화**: 프로그램 운영과 예산 사용에 대한 적절한 계정능력 메커니즘을 마련하여 자원의 효율적 사용과 부정 행위 방지를 강조한다

④ **사회적 참여 촉진**: 시민들을 프로그램의 개발, 구현, 평가에 참여시켜 사회적 의사결정에 직접적으로 참여하도록 유도한다.

⑤ **위험 관리 및 대응 체계 구축**: 예기치 않은 위험 상황이나 문제 발생 시 적절한 위험 관리 및 대응 체계를 구축하여 신속하게 대응하고 책임을 다할 수 있도록 한다.

위 방법들은 사회복지행정의 평가와 책임성을 강화하기 위한 구체적인 방법들을 제시한 것이다. 이러한 방법들을 조합하고 실제 상황에 맞게 적용함으로써 사회적 복지의 향상과 시민들의 만족도를 높일 수 있을 것이다.

참고문헌

강순화, 이경진, 안수경(2019). **사회복지행정실무의 이해.** 서울: 신정.

강용규, 김형수, 양정하, 오종희, 유용식, 전리상, 주익수(2010). **사회복지행정론.** 경기: 공동체.

강용규, 김희성, 배은영, 양정하, 오종희, 유용식, 주익수(2007). **사회복지행정론.** 경기: 공동체

강종수(2011). **사회복지행정의 이해: 복지경영적 접근.** 서울: 학지사.

강종수(2019). **사회복지행정의 이해.** 서울: 학지사.

강혜규(2007). 사회서비스 재정관련 동향과 과제. **보건복지포럼, 129,** 72-81.

강희갑, 김극명, 김종배, 오현숙, 정일교(2016). **사회복지행정론.** 경기: 양성원.

고선정, 김성희(2004). 장애인 생활시설의 후원자개발을 위한 전략적 마케팅 기획 사례 연구. **재활복지 Vol 8.** No1.

고수현, 김녹현, 남연희, 박성복, 박영국, 서경석, 오주, 윤선오, 윤종갑(2016). **사회복지행정론.** 경기: 양성원.

고재욱, 전선영, 황선영, 박성호, 이용환(2016). **사회복지행정론.** 경기: 정민사.

고재욱, 전선영, 황선영, 박성호, 이용환(2018). **사회복지행정론.** 경기: 정민사.

곽미정, 최창현, 노상은, 홍희석, 정명희(2017). **사회복지행정론.** 경기: 양성원.

국가직무능력표준(2019). 사회복지조직운영.

권기창, 권승숙, 박을종, 이인원(2018). 사회복지행정실무. 서울: 창지사.

권육상, 전대성, 홍석자, 서상범, 조미영, 홍전희(2004). **사회복지행정론.** 서울: 유풍출판사.

권육상, 전대성, 홍석자, 서상범, 조미영, 홍전희(2007). **사회복지행정론.** 서울: 유풍출판사.

권육상, 전대성, 홍석자, 서상범, 조미영, 홍전희(2012). **사회복지행정론.** 서울: 유풍출판사.

김경우, 신상수, 이승현, 김재경(2013). **사회복지행정론.** 서울: 동문사.

김남수, 류기덕, 박철민, 이승준, 진석범(2018). **사회복지행정론.** 경기: 공동체.

김만두(1994), **신한국 복지서비스 방향**(한국사회복지정책연구원 편). - 신한국의 사회복지정책(pp.149-174). 서울: 한국사회복지정책연구원.

김성철(2007). **사회복지적 리더십.** 경기: 한국학술정보(주).

김성철(2018). **사회복지경영학**. 경기: 공동체.

김성철(2019). **사회복지실천학**. 경기: 공동체.

김순양(2019). **사회복지행정의 개혁과제**. 경기: 법문사.

김영종(1998). **사회복지행정**. 서울: 학지사.

김영종(1999). 한국 사회복지행정의 환경 변화와 영역 과제. **한국사회복지행정학(1)**, 13-32.

김영종(2008). **사회복지행정론**. 서울: 학지사.

김영종(2009). 휴먼서비스 산업체계 모형에 의한 사회복지서비스 동향 분석. **한국사회복지행정학, 11**(2), 35-73.

김영종(2012). 한국 사회서비스 공급체계의 역사적 경로와 쟁점, 개선 방향. **보건사회연구, 32**(2), 41-76.

김영종(2017). **사회복지행정**(4판). 서울: 학지사.

김영종, 김신열(2007). 민간 복지 활성화 방안 연구. 기획예산처보고서.

김익균, 김흥식, 윤찬중, 이현기(2003). **사회복지행정론**. 서울: 교문사.

김익균, 이창수, 이현기, 이형진(2011). **사회복지행정론**. 경기: 정민사.

김인혁, 김정기, 문수열, 유태완, 이은정, 이화명(2019). **사회복지행정론**(3판). 경기: 양서원.

김재호, 김현란, 정하선, 재미자, 최정규(2018). **사회복지행정론**. 경기: 양서원.

김치영, 최용민(2006). **사회복지행정론**. 경기: 21세기사.

김학만(2018). **사회복지행정론**. 서울: 신정.

김현진, 이순희, 유옥현, 김학실(2017). **사회복지행정론**. 경기: 양서원.

김형수, 이명호, 허정철, 송기영(2018). **사회복지행정론**. 서울: 정민사.

김훈기(2019). **사회복지 행정의 이해**. 서울: 형설출판사.

김희성, 함수연, 정민아(2018). **NCS기반 사회복지행정론**. 경기: 공동체.

남일재, 문영주, 오주(2011). **한국 사회복지행정의 이해**. 경기: 정민사.

남일재, 문영주, 오주(2015). **사회복지행정론**. 경기: 정민사.

박경규(2016). **신인사관리: 노동과 잡존의 통합관리**(6판). 서울: 홍문사.

박경일(2001). 사회복지프로그램 진행과 관리기법, 한국사회복지학회 학술대회논문집. 한국사회복지학회.

박경일, 김경호, 서화정, 윤숙자, 이명현, 이상주, 이재모, 전광현, 조수경(2001). **사회복지학강의**. 경기: 양서원.

박성수, 황호영, 김공수, 이경근(2007). **디지로그시대의 인적자원관리**. 서울: 박영사.

박성호(2008). **홍보학개론**. 경기: 도서출판 한울.

박연호(2000). **행정학신론**. 서울: 박영사

박용순, 김성철, 김세원, 이명남(2010). **사회복지행정론**. 서울: 창지사.

박용치(2004). **현대행정학원론**. 서울: 고려원.

박종팔, 구재관, 권명희, 남상권, 박현식(2019). **사회복지행정론**. 경기: 양서원.

박차상(1999). **한국사회복지행정론: 수요자중심 접근방법**. 서울: 대학출판사.

박차상(2011). **사회복지행정론**. 경기: 양서원.

박차상, 이경철, 오세영(2008). **사회복지행정론**. 서울: 창지사.

보건복지부(2017).

사득환(2012). **사회복지행정론**. 서울: 신정.

서보준, 김우호, 전영록, 최병태(2017). **사회복지행정론**. 경기: 양성원.

성규탁(1985). **사회복지행정론**. 서울: 한국사회개발연구원.

성규탁(1993). **사회복지행정론**. 서울: 법문사.

성규탁(1996). **사회복지행정론**. 서울: 법문사.

성규탁(1998). **사회복지행정론**. 서울: 법문사.

성규탁(1999). 21C 한국사회복지행정의 과제. 한국사회복지행정학회 창립기념 학술대회 기조강연. pp. 1-8.

생각의 마을(2019). **(에쎕) 사회복지행정론**. 경기: 공동체.

송희경(2013). 조직 맥락에서 본 사회복지사의 심리적 임파워먼트와 직무태도의 관계. 건국대학교 박사학위 논문.

신복기, 박경일, 이명현(2013). **사회복지행정론**. 경기: 공동체.

신복기, 박경일, 이명현(2017). **사회복지행정론**. 경기: 공동체.

신복기, 박경일, 이명헌, 윤기혁, 권진아(2019). **사회복지행정론**. 경기: 공동체.

신복기, 박경일, 장중탁, 이명현(2004). **사회복지행정론**. 경기: 양서원.

심상용(2017). **사회복지행정론**. 서울: 학지사.

안영진(2014). 사회복지법인에 대한 지방자치단체의 감독강화 방안. **지방자치법연구, 14**(1), 179-201.

양난주(2010). 한국 사회복지서비스의 변화: 행위자간 관계의 분석. **한국사회복지학, 62**(4), 79-102.

양난주(2011). 한국 사회서비스 공급특성 분석: 보조금과 바우처방식의 검토. **사회복지정책, 38**(3), 191-219.

양난주(2014). 한국의 사회서비스: 민간 의존적 공급의 한계와 과제, **동향과 전망, vol.,no. 92**, 93-128.

양승일(2018). **사회복지행정론**. 경기: 양서원.

양승일, 정혁인(2009). **사회복지행정론**. 서울: 동문사.

오세봉(2018). **사회복지행정론**. 서울: 신정.

오세영(2011). **사회복지행정론**. 서울: 신정.

우수명(2007). **프로그램개발과 평가**. 서울: 인간과 복지.

우종모, 김재호, 조당호(2004). **사회복지행정론**. 경기: 양서원.

원석조(2006). **사회복지행정론**. 경기: 양서원.

원석조(2012). **사회복지행정론**. 경기: 양서원.

원석조(2013). **사회복지행정론**(제3판), 양서원.

원석조(2018). **사회복지행정론**. 경기: 양서원.

이덕희, 김구, 박서영, 박서춘, 이은영(2019). **사회복지행정론**. 서울: 창지사.

이민훈, 이진용, 김준환, 유한별, 박화영, 박경순, 김주형(2019). **사회복지 행정론**. 경기: 어가.

이봉주, 김용득, 여유진, 강혜규, 남찬섭(2006). 한국 사회복지서비스 제도화의 과제: 경험과 전망. 일자리창출을 위한 국가고용전략과 비전 국제심포지엄 자료집.

이상미(2019). **사회복지와 행정**. 서울: 청목출판사.

이석미, 이은영, 조상미(2009). 휴먼서비스 조직의 조직효과성. **한국사회복지행정학**, **11**(3), 33-68.

이성기(2019). **사회복지행정론**. 서울: 학지사.

이세영(2017). **사회복지 행정실무**. 경기: 양성원.

이용교(2001). 인권에 대한 사회복지계의 접근: 성과와 과제. **인간과 복지**, 105-181.

이재훈(2018). 국민연금 4차 재정계산 쟁점과 과제. **월간 복지동향**, **239**, 13-20.

이종운, 우병훈, 김미원, 사득환, 성시한(2019). **사회복지행정론**. 서울: 형설출판사.

이준영(2019). **사회복지행정론**. 서울: 학지사.

이준영(2019). 사회복지행정의 법·제도적 변화. 한국사회복지행정학회 학술대회 자료집, 37-42.

임정문, 나직균, 송기영, 안원철(2017). **사회복지행정론**. 서울: 동문사.

장동일(2006). **사회복지행정론**. 서울: 학문사.

장동일(2008). **사회복지행정론**. 서울: 동문사.

장천식(2007). **사회복지행정의 이해**. 서울: 창지사

장천식(2008). **사회복지사1급 시험문제집**. 서울: 박문각.

장천식(2019). **현대 사회복지행정론**. 서울: 퍼시픽북스.

전해황, 김종명, 송낙길, 송혜자, 이영희, 이장희, 장정순(2016). **사회복지행정론**. 경기: 양서원.

정무성(1999). 사회복지조직의 책임성. 한국사회복지행정학회 추계학술대회자료집.

정무성(2000). **사회복지프로그램의 기획과 관리.** 서울: 나눔의 집.

정무성, 황정은(2016). **사회복지마케팅.** 서울: 신정.

조상미(2023). 사회서비스원 혁신, 고도화를 향한 중앙사회서비스원의 역할, 중앙사회서비스원 개원 1주년 기념 콜렉티브 포럼 기조강연 자료집.

조선이(2016). 항공사 객실승무원의 인적자원관리가 조직성과에 미치는 영향: 지식공유의 매개효과를 중심으로, **관광레저연구, 28**(12): 5-23.

최성재, 남기민(1993). **사회복지행정론.** 경기: 나남.

최성재, 남기민(2000). **사회복지행정론.** 경기: 나남.

최성재, 남기민(2001). **사회복지행정론.** 경기: 나남.

최성재, 남기민(2006). **사회복지행정론.** 경기: 나남.

최성재, 남기민(2007). **사회복지행정론.** 경기: 나남.

최성재, 남기민(2008). **사회복지행정론.** 경기: 나남.

최용민, 김태량, 김경희, 이종모(2019). **NEW 사회복지행정론.** 서울: 동문사.

최재성(2005). 사회복지서비스 전달체계의 민영화 쟁점과 과제: 서비스 수요증가와 국가, 시장, 가족의 역할 분담. 한국사회복지학회 2005년 추계학술대회 발표문.

최창호(2002). **새행정학.** 서울: 삼영사.

최향순, 진석범, 최우진(2018). **사회복지행정론.** 대영문화사.

쿠키뉴스(2019. 5. 13.). 사회복지종사자들에게 '복지'는 어디에?

한국사회복지관협회홈페이지(2019).

한국사회복지협의회 편(1991). 지방화시대와 사회복지(제6회 전국사회복지대회 보고서).

한덕웅(1990). 소집단 행동 연구의 경향과 과제. **한국심리학회지: 사회 및 성격, 5**(1), 24-58.

한동우(2019). 한국사회복지행정 20년. **한국사회복지행정학회 학술대회 자료집,** 43-51.

한성아(2002). 사회복지조직의 모금 실태 및 개발에 관한 연구: 마케팅 전략을 중심으로. 인하대학교 석사학위논문.

한신애, 권붕, 김진수, 박선태, 박옥신, 손홍재, 양철수, 이의용, 이척희, 정해분(2018). **사회복지행정론.** 경기: 수양재.

현대경영연구소(1996). 정보공유 운영방식의 확산.

홍봉수, 임현진, 장승전, 황영희, 윤세희, 김한덕, 이순자, 오현숙, 정경수, 이경옥, 배진서(2012). **사회복지행정론.** 경기: 공동체.

홍봉수, 조당호, 임현진, 오현숙, 박영애, 배재덕, 임안나, 이순자, 김남식, 한성수(2019). **사회복지행정론**. 경기: 공동체.

황성철, 정무성, 강철희, 최재성(2009). **사회복지행정론**. 경기: 학현사.

황성철, 정무성, 강철희, 최재성(2010). **사회복지행정론**. 경기: 학현사.

황성철, 정무성, 강철희, 최재성(2014). **사회복지행정론**. 경기: 정민사.

황성철, 정무성, 강철희, 최재성(2019). **사회복지행정론**(3판), 경기: 정민사.

Andreasen, A. R. & Kotler, P. (2003). *Strategic Marketing for Non-Profit Organizations,*(6th ed). Upper Saddle River, NJ: Pearson Education/Prentice-Hall.

Andreasen, A. R. (2001). *Ethics in social marketing.* Washington, DC: Georgetown University Press.

Argenti, P. A. & Forman, J. (2002). *The power of corporate communication: Crafting the voice and image of your business.* New York: McGraw Hill Professional.

Austin, D. (1995). "Management overview", *in Encyclopedia of Social Work (19th), Vol.2,* Silver Spring, MD: NASW, pp. 1642-1658.

Barker, R. L. (1991). Social work dictionary. Silver Spring, MD: National Association of Social Workers.

Bendapudi, N., Singh, S. N., & Bendapudi, V. (1996). Enhancing helping behavior: An integrative framework for promotion planning. *Journal of Marketing, 60*(3), 33-49.

Berger, M., Neuhaus, R., and Novak, M. (eds). (1996). *To Empower People: From State to Civil Society*(2nd ed.). American Enterprise Institute for Public Policy Research.

Borland, J. J. (1981). Burnout among Workers and Administrations. *Health and Social Work, 6,* 7-78.

Burchardt, T. (2005). "Comparing incomes when needs differ: equivalising for the extra costs of disability in the UK". *Review of Income and Wealth. 51*(1), pp.89-114.

Dolgoff, R. and Feldstein, D. (2000). *Understanding Social Welfare*(5th ed). Boston: Allyn and Bacon.

Donahue, J. D. (1989). *The Privatization Decision.* New York: Basic Books.

Dror. Y. (1971). *Design for policy Sciences.* New York: American Elsevier.

Edelwich, J., & Brodsky, A. (1983). *Burnout: Stages of Disillusionment in the Helping Professions.* New York: Pergamon Press.

Edwards, R. & Austin, D. (1991). 'Managing effectively in an environment of competing values' in R. Edwards & J. Yankey (eds.), ***Skills for Eff ective Human Services Management.*** Silver Spring, MD: NASW Press.

Fine, S. H. (1992). ***Marketing the Public Sector.*** New Brunswick, NJ: Transaction Publishers.

French, W. L. (1987). ***The Personnel Management Process.*** Boston, MA: Houghton Mifflin Co.

Gates, B. (1980). *Social Program Administration: The Implementation of Social Policy.* Englewood Cliffs, NJ: Prentice Hall.

Gidron, B., Kramer. R., and Salamon, L. (1992). *Government and the Third Sector: Emerging Relationships on Welfare States.* San Francisco: Jossey-Bass Publishers.

Gilbert N., & Specht, H. (1986). ***Dimensions of Social Welfare Policy.*** New Jersey: Prentice- Hall.

Gilbert, N. & Terrel, P. (1994). *Dimensions of Social Welfare Policy*(5nd ed.). New Jersey: Prentice-Hall.

Gilbert, N. (1983). ***Capitalism and the Welfare State: Dilemmas of Social Benevolence.*** New haven: Yale University Press.

Gilbert, N., and Terrell, P. (2005). ***Dimensions of Social Welfare Policy.*** Boston, MA: Peason, Education Inc.

Glennerster, H. (2003). Understanding the Finance of Welfare: What Welfare Costs and How to Pay for It. Bristol: The Policy Press.

Hall, R. (1993). ***Organization: Structure, Processes & Outcomes***(5th ed.). New Jersey: Prentice-Hall.

Hasenfeld, Y. (1983). ***Human Services Organizations.*** California, NP: Sage.

Hasenfeld, Y. (1992). "The nature of human service organizations", in Y. Hasenfeld(ed.), ***Human Services as Complex Organizations.*** Newbury Park, CA: Sage.

Hodge, B. & Anthony, W. (1991). ***Organization Theory: A Strategic Approach.*** Bostn: Allyn & Bacon.

Kellerman. B. & Matusak, L. (2000). Cutting Edge: Leadership 2000(ed.). College Park: James MacGregor Burns Academy of Leadership.

Kendall, J. et al. (2006). "Social care and the nonprofit sector in the western developed world". In Powell, W. W., and Steinberg, R. ***The Nonprofit Sector: A Research Handbook.*** New Haven & London: Yale University Press.

Kent, C. A. (1987). "Privatization of Public Functions: Promises and Problems." in Kent, C. A. ed. *Entrepreneurship and the Privatizing of Government.* Westport: Quorum Books.

Kidneigh. John C. (1950). "The Quest for Competence in Welfare Administration." *Social Service Review 24* (June 1950).

Kolderie, T. (1985). "Let's Not Say Privatization." *Urban Resources, 2*(4).

Kotler, P. (1991). *Marketing management-analysis, planning, implementation and control.* Englewood Cliffs, NJ: Prentice-Hall.

Kotler, P. (2005), *Marketing for hospitality and tourism.* NJ: Pantice Hall, Inc.

Martin, Lawrence L. (1993). *Total Quality Management in Human Service Organization.* London: SAGE Publications.

Menefee, D., & Thompson, J. (1994). "Identifying and comparing competencies for social work management: a practice driven approach", *Administration in Social Work, 18*(3), pp. 1-25.

Moore, C. W. (1986). *The mediation process: Practical strategies for resolving conflict.* San Francisco, CA: Jossey-Bass.

Munson, C. E. (1983). *An Introduction to Clinical Social Work Supervision.* New York: Haworth Press.

Patti, R. (1983). *Social Welfare Administration: Managing Programs in d Developing Context.* Englewood Cliffs, N. J.: Prentice-Hall.

Pecora, P. J. (1998). Recruiting and Selecting Effective Employees. In R. L. Edwards, J. A. Yankey & Altpeter, M. A.(Eds.), S*kills for Effective Management of Nonprofit Organizations.* Washington DC: National Association of Social Workers.

Rosso, H. A. (1991). *Achieving excellence in fundraising: a comprehensive guide to principles, strategies, and methods.* San Francisco, C. A.: Jossey-Bass Publishers.

Sarri, R. (1987). "Administration in social welfare", in NASW(ed.), *Encyclopedia of Social Work(18th), vol.1,* Silver Spring, MD: NASW, pp. 27-40.

Savas, E. S. (1987). *Privatization: The Key to Better Government.* Chatham, N. J.: Chatham House Publishers.

Schemerhorn, J. R., Hunt, J. G., & R. A. Osborn (2003). *Core Concepts of Organizational Behavior. Danvers.* MA: John Wiley and Sons.

Schuler, R. S. (1988). Personnel Management Resource Management Choices and Prganizational Strategy. *Human Resource Planning, 10*(1): 1-17.

Selye, H. (1974). *Stress without Distress.* New York: New American Library.

Skidmore, R. A. (1983). *Social Work Administration: Dynamic Management and Human Relationships.* Englewood Cliffs, N.J.: Prentice-Hall.

Skidmore, R. A. (1990). *Social work administration: Dynamic management and human relationships.* Englewood Cliffs, NJ: Prentice Hall.

Skidmore, R. A. (1995). *Social Work Administration: Dynamic Management and Human Relationships*(3rd ed.). Boston: Allyn & Bacon.

Spergel, I. (1977). "Social development and social work". *Administration in Social Work, 1*(3).

Spicker, P. (2008). An Introduction to Social Policy. www.rgu.ac.kr/publicpolicy/introduction/socadmin.htm.

Stein, H. (Ed.). (1981). *Organization and the Human Services: Cross-Disciplinary Ref lections.* Philadelphia: Temple University Press.

Stoner, A. F. (1978). *Management.* NJ: Prentice-Hall.

Thomas, K. W. (1992). Conflict and Conflict Management: Reflections and Update. *Journal of Organizational Behavior, 13*(3), 265-274.

Titmuss, R. (1974). *Social Policy: An Introduction.* New York: Pantheon Books.

Trecker, H. B. (1977). *New Understanding of Administration: Principle and Practices.* New York: Association Press.

Winston, et. al. (2002). Privatization of Welfare Services: A Review of the Literature. Mathematical Policy Research. MPR 8834-002.

Zastrow, C. (1999). *The Practice of Social Work*(6th ed.). Belmont, CA: Brooks/Cole.

찾아보기

[인명]

Adams / 217
Alderfer / 213
Andreasen / 269
Ausin / 52
Barnard / 87
Blanchard / 115
Carlisle / 127
Donahue / 73
Fiedler / 121
fine / 276
Freeman / 310
Gilbert / 100
Hadley / 310
Hersey / 115
Herzberg / 215
Kent / 73
Kindeigh / 12
Kolderie / 73
Kotler / 269
Locke / 218
Luther Gulick / 20
Lyndall Urwick / 20
Martin / 73
Maslow / 213
McClelland / 214
McGregor / 216
Menefee / 51
Mitchell / 310
Moore / 221
Patti / 12, 17
Robbins / 115
Rossi / 310
Skidmore / 194
Stein / 12
Stogdill / 118
Stoner / 221
Terrel / 100
Thomas / 221
Thompson / 51
Trecke / 115
Vroom / 217
York / 182
남기민 / 12, 102
남일재 / 211, 215
박경일 / 221
원석조 / 12
최성재 / 12, 102

[내용]

ㄱ

가격 / 277
갈등관리 / 221
갈등관리 전략 / 222
갈등예방 전략 / 222

갈등적응 전략 / 222
갈등조장 전략 / 222
감독자 훈련 / 206
강의 / 207
강점(strength) 요인 / 150
강제의 원칙 / 239
개발 / 170
개발의 기능 / 193
개방-사회적 조직이론 / 92
개방-합리적 조직이론 / 90
개별화된 척도 / 187
개별화의 원칙 / 239
개인기획 / 145
개인정보 / 253
개인정보처리자 / 253
개정의 원칙 / 239
객관식 시험 / 199
거래적 리더십 / 125
거래적-변혁적 리더십 / 125
결산보고서 심의 및 승인 / 228
결산서 작성 / 228
경력평정 / 203
경로-목표이론 / 122
경영자급 혹은 제도적 영역 / 50
경쟁적 가치 리더십 / 126
경쟁조직 / 149
경제적 조건 / 147
계획 / 20, 171
계획 예산 / 234
계획단계 / 178
고객관리 마케팅 / 282
고관여 구매행동 / 274
고아입양특례법 / 38
고전적 관료제론 / 84
공공 사회복지서비스 전달체계 / 106
공공사회복지조직 / 71
공공사회복지조직의 민영화 / 73
공공재 / 66
공공재정 / 232
공동생산 / 59
공문서 / 259
공식적 조직 / 24
공익연계 마케팅 / 282
공통 시설 정보 / 257
과업 환경 / 148
과정이론 / 217
과정지향적 책임성 / 305
과제달성 척도 / 186
과학적 조사방법 / 278
관계욕구 / 214
관리 / 191
관리자 훈련 / 206
관리자급 혹은 프로그램영역 / 50
관리회계 / 243
구매자 / 278
구매행동 / 274
국가균형발전특별회계 대상사업 / 230
국고보조 대상사업 / 230
권력욕구 / 214
규정준수 회계감사 / 245
규제자 / 61
기관평가 / 300
기능 전략 / 156
기대이론(VIE이론) / 217
기부시장 분석 / 281
기술적 조건 / 147
기회(opportunity) 요인 / 149
기회요인 / 152

기획 / 141, 171
기획의 필요성 / 141

ㄴ

내부 환경 분석 / 150
내부모집 / 197
내부평가 / 299
내용이론 / 212
노력성 / 181, 182

ㄷ

다이렉트 마케팅 / 282
단순 조직 구조 / 156
단위 사업 / 160
대변 / 77
대인적 사회서비스 / 57
대화의 조장 / 77
데이터베이스 마케팅 / 282
독립성 / 76
동기(motivation)요인 / 216
동기-위생이론 / 215
동기부여 / 211
동기부여이론 / 212
동기부여형 리더십 / 127
동료검증 / 187

ㄹ

리더십 / 115
리더십 귀인이론 / 130
리더십 속성 / 116
리더십 이론 / 117

ㅁ

마케팅 / 267
마케팅 도구 설정 / 282
마케팅 믹스 / 276
마케팅 실행 / 285
마케팅 평가 / 285
매트릭스 조직사례 / 157
메타평가 / 186
면접시험 / 199
모집 / 195, 197
목적 / 172
목적달성 척도 / 186
목표달성가 리더십 / 127
목표설정 / 174
목표설정이론 / 218
무관심 / 219
무형적 자원 / 150
문서의 기록관리 / 257
문서화 / 260
문제와 욕구사정 / 176
문제의 구체화와 욕구 / 174
문제점 / 172
문화적 조건 / 147
미션 선언문 / 153
미션의 수립 / 153
미시간(University of Michigan) 연구 / 119
민간 사회복지서비스 전달체계 / 110
민간 사회복지조직 구분 / 111
민간사회복지조직 / 75
민간재정 / 232
민주성 / 27

ㅂ

배치할당의 기능 / 193
법률의 책임성 / 311
변혁적 리더십 / 125
보건복지사무소 시범사업 / 107
보고 / 22
보고의 원칙 / 239
보완적 서비스의 제공자 / 149
복지 프로그램 / 165
복지재정 / 229
복합 조직 구조 / 157
봉사 결과 점검표 / 187
봉사의 질 / 183
부서 전략 / 156
분석형 리더십 / 127
비영리 / 76
비영리사회복지조직 / 78
비영리조직 / 77
비영리조직의 마케팅 / 273
비용절감 / 74
비용편익분석 / 179
비전의 수립 / 154
비전제시형 리더십 / 127
비정부조직 / 75

ㅅ

사기앙양 / 142
사례발표 / 209
사업계획 / 159
사업계획의 수립 / 157
사업목표 / 160
사업방침 / 160
사유재 / 66
사회마케팅 / 283
사회복지 / 11
사회복지 시책 / 39
사회복지 프로그램 / 165
사회복지 프로그램의 개발과정 / 177
사회복지 행정통제 / 308
사회복지법인 재무 · 회계규칙 / 236
사회복지법인 재무회계 / 233
사회복지사 수행평가 / 187
사회복지사무소 / 108
사회복지사업법 / 38
사회복지서비스 / 17
사회복지재정 / 229
사회복지제도의 변화 / 43
사회복지조직 / 13, 192
사회복지조직 미션 / 152
사회복지조직 비전 / 152
사회복지조직의 마케팅 / 268
사회복지조직의 민영화 / 74
사회복지조직의 원리 / 72
사회복지조직의 특성 / 19
사회복지조직의 홍보 / 287
사회복지프로그램의 평가 / 294
사회복지행정 / 11, 49
사회복지행정 관점 / 51
사회복지행정 평가 / 293
사회복지행정과 행정의 차이점 / 16
사회복지행정의 과정 / 20
사회복지행정의 미인식기 / 34
사회복지행정의 범주 / 48
사회복지행정의 특성 / 17
사회복지행정의 패러다임 전환기 / 44
사회복지행정의 확립기 / 40
사회복지행정체계 마련 / 40

사회사업서비스 / 57
사회서비스 / 57
사회적 가치 / 76
상시적 기획 / 145
상품 / 276
상황이론－정치경제이론 / 91
상황적합적 이론 / 121
생리적 욕구 / 213
생산성의 원칙 / 240
생산자 / 63, 278
생활보호법 / 35, 40
서번트 리더십 / 129
서비스 배분 전략 / 106
서비스 전달체계의 원칙 / 102
서비스생산자 / 61
서비스의 수급자 및 소비자 / 148
서비스의 질 / 74, 181
서비스전달의 책임성 / 310
서비스행정 / 17
선발 / 195, 198
설계 / 171
성과 정보 체계 / 258
성과주의 예산 / 234
성과지향적 책임성 / 305
성장욕구 / 214
성취동기이론 / 214
성취욕구 / 215
성취지향적 리더십 / 123
셀프리더십 이론 / 130
소비물자기획 / 143
소속 및 사랑의 욕구 / 213
소진 / 218
수요자 / 65
수혜자 / 172
순환보직 / 210
슈퍼바이저급 혹은 기술적 영역 / 51
슈퍼비전 / 133
승진 / 203
시설 및 장비기획 / 143
신규채용자 훈련 / 205
신디케이트 / 208
신입직원훈련 / 200
신자유적 국가정책 / 45
신제도이론 / 95
실기시험 / 199
실천 환경 / 52
실천계획 수립과 봉사 방법 구체화 / 175
실행단계 / 178
심포지엄 / 208

ㅇ

아동복리법 / 38
안전의 욕구 / 213
약점(weakness) 요인 / 151
양적평가 / 185
업무 분담의 재조직화 전략 / 105
업무수행지원시스템 / 252
에드호크라시 이론 / 88
역량 / 150
역할연기 / 209
연구개발 / 76
연수평정 / 203
열성 / 219
영기준 예산 / 235
영리사회복지조직 / 80
영리조직의 마케팅 / 273
영상 정보 처리 기기 / 253
영향 / 182

영향의 책임성 / 310
예비단계 / 178
예산 / 161
예산 편성절차 / 237
예산과정 / 225
예산수립 / 227
예산양식 / 225
예산의 집행과 결산 / 238
예산집행 / 227
예외의 원칙 / 239
오하이오(Ohio state University) 연구 / 119
외부 환경 분석 / 146, 149
외부모집 / 198
외부평가 / 299
욕구 조사 / 157
욕구(계층)이론 / 213
욕구의 책임성 / 311
운영 회계감사 / 245
운영기획 / 145
위기의 전가 / 74
위생(hygiene)요인 / 215
위임적 리더십 / 128
위협(threat) 요인 / 149
위협요인 / 152
유형적 자원 / 150
윤리의 책임성 / 311
융통성 / 74
의료보호법 / 40
의미의 원칙 / 239
의사결정의 권위와 통제의 재구조화 전략 / 104
의사결정지원시스템 / 252
이미지의 책임성 / 311
이벤트 행사 / 283
이용고객 만족도 / 183
이합집산형 조직구조 / 157
인간가치의 존중 / 28
인간관계이론 / 86
인구 사회학적 조건 / 147
인사 / 21
인사고과표 / 202
인사관리 / 191
인사평가 / 203
인적자원 / 191
인적자원개발 / 204
인적자원관리 / 191
인적자원기획 / 144
인터넷 마케팅 / 283
인프라의 개발 / 76
일반 직원 훈련 / 205
일반 행정 / 49
일반 환경 / 147
일시적 기획 / 145
임시대역 / 209
임용 / 200
임파워링 리더십 이론 / 130

ㅈ

자기존중의 욕구 / 213
자료수집과 대안 설정 / 175
자료처리응용단계 / 251
자발성 / 76
자아실현의 욕구 / 213
자원 / 150
자원기획 / 143
자원봉사자 활용 / 284
자원체계 확인 / 174
장소 / 173, 277

재무관리과정 / 226
재무회계 / 242
재원 / 74
재정 / 22
재정계획 / 227
재정공급자 / 61, 62
재정관리 / 225
재정기획 / 143
재정의 책임성 / 311
재정자원의 공급자 / 148
저관여 구매행동 / 275
적법성 / 181
적시성 / 74
적용대상의 책임성 / 310
적절성 / 181
적합성 평가 / 185
전달체계 / 99
전달체계의 개선 전략 / 104
전달체계의 구조변경 전략 / 105
전달체계의 운영주체 관련 전략 / 105
전략 / 155
전략기획 / 144
전략적 마케팅 과정 / 279
전문성 / 74
전문성의 원칙 / 102
전사 전략 / 156
전자 문서 / 259
전통적 조직이론 / 80
전화 및 자동응답시스템 / 283
접근성 / 29, 181
접근성의 원칙 / 104
정보 주체 / 253
정보관리 / 249
정보관리체계 / 251
정보의 전달 / 77
정치적 · 법적 조건 / 147
제도화이론 / 89
제재규약의 기능 / 193
조달의 기능 / 193
조선구호령 / 35
조정 / 21
조직 / 21
조직 정보 체계 / 257
조직내부의 강점과 약점 / 151
조직의 내부 환경 분석 / 149
존재욕구 / 214
좌절 / 219
주관식 시험 / 199
주민생활지원서비스 / 108
중장기 전략기획의 수립 / 146
지방이양 대상사업 / 230
지속성(연속성)의 원칙 / 103
지시 / 21
지시적 리더십 / 123, 127
지식기반시스템 / 252
지역 주민 · 표적 집단 서베이 / 158
지역사회 공청회 · 포럼 개최 / 159
지역사회 욕구 분석 / 157
지역사회복지협의체 / 107
지지적 리더십 / 123
직무기술서 / 196
직무명세서 / 196
직무분석 / 195
진행 과정 / 172
질적평가 / 185
집단행동 / 210

ㅊ

참여적 리더십 / 124, 128
책임성 / 303
책임성 증진 / 142
책임성의 원칙 / 104
책임성의 유형 / 310
첸들러의 이론 / 83
초점 집단 기법 / 159
촉진 / 278
총괄평가 / 179, 185, 297
충분성(적절성)의 원칙 / 102
측정 / 184
측정 및 평가 / 176
친화욕구 / 214
침체 / 219

ㅋ

카리스마적 리더십 / 124
칼리슬의 리더십 / 127
컨설테이션 / 135
컨설팅 / 135
코칭리더십 이론 / 130
클라이언트 정보 체계 / 258
클라이언트의 공급자 / 148

ㅌ

토의 / 207
통제 및 적응의 기능 / 193
통합성의 원칙 / 103
특성이론-자질이론 / 117

ㅍ

파일링시스템 / 261
패널토의 / 208
평가 / 22, 184, 201
평가단계 / 178
평등성의 원칙 / 103
포괄성의 원칙 / 102
포럼 / 208
품목별 예산 / 233
프로그램 개발 / 170
프로그램 개발 과정 / 177
프로그램 실행 / 175
프로그램 평가기준 / 182
프로그램의 반영 및 개선 / 187
프로그램의 사후관리 / 186
프로그램의 유형 / 168
프로그램의 평가 / 184
프로그램평가 / 299
피그말리온 리더십 / 129
필기시험 / 199

ㅎ

학습조직이론 / 93
한국 사회복지행정 / 33
합리－합법적 모델 / 91
합법성 / 25, 76
합법성 · 권위의 공급자 / 148
해임 / 203
행동이론 / 118
행정 / 11
행정과 사회복지행정의 공통점 / 14
행정관리자 / 306
향후 기획의 반영 / 188
현대 조직의 이론 / 88
현직훈련 / 205
형성평가 / 185, 296

형평성 / 28, 181
형평성이론 / 217
혼합재 / 66
홍보 / 286
환류의 원칙 / 240
회계 / 242
회계감사 / 228, 243
회계감사의 유형 / 246
회계처리 / 228
회의 / 207
효과성 / 27, 181, 183
효과성 증진 / 142
효율성 / 26, 181, 183
효율성 증진 / 141
효율성의 원칙 / 239
효율의 책임성 / 310
훈련과 능력배양 / 77
휴먼서비스 / 57
휴먼서비스 리더십 / 131
휴먼서비스 산업체계 모형 / 67

기타

ERG이론 / 213
OJT(On the Job Training) / 210
SO 전략 / 155
ST 전략 / 155
STP전략 / 281
SWOP 기법 / 279
SWOT 분석 / 151
SWOT 분석 개념도 / 151
WO 전략 / 156
WT 전략 / 156
X · Y이론 / 216
X이론 / 216
Y이론 / 216

저 / 자 / 소 / 개

■ **김성철**

백석대학원 NPO경영학, 복지경영학 교수

■ **모아라**

목포과학대학교 사회복지과 교수

■ **박경원**

광주보건대학교 복지경영학과 조교수

■ **박정하**

백석문화대학교 사회복지학부 교수

■ **송희경**

경기대학교 사회복지학과 겸임교수

■ **이규태**

세경대학교 사회복지과 교수

■ **임유진**

고신대학교 사회복지학과 교수

[개정판]

사회복지행정론

1판 1쇄 발행 — 2020년 3월 20일
2판 1쇄 발행 — 2023년 8월 31일

저　　자 - 김성철 모아라 박경원 박정하 송희경 이규태 임유진
발 행 인 - 강철원
발 행 처 - 양성원
주　　소 - 경기도 파주시 검산로 173번길 29-12
전　　화 - 031-946-3861(代)
팩　　스 - 031-946-3864
이 메 일 - tnwpub@naver.com
홈페이지 - tnwpub.co.kr
출판등록 - 2015년 8월 31일 제 2015-000211 호

ISBN 979-11-6126-556-8

정가 22,000원